Gerhard Scheit
Jargon der Demokratie

Gerhard Scheit

Jargon der Demokratie

Über den neuen Behemoth

ça ira

© ça ira-Verlag, Freiburg 2006
Postfach 273   www.ca-ira.net
79002 Freiburg   info@ca-ira.net

Umschlag: Martin Janz, unter Verwendung eines Fotos von
Albert J. Schmidt, Agentur Zero, Freiburg
Druck: Jungbluth digital + print, Freiburg

ISBN 3-924627-95-9

Bibliografische Information Der Deutschen Bibliothek
Die Deutsche Bibliothek verzeichnet diese Publikation in der
Deutschen Nationalbibliografie; detaillierte bibliografische Daten
sind im Internet über http://dnb.ddb.de abrufbar.

Inhalt

Vorbemerkung

»Behemoth« und »Thanatos«: mythische Namen für die beiden Schwerpunkte dieses Buchs. Sie sollen die Kritik vor einem Jargon bewahren, der gegen das Ungeheure, das Gesellschaft und Staat hervorbringen, immer nur einwenden kann: zu wenig demokratisch. *Der neue Behemoth* – so wird hier in Anlehnung an Franz Neumanns Studie über den Nationalsozialismus das politische Monster genannt, wie es aus dem Dialog mit dem Islam und dem Appeasement gegenüber islamistischer Gewalt hervorgeht: die Analysen Hannah Arendts und die Interventionen der US-amerikanischen Neokonservativen können helfen, seine schwer zu fassenden Konturen faßbar zu machen; und *der alte Thanatos* – gemeint sind damit die psychischen Regressionen, die dem Individuum die politische Theologie erst nahebringen und Freuds Hypothese vom Todestrieb zu bestätigen scheinen: in der Religion als universeller Psychose immer schon angelegt, vollenden sie sich heute durch die Logik des Selbstmordattentats. In beiden Fällen sind Grundlagen einer Kritik in Erinnerung zu rufen, über die hinwegzureden nicht zuletzt der Sinn des allseits beliebten Jargons ist, der die Demokratie affirmiert, ohne einen Begriff von ihr zu haben. Darin verstehen sich die folgenden Essays auch als Fortführung meines Buchs *Suicide Attack. Zur Kritik der politischen Gewalt* (2004) .

Angefügt sind kleinere Polemiken aus anderen Zusammenhängen, die jedoch nicht fehlen sollten, wenn es um die Kritik der neuen deutschen Ideologie geht, die heute die Welt erobert: sie reichen vom antisemitischen Wahn in der deutschen Literatur (Fassbinder, Handke, Martin Walser) bis zu dessen antizionistischer Fortsetzung im globalisierten Geschwätz (Chomsky, Edward Said, Žižek).

Die beiden größer angelegten Texte über Jean Amérys politische Aufklärung und Karl Kraus' Sprachlehre, die den Band abschließen, wollen demgegenüber auf die gedanklichen und sprachlichen Voraussetzungen aufmerksam machen, die der Kritik des Jargons, und das heißt: der Ideologiekritik, unentbehrlich sind.

Für Teile des Buchs waren Diskussionen im Kreis von *Café Critique* Anstoß und Anregung. Darum: Dank an alle, die teilnahmen.

Wien, im September 2006

Über den Seufzer der bedrängten Kreatur

Politische Urteilskraft hat es immer mit der Antinomie von Freiheit und Notwendigkeit zu tun: Entweder sie geht davon aus, daß die Menschen sich durchaus frei entscheiden können – oder, daß jede ihrer Entscheidungen vollständig determiniert ist. Nichts, kein Engagement für die formale Demokratie und keines für die sozial Benachteiligten, enthebt davon, diese Kontradiktion im Urteilen selber offenzulegen. Im politischen Konflikt ist allerdings jederzeit und unbedingt für die Freiheit einzutreten. Gegen sie auf dem Determinismus zu beharren, verheert das politische Bewußtsein. Das zeigt sich heute vielleicht mehr denn je an der rabiaten Abwehr der Religions- und Ideologiekritik. Denn wer den Islam oder die deutsche Ideologie radikal kritisiert, wird mittlerweile als Rassist beschimpft, der es auf die Muslime und die Deutschen, oder besser: auf deren Erbanlagen, abgesehen habe. Hinter der Rancune, die solches unterschiebt, steht selbst ein Denken oder vielmehr ein Mitleid bzw. Selbstmitleid, das Subjektivität und Entscheidung des einzelnen durchstreicht und Religion wie Ideologie nur als unmittelbaren Niederschlag der sozialen und ökonomischen Misere verstehen kann oder will und damit tel quel akzeptiert oder als Widerstandshaltung sogar gutheißt; das überhaupt Vermittlungen nicht anerkennt und darin gerade die falsche Unmittelbarkeit, die der wirkliche Rassismus auf die Spitze treibt, ins Ökonomische übersetzt: Die Religion der Muslime sei im Elend der Dritten Welt der spontane »Seufzer der bedrängten Kreatur« und Suicide attack darum eine Verzweiflungstat: »Protestation gegen das wirkliche Elend« (Marx).

So wird die bedrängte Kreatur zum Pawlowschen Hund erniedrigt. Angewandt auf die schlimmste aller Ideologien, die der Entfaltung des Islam zur schlimmsten aller Religionen den Boden bereitete, hat man mithin das Endergebnis deutscher Vergangenheitsbewältigung: Nationalsozialismus als Seufzer der bedrängten Arbeitslosen und Auschwitz eine kollektive Verzweiflungstat.

Marx hingegen wußte, daß alles darauf ankommt, die Bedrängung selbst zu analysieren, und der von ihm daher entwickelten Kritik der politischen Ökonomie geht es um nichts anderes als die Form der Bedrängung. Sie erst gibt zu erkennen, worüber beim jungen Marx noch spekuliert werden kann: was gemeint ist, wenn in Zusammenhang mit Religion von »Volk« und »Kreatur« gesprochen wird – nicht die Situation des einzelnen Menschen oder einer bestimmten Klasse oder gar einer Nation, sondern die Situation der Menschheit.

Der Idealismus der Willensfreiheit erlaubt es hingegen, die Individuen als Individuen, damit als das, was sie sein könnten, und nicht nur als Kreaturen ihres sozialen Milieus oder ihrer ökonomischen Basis wahrzunehmen. Um so mehr aber wäre er selbst jener Antinomie politischer Urteilskraft zu konfrontieren, sonst wird Freiheit zum Dogma, das entweder mit Hegel suggeriert, es gebe bereits eine freie Gesellschaft unter den Bedingungen von Staat und Kapital, oder aber mit Kant versichert, die äußeren Bedingungen seien von jeher gleichgültig angesichts der inneren Freiheit des einzelnen. Die Frage nach den sozialen und ökonomischen Ursachen der Taten ist ja nicht an sich falsch, sondern lediglich falsch gestellt, insofern sie Totalität zu umgehen sucht. Denn es gibt streng genommen immer nur eine einzige »Ursache«: das unwahre Ganze, das freilich als Summe aller Ursachen sich nicht beschreiben läßt und doch – Inbegriff aller Vermittlungen – als erzwungene Einheit der Gesellschaft der alleinige Fluchtpunkt sein muß, soweit überhaupt und nur ganz allgemein von Religion als »Opium des Volks« und »Seufzer der bedrängten Kreatur« oder von Ideologie als falschem Bewußtsein die Rede sein kann. Wird es indessen durch eine einzelne oder mehrere einzelne Ursachen ersetzt (und sei's das Mißverständnis von Marx und Engels namens »ökonomischer Basis«), hat man es bereits mit einer Abspaltung zu tun, die sich einer eigenen Logik folgend irgendwann auch zur pathischen Projektion verselbständigt. Dann heißt es eben, die Versailler Verträge seien am Nationalsozialismus schuld und Israels Politik verursache die Selbstmordattentate; in letzter Konsequenz stehen hinter allem natürlich »die Juden«. Vom falschen Bewußtsein ist damit nur noch politischer Wahnsinn, vom Opium des Volks antisemitischer Blutrausch zu erwarten.

Die Kritik geht von den Extremen aus – und diese Extreme berühren sich an unerwarteten Stellen. Hält sie auf der einen Seite allein die falsche Form der Gesellschaft als einzige »Ursache« fest – Totalität von Kapitalverhältnis und Staatswesen, die (wie das wahre Verständnis von Marx zeigt) lediglich in abstraktester Kausalität: in ihren gesellschaftlichen

Naturgesetzen, faßbar ist, aber nicht darin, daß sie überhaupt besteht –, muß ihr auf der anderen Seite das einzelne Individuum dafür, was es konkret und inhaltlich tut oder nicht tut, als unbedingt verantwortlich gelten. Sein Denken und Handeln soll durchsichtig und unerklärlich zugleich sein – wie eben jene totale Form. Ideologische und psychische Mechanismen, die es etwa an einem bestimmten Ort zu einer bestimmten Zeit einer bestimmten Religion verpflichten, sind zwar (mit Marx und Freud und Kritischer Theorie) in größtmöglicher Präzision herauszuarbeiten, aber daß dann das je einzelne Individuum wirklich so oder anders denkt und handelt, muß unbegreiflich bleiben wie die Tatsache, daß ein gesellschaftliches Ganzes existiert, durch dessen Struktur jene Mechanismen hervorgetrieben werden. Dieser Hiatus inmitten kausaler Zusammenhänge, dieser qualitative Sprung, ist unbeirrt zu exponieren, soll Kritik der Gesellschaft nicht deren bloßer Widerspiegelung weichen und die Kontingenz alles Gesellschaftlichen verleugnen. Kritik stammt vom griechischen *krino*: Trennen, Entscheiden.

Die nationalsozialistische Volksgemeinschaft und die islamistischen Selbstmord-Banden verwirklichen – jede auf ihre Weise – die »Freiheit des Opfers«, wie Heidegger die totale Zurücknahme der Freiheit nannte. Wieweit der jeweilige Volksgenosse oder Djihadkämpfer diesem »Idealtypus« ganz entspricht oder davon abweicht und zur Tat gezwungen werden muß, weil er in Volk und Djihad noch nicht aufgegangen ist, kann nur im einzelnen geklärt werden. Zunächst aber wäre vom Idealtypus auszugehen, worin das repressive Kollektiv Gestalt annimmt – immer unter der Voraussetzung, daß es den Idealtypus erst wirklich gibt, wenn das Individuum ihn zur eigenen Sache macht und dann auch dafür haftet. Das Urteil darüber muß die negative Freiheit festhalten, die im Augenblick der Entscheidung zur Unfreiheit liegt. Anders wäre auch die einmal mögliche Freiheit, die der Umwälzung der bürgerlichen Gesellschaft entspringen könnte, schon verraten.

Der Topos der Kritischen Theorie, daß mit der Entwicklung der gesamten Gesellschaft auch die Ohnmacht der Individuen zunimmt, die sie doch ausmachen – Adorno spricht sogar, in Analogie zu einem Marx'schen Begriff, von der anwachsenden »organischen Zusammensetzung des Menschen« –, erscheint mitunter aber wie der Versuch, jener Antinomie auszuweichen, sie selbst noch in einen Prozeß aufzulösen, der allerdings kaum je an sein Ende kommen kann. Denn dieses Ende wäre der vollständige

Verlust von Freiheit, die Menschen verwandelten sich in Automaten. Wahr daran ist, daß die gesellschaftlichen Naturgesetze sich weiter entfalten, verfeinern und von äußeren Zwängen mehr und mehr, wenn auch niemals ganz, zu inneren Bedürfnissen transformiert werden. Von dieser Entwicklung, die durch jene totale Form, Totalisierung der Warenproduktion, vorangetrieben wird, sind Gesellschaften nicht ausgenommen, die als unterentwickelt gelten: aus den äußeren Zwängen bilden sich auch hier innere Bedürfnisse, aber es können gleichzeitig die äußeren Zwänge sich noch verschärfen, und dafür stehen islamische Theokratie und Bandenherrschaft, die in der Logik des Selbstmordattentats kulminieren – ob sie nun Sprengstoffgürtel für Einzeltäter bereitstellen, Raketenabschußrampen in Wohngebieten unterbringen oder mit der Atombombe die gesamte Bevölkerung des eigenen Landes zum freiwilligen oder unfreiwilligen Märtyrer machen. Dem einzelnen soll zum innersten Bedürfnis werden, im Namen des Kollektivs, das ihn unterwirft, sein Leben zu opfern, um möglichst viele Menschen zu töten.

Solche Verschiebungen in der Konstitution politischen Bewußtseins beseitigen demnach nicht die konkrete »Kausalität durch Freiheit« (Kant), also jene gesellschaftlichen Prozesse, die durch »freie« Entscheidung unter den Bedingungen der Unfreiheit in Gang gesetzt werden, hemmen und begrenzen sie jedoch überall, wo sie nicht auf Vernichtung um der Vernichtung willen hinausläuft, sondern im Gegenteil den praktischen Widerstand der einzelnen Individuen gegen die repressiven Mächte und die Verelendung der Menschen unter Beweis stellen würde; läßt also bloße Vernichtung immer wahrscheinlicher und wirkliche Revolution immer unvorstellbarer werden. Aber die Bedingung der Möglichkeit solcher Entscheidung und damit revolutionärer Aktion bleibt davon unberührt. Von ihr aus zu denken – und das unternimmt letztlich Kritische Theorie, ob sie nun auf Restitution von unreglementierter Erfahrung dringt oder überhaupt ihre eigenen Voraussetzungen reflektiert –, gibt umgekehrt erst den Prozeß der wachsenden organischen Zusammensetzung des Individuums selber als ein gesellschaftliches Naturgesetz zu erkennen, das im einzelnen wie im Ganzen zu durchbrechen wäre.

Was das Individuum tut – gleichviel ob außerhalb oder innerhalb einer politisch formierten Masse – kann demnach aus keiner ökonomischen Basis und keinem sozialen Milieu unmittelbar abgeleitet werden. Sucht die Ableitung aber Vermittlungsschritte, dann hat sie, wenn sie konsequent genug ist, den Weg über die Totalität zu nehmen. Dabei wird sie gleichsam überdehnt – ein Zustand, der sie erst zur Erkenntnis des Ganzen befähigt: Sie mündet in eben jene abstrakteste Kausalität von Wertgesetz und Über-Ich-Identifikation, wie sie allein der Kritik der politischen Ökonomie und der Massenpsychologie zugänglich ist und von Kritischer Theorie unter verschiedensten Annahmen dargelegt wurde. Ableiten läßt sich aus ihr vielleicht, was möglich ist: wozu die Menschen – im Guten wie im Bösen – imstande sind, aber nicht, daß sie es auch tun. In diesem Begreifen der Unbegreiflichkeit liegt die einzige Aussicht für Ideologiekritik und politische Analyse, nicht nur dem Individuum die Freiheit, sondern durch sie hindurch der ganzen Gesellschaft die Möglichkeit radikaler Veränderung – also das dringend Gebotene – doch noch zuzutrauen.

Der neue Behemoth

Eingang in die selbstverschuldete Unmündigkeit

Lange Zeit war es liberaler Sprachgebrauch, Israel als die einzige Demokratie des Nahen Ostens zu bezeichnen. Nun aber kommt nicht nur dieser Sprachgebrauch in Bedrängnis, sondern auch der Demokratiebegriff selber. Ob es die Entwicklung im Irak nach der Befreiung vom Baath-Regime betrifft, die womöglich einen Gottesstaat in Aussicht stellt, der im Iran bereits sein Unwesen treibt, oder die Teilnahme der Hisbollah an der Demokratisierung des Libanon und den Wahlsieg der Hamas in den Palästinenser-Gebieten, die beide immer schon als ausgewiesene Gottesbanden dafür mobilisiert haben, was die iranische Führung mittels Atombombe erreichen will – all das nötigt zu Erkenntnissen, die der Jargon der Demokratie verdrängen möchte. Dieser Jargon nämlich suggeriert beständig, daß das Volk nur zu den Urnen gerufen werden muß und alles wird gut mit Recht und Ordnung, Gerechtigkeit und Aufklärung, Frieden und Völkerrecht – als wäre eben das Wahlrecht die Bedingung des Rechts, und nicht umgekehrt ein Recht unter anderen Rechten, dessen politische Qualität sich erst dadurch entscheidet, wie es mit den anderen steht. Und wie es mit den Rechten des Individuums unter der Herrschaft der Islamisten und bei der Einführung der Sharia bestellt ist, darüber vermag es wenig Zweifel zu geben: es gibt sie nicht und damit auch nicht den einzigen Sinn, den Demokratie als eine relativ wünschenswerte Form von Herrschaft haben kann.

Womit man es hier zu tun hat, ist eine Demokratie auf der Grundlage von Bandenherrschaft. Nun wird niemand leugnen können, daß sich Bandenstrukturen auch in den westlichen Demokratien, und nicht nur in deren kriminellem Milieu, finden. Der Begriff des Rackets, wie ihn Max Horkheimer im amerikanischen Exil geprägt hat (er griff damit ein Wort aus der Juristensprache für bestimmte Formen der Wirtschaftskriminalität auf), dient vielmehr dazu, solche archaisch anmutenden

Strukturen inmitten der modernsten Gesellschaft, innerhalb wie außerhalb des Staats, sichtbar zu machen. Persönliche Abhängigkeit und unmittelbare Herrschaft, so die Diagnose, erneuern sich unter den Bedingungen von Rechts- und Kapitalverhältnis, also unter Bedingungen, die doch, sollte man mit Marx meinen, von solcher Abhängigkeit und Herrschaft in bestimmter Hinsicht befreien, sie durch die Gesetze des Marktes und des Rechtsstaats ersetzen. Die Frage ist, inwieweit das Recht, als Inbegriff aller in der bürgerlichen Gesellschaft möglichen Vermittlungen, »eigene Natur und Resistenzkraft« (Horkheimer) gegenüber den Rackets behaupten kann, und das bedeutet, inwieweit das Individuum durch die Allgemeinheit der Gesetze vor den äußersten Konsequenzen personaler Herrschaft Schutz findet. Nichts anderes meint der ideologische Ausdruck Menschenrechte, als daß der Mensch, weil er als Einzelner ein Warenhüter bzw. Eigentümer von Arbeitskraft ist oder sein könnte, auf diesen Schutz zählen darf, solange ein Souverän vorhanden ist, dem er als Staatsbürger zugezählt wird, und dieser Souverän nicht gerade den Ausnahmezustand verhängt; solange also gilt: Die Würde des Warenhüters ist unantastbar.

Bei der Demokratie auf der Grundlage der Bandenherrschaft, die sich im Nahen und Mittleren Osten zeigt, aber etwa auch in den vom Gewaltmonopol »befreiten« Zonen französischer Städte um sich greift, existiert dieser Schutz durchs abstrakte bürgerliche Recht umso weniger, als es nur noch den persönlich gebundenen durch die Bande gibt: die Würde des Warenhüters, der auf seinen Waren, vor allem auch auf der der Arbeitskraft, sitzen bleibt, ist anzutasten, so lautet ihr politischer Imperativ. Die Resistenzkraft des Rechts schwindet dahin oder kann erst gar nicht entstehen, soweit der kümmerliche Rest der Wohlfahrt, den das Kapital zuläßt, in die Hände der Rackets kommt, die dem Individuum alles aufzuzwingen vermögen, aber so, daß es selbst danach verlangt (Exkurs I). In dieser Selbstbestimmung zur Unterwerfung liegt wie immer die Aufgabe der Ideologie. Denn es handelt sich ja nicht um kriminelle Gruppen, wenngleich diese Rackets aus solchen hervorgehen können und in den meisten Fällen weiterhin kriminelle Geschäfte betreiben, wesentlich an ihnen ist ihr politischer, ihr religiöser oder nationaler Charakter, der sie als repressive Einheit ausmacht. Der Islam erlebte gerade darum in den letzten Jahrzehnten einen für viele doch überraschenden Aufstieg, weil er die Religion ist, die alle Voraussetzungen mitbringt, diese auf fatale Weise *direkte* Demokratie zu realisieren. Er unterscheidet sich darin von anderen

Religionen – sogar vom Christentum in dessen heutiger Gestalt –, daß er, wo immer die Trennung von Religion und Staat und die Gewaltenteilung gegen seinen Widerstand erzwungen werden, zur Koexistenz nur zum Schein bereit ist. An kaum einer Stelle seines Glaubensgebäudes trägt er ihr Rechnung, dafür sorgt die Sharia, die ein anderes Recht neben sich nicht wirklich duldet und die Wege zur Säkularisierung unterminiert. Der Laizismus, die Freiheit der Religion als Privatsache, ist ihm Freibrief, die unmittelbare Einheit von Religion und Staat im Privaten einzuüben, um sie von diesem sicheren Stützpunkt aus über die ganze Gesellschaft zu verbreiten. Nirgendwo tritt deshalb die Herrschaft islamischer Rackets kenntlicher zutage als an der Lage der Frauen und der Homosexuellen.

Ist die Aufhebung des Gegensatzes von citoyen und bourgeois, von Öffentlichkeit und Privatleben einmal in die Wege geleitet, stimmt das Subjekt bei jeder demokratischen Wahl für diejenige Gruppe, die es am meisten unterdrückt; die es am umfangreichsten seiner Rechte beraubt und unmittelbarer Herrschaft unterwirft. Die Bereitschaft zum Selbstopfer, die Beteiligung an Märtyreroperationen ist der konsequenteste Ausdruck davon, daß die Individuen selbst darüber bestimmen, sich als Individuen auszulöschen, und ist zugleich mehr als das, nämlich Mittel und Zweck in einem, wodurch sich im Konkurrenzkampf stets die schlimmsten Rackets behaupten. Anders gesagt: Der Islam ist demokratisch nur auf der Grundlage von Selbstopfer und Todeskult.

Wer die Frage beantworten will, warum die Menschen sich dazu bereit finden, wird den Zwangszusammenhang dieser sozialen Strukturen darlegen müssen und zeigen, wie sie in ihrem ganzen Alltag, von der Geburt bis zum Tod, hindurchgehen durch die Repressionsagenturen der Rackets: von der Familie, über die Schule zu den vielfältigen sozialen und religiösen Institutionen, ständig begleitet von eigenen Massenmedien. So erscheinen sie von Anfang an als Beute der Banden, was sie auch sind. Um sie aber nicht noch einmal zu entmündigen, sind sie ebenso als Individuen zu sehen, die den Banden auch widersprechen und zuwiderhandeln können. Wird diese Möglichkeit des Widerspruchs und Widerstands, die von den »Kollaborateuren« und Ehebrecherinnen ergriffen wird, nicht zur Geltung gebracht, findet sich die Herrschaft der entfesselten Rackets fast zwangsläufig rehabilitiert als Demokratie der Verzweifelten, die nicht anders können. Dem Appeasement gegenüber dem Islam liegt eben eine Einfühlung zugrunde, die das Individuum letztlich genau so betrachtet, wie der Islam es vorgibt: als prädestiniert. Ein Journalist, der sich in der deutschen Ideologie bewegt wie der Fisch im Wasser, fordert darum mehr »Verständnis« für jene, »die für die eingebildeten und tatsächlichen Demütigungen, die sie chronisch erleben, dem ›Westen‹, ›den Juden‹, ›dem Kommerzsystem‹ die Schuld zuweisen«. Es könne »nie zu viel Verständnis geben: Schließlich ist das Verständnis für die Motivation des Anderen die Bedingung dafür, daß das eigene Tun nicht das Gegenteil von dem bewirkt, was es zu bezwecken beabsichtigt.« (Robert Misik, *taz* 4. 3. 2006)

Kein Verständnis aber soll es geben fürs einzelne Individuum, das sich zuallererst durch die Repression des eigenen Kollektivs gedemütigt sieht und auf welchen Wegen auch immer aus ihm auszubrechen sucht. Das würde allerdings auch bedeuten, der Demütigung auf den Grund zu gehen: Es verhält sich ja keineswegs so, daß die Religion der Muslime bloß der ideologische Ausdruck einer Erniedrigung ist, die in den kapitalistischen Verhältnissen selbst begründet liegt. Der Islam kann diese Verhältnisse überhaupt nur als Demütigung durch den Westen und die Juden inszenieren, weil er selber die reaktionärste Antwort auf diese Verhältnisse ist, also eine, die deren emanzipatives Potential gewaltsam unterdrückt, um die ihnen zugleich innewohnenden destruktiven Tendenzen ganz zu entfalten – soweit, daß das Individuum »lieber tot ist als nicht Sklave« (Karl Kraus).

Die Einfühlung jenes Journalisten in den Sklaven aus freiem Willen ist übrigens die Antwort auf einen angeblich »militanten Liberalismus«, der aus dem »Manifest der 12« spreche, einem Manifest, das u. a. Ayaan Hirsi Ali, Taslima Nasreen, Salman Rushdie und Bernard-Henri Lévy in dem französischen Wochenmagazin *Charlie Hebdo* veröffentlicht haben. Hier wurde anläßlich des weltweiten muslimischen Proteststurms gegen die Veröffentlichung der Mohammed-Karikaturen in Dänemark »die Notwendigkeit des Kampfes für die universellen Werte« unterstrichen: er könne »nicht mit Waffen, sondern muß auf dem Feld der Ideen gewonnen werden. Es handelt sich nicht um ein Aufeinanderprallen der Kulturen oder einen Gegensatz von Orient und Okzident, sondern um einen weltweiten Kampf der Demokraten gegen die Theokraten… Nichts, nicht einmal Verzweiflung, rechtfertigt Massenverdummung, Totalitarismus und Haß. Der Islamismus ist eine reaktionäre Ideologie. Überall, wo er sich breitmacht, zerstört er Gleichheit, Freiheit und Laizismus.« (*Die Welt*, 2. 3. 2006)

Den theokratischen Rackets wird hier mit einiger Entschlossenheit begegnet und darum muß ein einfühlsamer Journalist empfindlich reagieren und von militantem Liberalismus sprechen, obwohl doch leider die Bedeutung der »Kritik der Waffen« (Marx) in dem Manifest gar nicht wirklich gewürdigt wird. Gegen das einfühlende Appeasement kann in der Tat immer nur wiederholt werden: Keinerlei Verzweiflung rechtfertigt einen Haß, der die Menschen zur repressiven Gemeinschaft zusammenzwingt, welche auf den Westen und die Juden mit allen nur erdenklichen Waffen zielt. In dem weltweiten Kampf der Demokraten gegen die Theokraten, besitzen diese allerdings ein Trojanisches Pferd, und das ist die Totalitarismustheorie, die von den Proponenten des Manifests offenkundig wie ein Geschenk des Himmels betrachtet wird. Die Djihadisten sind hinter den falschen Begriffen gut versteckt, die dem Kalten Krieg entstammen und einmal dazu dienten, den Kern des Nationalsozialismus durch Gleichsetzung mit dem Stalinismus zu eskamotieren. Kein Wort in dem Manifest vom Vernichtungswahn des Antisemitismus, keines darüber, daß bereits die islamische Religion, nicht erst deren politische Zuspitzung im islamistischen Mob, Gleichheit, Freiheit und Laizismus unterminiert. Die Forderung nach »allgemeiner Meinungsfreiheit«, ohne zugleich die spezifischen Gefahren im Islam selbst zu benennen und den Antisemitismus von der Meinungsfreiheit explizit auszunehmen – und zwar nicht nur, weil er rassistisch ist –, darin zeigt sich viel eher das Zaudern des Liberalismus, militant zu werden.

Immerhin aber tritt nunmehr – ob im sogenannten Karikaturenstreit oder davor schon in der Berichterstattung über die Unruhen in den *banlieues* – eine Konfliktlinie in größerer Schärfe hervor, die in Zukunft durch alle politischen Fragen hindurchgehen wird. Und es ist das unschätzbare Verdienst einiger der Unterzeichnenden jenes Manifests, vor allem Hirsi Alis, unbeeindruckt von den glaubhaftesten Morddrohungen über die Alternativen früh schon Klarheit geschaffen zu haben. Viele versuchen auf dieser Linie weiterhin irgendwie zu balancieren, andere täuschen das nur noch vor, und stehen längst auf der Seite der Racket-Demokratie, die allerdings aus einiger Distanz akzeptiert wird, aus der bequemen Distanz jener formalen Demokratie, die sie den USA verdanken.

Es wird sich zeigen, ob es möglich ist – von innen oder von außen, mit politischem Druck und militärischer oder, horribile dictu, terroristischer Gewalt – Rechtsverhältnisse in den vom Islam dominierten Gebieten der Peripherie durchzusetzen bzw. in den mit islamischem Beistand »befreiten

Zonen« der Metropolen zu restaurieren, Verhältnisse, die darauf beruhen, jenes »Minimum an Freiheit« (Franz Neumann) dem einzelnen Individuum gegenüber den Kollektiven zu sichern, das es unter kapitalistischen Bedingungen einzig erhoffen, aber dem es gleichwohl nicht unter allen Umständen trauen darf. Solange das nicht gelingt, werden demokratische Wahlen, wieviele Wahlbeobachter auch ihre Durchführung beobachten mögen, immer nur jene an die Macht bringen, die ohnehin längst herrschen: die erfolgreichsten Rackets, die jede »Ahnung einer vom Racket freien Gesellschaft« (Horkheimer) auslöschen wollen.

Jargon der Demokratie

Das Problem der Staatserrichtung ist, so hart wie es auch klingt, selbst für ein Volk von Teufeln (wenn sie nur Verstand haben), auflösbar...
Immanuel Kant (KW 11: 224)

Unter den verschiedenen Begriffen, die für den politischen Inhalt der bürgerlichen Gesellschaft stehen, hat einer nicht zufällig die Vorherrschaft gewonnen: nicht Rechtsstaat oder Republik, sondern Demokratie lautete schließlich die universelle Antwort auf den Nationalsozialismus. Während jene Begriffe noch deutlich von der Durchsetzung der bürgerlichen Klasse im und gegen den absolutistischen Staat geprägt sind, verdankt sich die Hegemonie dieses einen zweifellos dem Erfolg des amerikanischen Befreiers, der mit Waffengewalt »freedom and democracy« in Europa neu etabliert hat.

Die Antwort auf den Nationalsozialismus schloß jedoch weithin das Schweigen darüber ein, was ihn ausmacht: die Vernichtung der Juden. So konnte der Begriff zum Jargon taugen und als Jargon zum Instrument falscher Versöhnung; Kompromiß zwischen Besiegten und Siegern. Er bot die Möglichkeit, statt von den Deutschen und ihren Taten von den Feinden der Demokratie zu reden; leistete damit ähnliche Dienste, wie sie im Machtbereich der Sowjetunion der Jargon des Klassenkampfs besorgte (der schließlich auch nicht umhin kam, Anleihen bei dem der Demokratie zu nehmen). Demokrat in diesem Sinn konnte und wollte schließlich (fast)

jeder werden, mochte er auch auf diese oder jene Weise an den Verbrechen
mitgewirkt haben. Er mußte nur sagen: Ich bin jetzt Demokrat, das heißt:
Ich habe aus der Vergangenheit gelernt.

Demokratie erscheint demnach vor allem als ein Begriff politischer
Pädagogik. Hier mag sich entscheiden, ob er gegen den Jargon gewendet
werden und etwas zur wirklichen Reeducation beitragen kann, die den
Antisemitismus bekämpft. Dafür jedoch müßten seine eigenen Gren-
zen bewußt werden, wie es an den Versuchen Kritischer Theorie, die
Erziehung der Deutschen voranzubringen, zu studieren wäre. Bereits im
»Gruppenexperiment« vom Anfang der fünfziger Jahre zeichnete sich ab,
daß die Abwehr der Schuld – also der Versuch, sie umzukehren – nicht
mehr nur offen antidemokratisch auftrat: die »Ambivalenten«, so die
Analyse, suchen vielmehr »gerade von der Demokratie her gegen die Juden
zu argumentieren, ohne dabei die Frage aufzuwerfen, ob ihr Prinzip der
Herausgliederung der Juden aus dem Universum der Staatsbürger nicht
grundsätzlich gegen eben jenes demokratische Prinzip verstößt, auf das
sie sich berufen... Zu der Pseudorationalität dieses Verhaltens gehört
der abwägende Gestus, daß beide Teile Schuld haben müssen, auch wo
es sich ums Ungeheuerliche handelt, und daß die Wiedergutmachung
eigentlich an den Juden liegt. Selbst die Segregation der Juden wird
hier gelegentlich diesen zugeschrieben.« (AGS 9.2: 294) In der Rede
zur »Aufarbeitung der Vergangenheit« sagte Adorno dann, er »betrachte
das Nachleben des Nationalsozialismus in der Demokratie als potentiell
bedrohlicher denn das Nachleben faschistischer Tendenzen gegen die
Demokratie« (AGS 10.2: 555); und als Menetekel ist schließlich im *Jargon
der Eigentlichkeit* die Bemerkung von NS-Wirtschaftsminister Hjalmar
Schacht eingefügt, das Dritte Reich »sei die wahre Demokratie« – mit dem
sarkastischen Kommentar Adornos, es habe ja wirklich »mit so erkleck-
lichen Majoritäten aufwarten« können, »daß man die Wahlziffern kaum
erst zu fälschen brauchte« (AGS 6: 457). Was aber bedeutet Demokratie
danach – wenn also jenes Reich, Inbegriff des Unwahren, zwar beseitigt
ist und dennoch in ihr fortwest, was bedeutet postnazistische Demokratie?
Diese Fragestellung kehrte bei Vladimir Jankélévitch wieder, als ihm das
politische Engagement der Antizionisten die Möglichkeit vor Augen führte,
»im Namen der Demokratie Antisemit zu sein« (2003: 245).

Der demokratische Jargon triumphierte umso leichter, als man ohnehin
bereit war, wenn doch schon die meisten der nationalsozialistischen Täter

straffrei davonkamen, auch noch das Recht der jüdischen Überlebenden und ehemaligen Zwangsarbeiter auf Entschädigung jederzeit zu desavouieren, direkt oder indirekt. Mit den Fragen des Rechts aber, werden sie nur genau genug ins Auge gefaßt, könnte allerdings sichtbar werden, wie die Herrschaft, von der die Demokratie redet, vermittelt ist, und was den Souverän, der als Volk bzw. Demos angesprochen wird, konstituiert.

Hannah Arendt spricht gerade hier ganz unpathetisch vom »Recht auf Repräsentation zum Zwecke der Besteuerung, das sich schließlich zum allgemeinen Wahlrecht entwickelte«; noch salopper formulierten nur die amerikanischen Revolutionäre des 18. Jahrhunderts: »No taxation without representation.« Diese Entwicklung des Wahlrechts setzt zugleich voraus, daß die auf einem bestimmten Niveau der Produktivkräfte erreichbaren Vermittlungen, die an die Stelle persönlicher Abhängigkeit und direkter Gewalt treten, also Vertrags- und Rechtsverhältnisse, auch realisiert werden können und die formale Gleichheit der Bürger und Bürgerinnen durchsetzbar ist: die beschränkte, formale und negative Allgemeinheit des Gesetzes garantiert mit der kapitalistischen Berechenbarkeit »ein Minimum an Freiheit« (Franz Neumann). So umkämpft die politische Durchsetzung solcher Verhältnisse in jeder Gesellschaft bleibt – alle wirkliche Emanzipation hat sie zur Voraussetzung –, konsequent zurückzunehmen sind sie einzig im Aufbruch zur Vernichtung, die sich selbst zum Zweck erklärt. Anders gesagt: Im Nationalsozialismus wurde das Recht tatsächlich abgeschafft, da es, in welchem gesellschaftlichen Bereich auch angewandt, und wie die kapitalistische Berechenbarkeit selber, nur noch als »technisches Mittel« (Neumann) von Verfolgung und Massenmord diente, denn darauf waren alle Bereiche letztlich ausgerichtet.

Es bleibt die Frage, wie sich vielfache Vermittlung und formale Gleichheit, die dem Kapitalverhältnis Rechnung tragen, im Subjekt jeweils behaupten; welches Verhältnis die Individuen eines Staats dazu und damit zu sich selbst gewinnen; wodurch sie sich als Einheit der Staatsbürger, deutsch gesprochen: als Volk, begreifen. Das Wort Demokratie scheint berufen, hier alle Differenzen auszulöschen, was nicht identisch ist, zum Verschwinden zu bringen: eine Art Seinsbegriff der westlichen Politik – im Unterschied zur Freiheit, die negativ bestimmend immer danach fragt, wovon jemand frei ist, denn »die Unerforschlichkeit der Idee der Freiheit schneidet aller positiven Darstellung gänzlich den Weg ab«. (KW 10: 201f.)

Dabei geht es allerdings um die Antipoden im Politischen, die der Jargon in eins setzt. Und niemand hat sie mit größerer Prägnanz bestimmt als Hannah Arendt in ihren Büchern über die *Elemente und Ursprünge totaler Herrschaft* und *Über die Revolution*; während jenes den Gegensatz zwischen dem deutsch-völkischen Nationalismus und der westlich-aufgeklärten Nation herausarbeitet, stellt dieses auch noch den Begriff der Nation selber in Frage, indem es Amerikanische und Französische Revolution konfrontiert. Entschieden ergreift die Autorin Partei für die Amerikanische, der die Gründung der Freiheit in der Tat gelungen sei – nicht zuletzt, weil den »founding fathers« die »politisch unlösbare soziale Frage nicht im Wege stand; aber diese Gründung konnte für die Sache der Freiheit nicht allgemeingültig werden, weil die gesamte übrige Welt von dem Elend der Massen beherrscht war und blieb.« (Arendt 1994: 85) Über die Gründe dieses Elends weiß Arendt jedoch wenig zu sagen, sie hat von der Marxschen Kritik der politischen Ökonomie kaum eine Ahnung. Die Versklavung der Schwarzen und die Vertreibung der Indianer – vorindustrielle Voraussetzungen des relativ gleichmäßig verteilten Reichtums in Nordamerika – sind ihr, im Unterschied sogar zu manchem der »gründenden Väter«, nur ein Problem am Rande; Menschen finden sich hier so selbstverständlich aus dem Raum des Politischen ausgeschlossen, als ginge es wirklich um die Wiederbelebung der antiken Polis und nicht um die Begleitumstände kapitalistischer Verwertung, die erst viele Jahre später ihre Emanzipation einleitete.

Arendt will den politischen Bereich von dem der ökonomischen Notwendigkeit strikt getrennt wissen, darin ist sie ganz der Kantschen Antinomie von Freiheit und Notwendigkeit verpflichtet (letztere erscheint bei ihr fast als bloßes Problem der Technik, das Mithilfe guter Ingenieure zu lösen sein muß). Desto schärfer nimmt sie im Politischen selbst wahr, daß es eine bestimmte Form des Mitleids gewesen sein muß, die der Revolution in Europa zum Verhängnis wurde – Mitleid mit den Armen als imaginärem Kollektiv, formiert jedoch nach Maßgabe staatlicher Herrschaft; Empathie als politisches Bewußtsein, das sich die Armut bereits in der repressiven Gestalt des Souveräns vorspiegelt, mit der man sich identifizieren möchte. Solches Engagement drängte auf direkte Demokratie, also darauf, die Distanz zwischen formell gleichgestellten Bürgern und staatlich übergeordneten Institutionen zu beseitigen, den repräsentativen Charakter dieser Institutionen zu revozieren und die

Gewaltenteilung aufzuheben. Es erscheint demnach als die subjektive Triebfeder, das Recht unmittelbar mit dem Souverän in eins zu setzen. Wenn hingegen die Amerikanische Revolution die »checks and balances« institutionalisierte, der Gewaltenteilung und dadurch dem Recht das ausschlaggebende Gewicht verlieh, das selbst in der Krise nicht einfach dahinschwindet, dann habe diese Fähigkeit zur »Errichtung dauerhafter Institutionen« und Bewahrung der Vermittlungsformen damit zu tun, daß es sich hier um die einzige Revolution handle, in der das Mitleid mit dem Kollektiv keine politische Rolle spiele.

Umso größer dafür die Rolle, die der Reichtum derjenigen spielen sollte, die Ämter in jenen Institutionen bekleiden konnten – wäre allerdings noch hinzuzufügen. Ließ dennoch einige wenige der amerikanischen Revolutionäre das Unrecht der Sklaverei und der Vertreibung der Indianer nicht zur Ruhe kommen (vgl. Ellis 2002: 115ff.), so vermutlich kaum aus einem Mitleid, das bereits ein politisches Kollektiv im Schilde führt, und nicht allein darum, daß es die »Würde des Menschen«, d. h. die Würde des einzelnen Warenbesitzers und die Allgemeinheit seiner Rechte, in Frage stellte. Als uneingelöstes Versprechen der bürgerlichen Gesellschaft reicht Freiheit über die Freiheit der Warenbesitzer immer auch hinaus – und wirft damit das Problem auf, wie denn spontane Empathie, die nur dem einzelnen Individuum gilt, und die konsequente Kritik am gesellschaftlichen Ganzen, das die Not der einzelnen systematisch hervorbringt, zu vereinen wären. Etwas wie eine Lösung deutet sich in der Perspektive des Rätesystems an, wie Arendt es versteht und in der Amerikanischen Revolution angelegt, aber in späteren Entwicklungsphasen der USA wieder verlorengegangen sieht (1994: 215). Es bleibt indessen offen, wie die direkten Formen der Mitbestimmung, die doch das Politische transzendieren müssen, zum Prinzip der Gewaltenteilung, das für die Amerikanische Revolution entscheidend ist, sich verhalten. Denn die Vorstellungen solcher Räte-Demokratie ändern ja nichts an Arendts unbedingter Einstellung zum Recht: »Daß das Gesetz Erbarmen nicht kennt, wer wollte es leugnen? Nur darf man darüber nicht vergessen, daß es immer die brutale Gewalt ist, die sich an die Stelle des Gesetzes setzt, ganz gleich aus welchem Grunde Menschen es abschaffen.« (117) Es kann jedoch nicht gleich sein, aus welchem Grund die Menschen die Herrschaft des Gesetzes abschaffen wollen, Arendt ist es ja gerade, die auf die spezifischen Gründe aufmerksam macht. So wie das Recht selbst, nach Franz Neumann, niemals »wahre Allgemeinheit« sein kann, aber die unerläßliche Voraussetzung ist, sie zu erkennen – als Möglichkeit der Kritik wie der Revolution. Daß es als Bedingung dieser Möglichkeit gelten muß, wurde in der Kritischen Theorie mitunter stillschweigend vorausgesetzt – so wenn Adorno in den *Minima moralia* schreibt, die emanzipierte Gesellschaft »wäre kein Einheitsstaat, sondern die Verwirklichung des Allgemeinen in der Versöhnung der Differenzen. Politik, der es darum im Ernst noch ginge, sollte deswegen die abstrakte Gleichheit der Menschen nicht einmal als Idee propagieren.« (AGS 4: 116) Diese Politik jedoch, die keine mehr ist, weil sie das Ideal der abstrakten Gleichheit gerade nicht propagieren soll und das Allgemeine als Versöhnung der Differenzen wie den Vorrang des Besonderen will – sie ist allein möglich auf der Grundlage eines gesellschaftlichen Bewußtseins, das die abstrakte Gleichheit bereits praktisch politisch als seine Voraussetzung weiß und sich nicht scheut, durch sie wie durch die Androhung von Gewalt »die Reproduktion des Lebens« (Adorno) und das »Minimum an Freiheit« (Neumann) zu schützen; wenn also die Möglichkeit einer »Gesellschaft ohne Recht, wie im Dritten Reich« (Adorno), eines »Unstaats« (Neumann), der sie in Permanenz zurücknimmt und darin die universelle Vernichtung organisiert, vollständig ausgeschlossen wäre. Das ist der Vorbehalt, der auch und gerade der radikalsten Kritik vom Nationalsozialismus aufgezwungen wurde. Nur indem sie ihn ernst nahm, konnte sie ihre Radikalität bewahren; Neumann hat ihn im *Behemoth* und Kirchheimer in der Analyse der »Rechtsordnung des Nationalsozialismus«, Horkheimer in den Aufzeichnungen übers Racket (HGS 12: 289ff.) und Adorno in den Ausführungen der *Negativen Dialektik* über Tausch, »intelligiblen Charakter« und Recht (AGS 6: 149f.; 293f.; 303ff.) formuliert.

Wenn nun Hannah Arendt davon ausgeht, daß wirklich nichts an die Stelle des Gesetzes treten könne und dürfe, scheint sie diese Voraussetzung jeder Revolution, die ihren Namen verdient, bereits zum revolutionären Ziel einer emanzipierten Gesellschaft zu rechnen. Aber es liegt darin auch die Kraft zum Urteil, woran denn sonst Emanzipation vom Staat ermessen werden könnte, außer daran, daß sie das Gesetz überflüssig macht, ohne Gewalt und Zwang an seine Stelle zu setzen. Darin liegt das Geheimnis von Arendts emphatischem Bezug auf die griechische Polis und Sokrates: Als dieser sagte, »daß seiner Meinung nach Athen kein größeres Gut widerfahren könnte, als daß er die Stadt so steche wie eine Stechfliege ein großes, gut genährtes, aber recht träges Pferd, dann konnte er nur gemeint haben, daß einer Menge nichts Besseres geschehen könne, als wieder in einzelne Menschen aufgelöst zu werden, die in ihrer Einzigartigkeit ansprechbar werden. Wenn dies möglich wäre, wenn jeder Mensch dazu gebracht werden könnte, zu denken und selbst zu urteilen, dann mag es tatsächlich auch möglich sein, ohne festgelegte Normen und Regeln auszukommen.« (2006: 89f.)

Die Warnung vor der Entgrenzung politischer Gewalt, die Allgemeinheit im schlimmsten Sinn realisiere, fällt dafür so dezidiert wie nur denkbar aus. Für die Französische (und für die Russische) Revolution zielt Arendts Kritik eben auf jene kollektive Empathie, in der das Individuum, dem allein das Mitleid gelten könnte, ebenso unterzugehen droht wie das Recht, das es allein schützt. Sie nimmt in dieser Konstellation nicht nur unmittelbar die Triebfeder der Schreckenszeit in Frankreich wahr, sondern erkennt in ihr mittelbar auch den Entwurf des neuen Souveräns, des Nationalstaats späterer europäischer Politik, der in der Krise losschlägt. Die Schreckensherrschaft trägt den nationalen Wahn bereits in sich, schon bei Rousseau, auf den sie sich stützen konnte, schlug die volonté generale zur union sacrée um: Eliminierung aller Unterscheidung und Vermittlung von Macht im Namen eines Kollektivs – das Volk als nationaler Souverän –, dem die Macht genauso wie das Recht entspringe.

Arendt sieht zwar in der Amerikanischen wie der Französischen Revolution das Bedürfnis nach einer Souveränität, die das Recht schützen soll:»das Bedürfnis nach einem Absoluten, das dem von Menschen gesetzten Recht Gültigkeit verleiht«. Die amerikanischen Revolutionäre jedoch unterschieden »klar und unzweideutig zwischen dem Ursprung der Macht, der ›unten‹ im Volk lag, und der Quelle des Gesetzes, die gleichsam ›oben‹, in einer wie auch immer transzendenten Region angesetzt war«, während die »Vergöttlichung des Volkes in der Französischen Revolution die unausweichliche Konsequenz jeden Versuches« war, »Macht und Gesetz aus dem gleichen Ursprung« herzuleiten. »Historisch unterscheidet sich die Französische Revolution in nichts prinzipieller von der Amerikanischen als in ihrer einmütigen Behauptung, daß ›das Gesetz der Ausdruck des Allgemeinwillens ist‹, wie es in der Déclaration des Droits de l'Homme et du Citoyen von 1789 heißt. Nichts dergleichen wird man in irgendeinem der großen Dokumente der Amerikanischen Revolution finden.« (236f.) Die hier dem Gesetz zugeschriebene Transzendenz, deren manifest religiöse

Quellen im amerikanischen Kirchen- und Sektenwesen Arendt nicht weiter interessieren, ermöglichte einen ganz anderen Begriff von Staatsvolk: den einer »in Organisationen und Institutionen zusammengefaßten Menge von Menschen«, die gewöhnt war, »ihre Macht gemäß bestimmten Regeln und im Rahmen von Gesetzen auszuüben«; die »gründenden Väter« dieser Revolution verstanden demnach das ›Volk‹ »als eine Vielheit«, man stellte sich darunter »die unendlichen Verschiedenheiten und Unterschiede einer Menge vor, die gerade in ihrer Pluralität ehrfurchtgebietend war«.

Emphatisch spricht Arendt in diesem Zusammenhang andererseits von einem »neuen amerikanischen Machtbegriff« – einem, der sogar bereits jenseits eigentlicher Souveränität begründet sei, die ja immer ein »Machtmonopol« beinhalte, »das außerhalb des Zugriffs der Beherrschten« stehe (222), während die amerikanische Macht durch die Institutionen hindurch gleichsam entmonopolisiert wäre. Hier unterläuft dem Buch über die Revolution allerdings eine gewisse Idealisierung der USA, soweit es versäumt, auch das Scheitern dieses revolutionären Machtbegriffs mit derselben Konsequenz darzustellen – als Scheitern von Revolution in jenem emphatischen Begriff, den Arendt von ihr formuliert, das aber dennoch aussah wie ihr dauerhafter Sieg: Aufrichtung eines eigenen amerikanischen Souveräns, da ja das Kapitalverhältnis, von dem Arendt keinen Begriff hat, gar nicht zur Disposition gestellt wurde. Durch dieses Verhältnis hindurch entpuppt sich auch die »neue« Macht als eigentliche Souveränität, denn: »Die Souveränität ist das politische Verhältnis des Kapitals wie das Kapital nur das ökonomische Verhältnis der Souveränität ist.« (ISF 1990: 100)

Welche Gewaltenteilung auch immer möglich ist, für staatliche Herrschaft bleibt – bei Strafe des Untergangs – das Substrat politischer Gewalt unteilbar, ihr harter Kern; nur als dieses Unteilbare bürgt sie fürs Ganze. Wie auch immer der »Zugriff der Beherrschten« aussehen mag, darin widersetzt sich der Souverän per definitionem jeder Teilung, daß er doch in seiner Eigenschaft als Gewaltmonopol die Einheit der Gesellschaft gegen die Verselbständigung der Widersprüche in der Verwertung des Werts jederzeit durchsetzen muß. Das kann stets nur auf einem bestimmten, beschränkten Territorium geschehen: ja die Unteilbarkeit politischer Gewalt nach innen hin bedingt geradezu ihre Dissoziation im Äußeren, im Bezug der einzelnen Gewaltmonopole aufeinander; der Frieden zwischen den Bürgern beruht auf dem Krieg zwischen den Staaten, darüber läßt Thomas Hobbes keinen Zweifel, wenn er jede Gefahr des Bürgerkriegs bekämpft. »Geteilte Gewalten« auf einem einzigen staatlichen Territorium »zerstören sich nämlich gegenseitig« (1976: 248). Gewaltenteilung auf einem Territorium führt somit nur dann nicht zum Zerfall des Staats, wenn sich durch sie hindurch und neben ihr zugleich das Unteilbare erhält: der Souverän, der notfalls fürs Ganze, die Verwertung des Werts, einsteht. In diesem Sinn wäre für die neugegründeten Vereinigten Staaten von Amerika auf lange Sicht vielmehr von einer Balance auszugehen: zwischen dem Substrat unteilbarer souveräner Gewalt und den aufgeteilten staatlichen Institutionen, die erst durch sie ermöglicht sind. Entscheidend ist letztlich das Gewicht, das die institutionellen Vermittlungen im Bewußtsein der Bürger erhalten, wenn sie die souveräne Gewalt, die immer nur die Einheit behauptet wie in jedem anderen Staat, in Schach halten sollen. Eben darin besteht der »Zugriff der Beherrschten«, von dem Hannah Arendt spricht, der aber erst dann Souveränität überflüssig machen würde, wenn selbst das automatische Subjekt des Kapitals vor ihm nicht sicher wäre, und revolutionäre Bürger, als Eigentümer der Produktionsmittel, sich selbst enteigneten.

Gerade jene vom kollektiven, kollektivierenden Mitleid hervorgerufene Formlosigkeit politischer Macht, die keine solche Balance garantiert, bezeichneten nun umgekehrt die amerikanischen Revolutionäre ihrerseits als Demokratie, um sich von ihr abzugrenzen, sie verstanden sich selbst als durchaus demokratiekritisch wenn nicht antidemokratisch: Denn in der Demokratie seien Unterschied und Vermittlung potentiell aufgehoben, institutionell gesicherte Repräsentation und Gewaltenteilung, checks and balances, nicht wirklich möglich. Statt Verschiedenheit, die durch die Vernunft bestimmt wäre, bemächtige sich der Politik eine irrationale Leidenschaft, welche die Bürger zur Gemeinschaft zusammenschließe. Für die »founding fathers«, so Hannah Arendt, war darum politische Herrschaft, die sich derart auf »öffentliche Meinung stützt, zu Recht eine Art Tyrannis, und sie hielten daher die Demokratie lediglich für eine Abart des Despotismus. Sie hatten in der Tat einen wahren Abscheu gegen die Demokratie als Staatsform«. (290)

Aus dieser Perspektive kann Hannah Arendt »den Verrat an der Revolution«, den die französischen Jakobiner verübten, als »Betrug des Nationalismus« erfassen, »der eine Wahnvorstellung an die Stelle einer lebendigen Realität setzt« (308). Die Französische Revolution brachte aber das Recht vor diesem »Betrug« in Sicherheit, soweit sie an ihm als der abstrakten Gleichheit aller Menschen festhielt; das vergöttlichte Volk, in dem dieses Recht dem Wahn nach gründe, konnte somit von der Menschheit nicht wirklich losgelöst, nicht Volksgemeinschaft werden. Die »deutsche Revolution« von 1933 erst realisiert, daß diese Gemeinschaft, die sich zum Selbstzweck erklärt, und damit die Identität mit dem Souverän, nur als Abschaffung aller Vermittlung und Unterordnung jedes anderen Zwecks, nur als Vernichtung, vollendet werden kann; sie setzt das »Urvolk« – Deutsche, Arier, zuletzt sogar: Europäer – gegen den Begriff der Menschheit, indem sie zum Massenmord an denen mobilisiert, die von jeher als »Gegenvolk« identifiziert werden.

Der Fehler in der Rechnung, die ohne den Souverän gemacht wird

> Die Deutschen haben die Welt nicht unterwerfen können – sie durchfaulen sie jetzt.
> Paul Celan, um 1962 (2005: 39)

Die Wandlungsfähigkeit der deutschen Ideologie zu verschleiern, scheint der eigentliche Sinn des demokratischen Jargons zu sein. Gegen ihn wäre mit Hannah Arendt die Kritik der Demokratie in Erinnerung zu rufen, wie sie einmal die gründenden Väter Amerikas geübt haben. Deren Sensorium für Differenzen wird umso nötiger, wenn Demokratie nur noch dazu dient, die Unterschiede zwischen westlichem Staat und postnazistischer Nation zu verwischen oder ex negativo Sowjetunion und Nationalsozialismus gleichzusetzen. (Vor letzterem hatte auch Hannah Arendt in ihren *Elementen und Ursprüngen totaler Herrschaft* nicht halt gemacht.)

Der deutsche Bürger, der als legitimer Erbe der nationalsozialistischen Vernichtung auftritt und sich zum bekennenden Europäer verallgemeinert hat, verharrt unwillkürlich in einem Verhältnis zum Staat, das sich selbst widerruft; er möchte die Rechtsform, die ihn auf den Souverän einschwört, immer wieder abstreifen, um mit ihm unterschiedslos zusammenzufallen: er möchte Volksgemeinschaft. Er steht also in einem bloß von außen aufgezwungenen Verhältnis zum Staat, im Inneren wünscht er von neuem die Aufhebung gesellschaftlicher Verhältnisse, die ihn zu seinesgleichen wie zur unmittelbaren Ausübung politischer Gewalt auf Distanz halten, damit er als Warenbesitzer funktioniert. Es ist jedoch relativ leicht, ihn zu durchschauen, denn er selbst kehrt dieses Innere schließlich in seiner Auffassung des internationalen Rechts nach außen. Von der Volksgemeinschaft zur Völkergemeinschaft: wem das von der Rechtsform geschaffene Verhältnis zum Souverän lästig ist, wer kein Bewußtsein vom Recht hat, das politischer Gewalt und unmittelbarem Zwang genuine »Resistenzkraft« (Horkheimer) entgegensetzt, verfällt wie von allein dem Fetischismus des Völkerrechts, also der fixen Idee, die Beziehungen zwischen den Staaten könnten sich wie die zwischen Bürgern gestalten. Im internationalen Raum von einem Recht ohne Souverän auszugehen, ist nur das Komplement zu jener im Inneren geübten Identifikation mit dem Souverän, die das Recht nicht als Form der Gesellschaft, sondern als Gefäß der Gemeinschaft auffaßt.[1] Es wundert darum nicht, daß der neue, globalisierte Antisemitismus, wie Daniel Goldhagen sagt (2004: 97), in den Vereinten Nationen »institutionalisiert« ist.

Staaten sind Monster. Die Metapher des biblischen Ungeheuers, die Hobbes für sie fand, wäre unter keinen, noch so friedlichen und demokratischen Umständen zu revidieren; sowenig wie Hegels Einsicht, daß zwischen derartigen Geschöpfen, »künstlichen Tieren« sagt Hobbes auch,[2]

---

[1] Die reflexartige Analogie zwischen dem Recht der Staaten untereinander und dem Recht der Bürger eines Staats greift definitiv die Grundfesten jedes Rechtsbewußtseins an, mag sie mittlerweile auch zum common sense in allen Fragen internationaler Politik gehören. Denn Voraussetzung der Universalisierbarkeit rechtlicher Vermittlung ist einerseits, daß die Bürger als Warenbesitzer sich auf den Souverän beziehen müssen – er prangt nicht zufällig auf Münze und Geldschein –, um überhaupt Bürger sein, d. h. Waren austauschen zu können; andererseits, jeder von ihnen einen Körper hat, dessen Arbeitskraft Gegenstand eines Vertrags werden kann, wodurch die Bürger erst ausnahmslos und unbedingt als bürgerlich Gleiche und Freie einander gegenübertreten können (vgl. Scheit 2004: 51ff.). Das internationale Recht hingegen existiert, wie Hegel sagt, nicht wirklich und kann auch nicht wirklich existieren, weil die Staaten sich nicht auf ein Drittes beziehen müssen, um miteinander Handel und Politik zu treiben; dabei gelten sie voreinander unbedingt niemals als Gleiche und Freie – sie haben ja auch keinen Körper, dessen Arbeitskraft Gegenstand eines Vertrags werden könnte, jeder Staat bleibt gleichsam mit Territorium und Volkswirtschaft verwachsen wie ein Leibeigener mit Arbeitskraft und Scholle.

[2] »Leviathan«, »künstliches Tier«, »sterblicher Gott« ... Hobbes sucht nach den unheimlichsten Namen und paradoxesten Kombinationen, um die prinzipielle Unvernunft des Staats bei all seiner eingeschränkt doch möglichen Vernünftigkeit zum Ausdruck zu bringen – wie Marx zwei Jahrhunderte später vom »automatischen Subjekt« und vom »beseelten Ungeheuer« sprechen muß, um den realen Irrsinn des Kapitalverhältnisses

das Recht nicht wirklich existieren kann, sondern lediglich der bloße »Naturzustand«, also Gewaltverhältnisse. Gegenseitige Abschreckung vermag hier womöglich Verträge und die Einhaltung von Konventionen zu garantieren, aber nur, wenn die Konstellation der Staaten gerade günstig ausbalanciert ist. Die UNO, die darum nichts anderes als bloße Resultante wechselseitiger Bedrohung sein kann, hervorgegangen aus dem einstigen Bündnis gegen Deutschland − Roosevelt sprach noch von einem »zu entwickelnden Kriegsbündnis« (Posener 1999: 120) −, diese UNO wird nun jedoch von der neuesten deutschen Ideologie als globaler Gesetzgeber verklärt, dem es allein ums reine Recht ginge. Aus solcher Perspektive können die Staaten gar nicht mehr als Staaten wahrgenommen werden, sondern immer nur − analog zu den Bürgern innerhalb des Staats − als Subjekte, Völkerrechtssubjekte, oder eben ungeschminkt: als Völker. Was als Recht zwischen ihnen angesprochen wird, dient in letzter Instanz zum Vorwand, sie genau so zu betrachten: also von Völkern, nicht von den einzelnen Individuen auszugehen; was über ihnen zum Souverän erklärt wird, erweist sich als expandierendes Machtvakuum, das der Destabilisierung Vorschub leistet: Völkergemeinschaft als United Rackets.

Es wird getan, als wäre in einer Art Intermundien-Existenz bürgerliches Recht ohne staatliche Macht möglich. Fokus dieser Halluzination ist offensichtlich die Einigung Europas, die erklärtermaßen die Amerikanische Revolution von den Füßen auf den Kopf stellen möchte: Entstand aus der Befreiung vom alten englischen Souverän einstmals der neue amerikanische im Bewußtsein des äußeren Drucks, den die alten Kolonialmächte ausübten, und der kapitalistischen Notwendigkeit, das Land zu erobern, so erscheint jetzt die Europäische Union als ein einziger, gleichwohl labyrinthisch angelegter, ideologischer Apparat zur Verdrängung von Souveränität, der selbst noch die UNO verhext hat. Die Gewaltenteilung, die sich auf Montesquieu beruft, wird derart auf die Spitze getrieben, daß sie, wenn es ernst wird im Sinn von Carl Schmitt, abgebrochen werden muß, weil sich ohnehin niemand mehr auskennt. Das scheint das ganze Geheimnis

bei all seiner inhärenten Logik zu fassen. Sofern Hobbes jedoch eben diesen Irrwitz des Kapitals als ewigen Naturzustand fetischisiert, so daß der Mensch dem Menschen immer ein Wolf gewesen ist und darum auf ewig bleiben muß, kann seine Staatstheorie auch nicht als Kritik im Sinne der Marxschen Kritik der politischen Ökonomie gelesen werden. Umso mehr stellt sich die Frage, was ihre radikalen Erkenntnisse über das Unwesen des Staats möglich gemacht hat.

jener endlosen Debatten zu sein, die über die Verfassung Europas geführt werden. Aus bewußter Division der Gewalten wird deren grenzenlose Dissoziation; und die Vermittlung der Instanzen, die Einheit ermöglicht, ist damit gerade im Ernstfall nicht mehr absehbar. Als Karl Marx gegen die französische Konstitution von 1848 polemisierte (MEW 7: 498), tat er es augenscheinlich mit der Intention, die Teilung der Gewalten selbst in Frage zu stellen. Doch es liegt darin zugleich eine Ahnung der neuesten europäischen Verdrängung des Souveräns: »Die Regierungsmaschinerie kann gar nicht einfach genug sein. Es ist immer die Kunst der Spitzbuben, sie kompliziert und geheimnisvoll zu machen.«[3]

<hr />

[3]   Als ein solcher Spitzbube fordert Boris Groys (*Der Standard* 8./9. 10. 2005): »Alle Macht den Philosophen!«: »Damit die Verfassung Europas effektiv funktionieren kann, soll sie vor allem maximal dunkel, widersprüchlich, ambivalent und unverständlich formuliert werden, denn erst dann wird sie ihrem Gegenstand gerecht... Die europäische Verfassung soll auf solche Weise geschrieben werden, dass jeder Bürger nach ihrer Lektüre, wie einst Tertullian, stolz sagen könnte: credo, quia absurdum.« Der Jargon der Demokratie wird mithin zur philosophischen Sprache geadelt: Diese sei von jeher »das Medium der demokratischen Gleichheit, eine Atmosphäre der Demokratie par excellence. Die Gleichheit aller Sprechenden wird aber verzerrt und sogar zerstört, wenn von Sprechenden gefordert wird, logisch korrekt, d. h. kohärent zu argumentieren. Eine solche kohärente Sprache ist undemokratisch, weil sie die Sprache der Spezialisten ist: Sophisten, Ökonomen, Juristen.« So kann die Philosophie ›Kerneuropas‹ notwendig nur eine irrationale sein und das auszusprechen verschafft seinen Ideologen noch eine spitz-bübische Freude: »Die Menschenrechte sind ... erst dann wahrlich Menschenrechte, wenn sie sich auf die Menschheit in ihrem Ganzen applizieren lassen. Wenn sie also als spezifische Werte der europäischen Union proklamiert werden, bedeutet das, dass die Nichteuropäer was sind – keine Menschen? Das darf man aber nicht sagen – und so muss man sich an dieser Stelle möglichst unverständlich ausdrücken. Weiters soll die Verfassung die Interessen Europas zum Ausdruck bringen. Diese dürfen aber keinen Interessen anderer Länder widersprechen, denn das oberste politische Ziel Europas ist der ewige Frieden. Allerdings sind die Interessen, die keinen Interessen widersprechen, ihrerseits keine Interessen, sondern Träume. Hier muss also ebenfalls undeutlich, am-bivalent und paradox formuliert werden, denn anders lassen sich Träume bekanntlich nicht beschreiben. Dies bezieht sich insbesondere auf den ewigen Frieden selbst, der bekanntlich immer wieder eine temporale Durchsetzung mittels räumlich begrenzter Kriege fordert.« Wer nicht als Spitzbube dastehen möchte und nicht aussprechen will, was er (und denkt: daß die Flüchtlinge, die nach Europa wollen, keine Menschen seien; daß der ewige Friede für Europa erfordert, an dessen Peripherie die Kriege zu schüren, wird sich im Namen von political correctness lieber dem Positivismus anschließen: Wovon man nicht sprechen kann, darüber muß man schweigen.

Hier hebt ein Monster sein Haupt, das sich gut getarnt weiß. Sind Staaten auch ausnahmslos Ungeheuer, heißt das mitnichten, die Ungeheuer seien alle gleich. Ihre Unterscheidung, die schon Hobbes nicht nur von Leviathan sondern auch von Behemoth sprechen ließ, gehört selbst noch zum Begriff des Staats. Sie geschieht letztlich nach dem Kriterium, inwieweit der Souverän, der über Leben und Tod entscheidet, die Verwertung des Werts, die sein Wesen – als Unwesen – ausmacht, auch mit der Erhaltung und Verteidigung des menschlichen Lebens in Einklang bringt oder die Krise jener Verwertung in der Verbreitung des Todes als Selbstzweck austrägt. So ist die wesentliche Tat des Leviathan, Recht zu setzen; es zu verhindern, ermöglicht hingegen alle Untaten des Behemoth. Für Hobbes war es die Alternative der frühen bürgerlichen Gesellschaft in England: stabile Monarchie oder permanenter Bandenkrieg. Mit dem Aufstieg Deutschlands wird diese Differenz zur ultima ratio fürs Überleben der Menschheit, und Franz Neumann erkannte darum im nationalsozialistischen »Unstaat« den modernen Behemoth: Wiederkehr barbarischer Bandenherrschaft unter entwickelten kapitalistischen Bedingungen. Solche Bedingungen heben indessen jede Begrenzung auf, und die Wiederkehr der Bandenherrschaft vermag eine Barbarei zu entfesseln, die alles ursprünglich Barbarische und von Banden je Verbrochene übersteigt. Seit es möglich war, daß dieser Unstaat sich etablieren konnte, gilt darum auch in den internationalen Beziehungen der neue kategorische Imperativ: alles zu tun, damit sich Auschwitz nicht wiederhole, und das heißt, die Gemeinwesen, die in ihrem Inneren mit der wie auch immer beschränkten Allgemeinheit des Gesetzes »ein Minimum an Freiheit« und individuellen Rechten gewähren, nach außen hin gegen jene Racket-Formationen zu mobilisieren, die dieses Minimum nicht allein zugunsten unmittelbarer Herrschaft beseitigen, sondern eben dadurch die »Allgemeinheit« schrankenloser Vernichtung durchzusetzen drohen.

Die Europäische Union erscheint zunächst aber als ein Gebilde, das entschieden in der Unentschiedenheit darüber verharrt, ob es überhaupt einen eigenen europäischen Staat ausbilden soll – gleich den United States of America –, oder doch lieber nur ein Staatenbündnis – kleine UNO innerhalb der großen. Die Einigung der nordamerikanischen Staaten kann auch gar nicht wiederholt werden, denn Europa ist ja bereits geeint worden: unter eben jenem Behemoth, der die Vernichtung als Selbstzweck organisierte; und was sich heute als EU formiert, bewegt sich auf dieser

Grundlage, die jedoch zugleich verleugnet werden muß. Im Entwurf für eine Denkschrift des Auswärtigen Amtes über die Schaffung eines »Europäischen Staatenbundes« vom 9. 9. 1943 (Opitz 1994: 957-966) steht über die »Notwendigkeit einer Einigung Europas« zu lesen: »Die ungeahnten Fortschritte der Technik, die Schrumpfung der Entfernungen infolge der modernen Verkehrsmittel, die ungeheure Steigerung der Reichweite und Zerstörungskraft der Waffen (Luftwaffe), die gewaltige Last der Rüstungen und der Zug der Zeit, weite Zusammenhänge zu schaffen und große Räume gemeinsamer Erzeugung und Bewirtschaftung herzustellen, nötigen Europa zum engeren Zusammenschluß. Europa ist zu klein geworden für sich befehdende und sich gegenseitig absperrende Souveränitäten. Ein in sich zerspaltenes Europa ist auch zu schwach, um sich in der Welt in seiner Eigenart und Eigenkraft zu behaupten und sich den Frieden zu erhalten.« Manches in diesem Entwurf – die Schaffung eines periodischen »Staatenkongresses« und eines ständigen »Wirtschaftstags« – nimmt gewisse EU-Strukturen vorweg. Bemerkenswert aber ist vor allem, daß auch hier die Frage der Souveränität nicht gelöst wird, sondern den politischen Gegebenheiten überlassen: »Wenn die Führung ein Vorrecht der stärksten Mächte ist, so bedeutet sie für diese auch die Verpflichtung, nur für den europäischen Frieden, Fortschritt und Wohlstand wirksam zu werden und sich auf das zu beschränken, was die Notwendigkeiten des europäischen Zusammenlebens unbedingt erfordern. Die Führung der Achsenmächte in Europa ist eine Tatsache, die sich aus den politischen Gegebenheiten von selbst ergibt. Einer besonderen Verankerung in der Verfassung des Staatenbundes bedarf sie, um sich auszuwirken, nicht. Ob und in welcher Form dieser Tatsache in der Verfassung des Bundes formaler Ausdruck verliehen wird, ist eine Frage, die nach Zweckmäßigkeitsgründen beurteilt werden muß.« Damals kam es nicht mehr zu langen Verfassungsdiskussionen, die »Endlösung« hatte absoluten Vorrang: sie schuf die politischen Gegebenheiten; durch sie konnte man darauf verzichten, die Frage der Souveränität aufzuwerfen. Die Absurdität des heutigen Einigungsprozesses, der die Einigung hintertreibt, beruht mithin auf dem Vernichtungskrieg. Und die Verdrängung der Souveränität, die sich das neue Europa auf die Fahnen geschrieben hat, ist das Eingeständnis dieser Herkunft, das niemand verstehen möchte. Wird in dieser EU aber zuweilen wie einstmals bei Jefferson proklamiert, »uns zu einer Nation in allen auswärtigen Belangen zu machen und uns in Fragen der Innenpolitik in unseren Unterschieden zu erhalten«, so sind die auswärtigen Belange nicht als durchzusetzende Interessen bewußt gemacht, sondern als proklamierte »Verrechtlichung der internationalen Beziehungen« verschleiert, während offenbar die Unterschiede im Inneren sich ideologisch nur zur Einheit formieren, wenn die abstrakte Allgemeinheit des Gesetzes durch das konkrete Feindbild von Israel und USA ergänzt wird. Mit dem politischen Gespür des Intriganten bringt diese neueste Haupt- und Staatsaktion der deutschen Ideologie die Kantsche Vision vom ewigen Frieden ins Spiel und um ihren utopischen Gehalt, damit auch sie gegen die scheinbar letzten, mit Bewußtheit souverän handelnden Staaten des Westens aussagen kann: Wären nur Israel und die USA entmachtet, die Verrechtlichung der internationalen Beziehungen könnte vollendet werden und der ewige Frieden erreicht, ohne Kapital und Staat anzutasten. Diesen ewigen Frieden mit Kapital und Staat gibt es allerdings einzig in der Vernichtung, und auf sie steuert die deutsch-europäische Entfesselung des Chaos abermals hin, aber in durchaus gewandelter Gestalt: der neue Behemoth – ein Ungeheuer, bei dessen Leib man nicht sieht, wo er anfängt oder wo er aufhört; das an einem Ende zutraulich ist wie ein sanftes Haustier und am anderen wütet wie eine Bestie. Denn das vollständige Monster konstituiert sich in der Zusammenarbeit mit islamistischen Rackets und Theokratien oder auch nur in deren Tolerierung. Und die Linke, ob sie sich nun aufs Völkerrecht oder auf die Abschaffung allen Rechts beruft, ist seine Avantgarde.[4] Beim Versuch, das Ungeheuer zu erfassen, mag darum sogar in die Irre führen, ganz pauschal vom Appeasement gegenüber dem Islam zu sprechen. Denn dies unterstellt, daß die Nachfolgestaaten des Dritten Reichs und die Nachfolgeunion des nationalsozialistischen Europa untrennbar mit dem Westen identisch wären, und der Eindruck entsteht, auch hier könnte sich dieses Appeasement wie seinerzeit jenes gegenüber dem Nationalsozialismus in entschlossene Abwehr umkehren. Die modernisierte deutsche Ideologie weist in die genau entgegengesetzte Richtung.

---

[4] Hier eröffnen sich scheinbar große Aufgaben für »kerneuropäische« Intellektuelle. Von Habermas bis Baudrillard, von Derrida bis Agamben wird intensiv an der Ideologie des neuen Behemoth gearbeitet: die demokratische Zutraulichkeit einer Kommunikationstheorie, die Horkheimer und Adorno abgeschafft hat, ergänzt die irrationale Vernichtungswut in der neuesten Apologie des Ausnahmezustands, die sich unverblümt auf Heidegger und Schmitt beruft. (Vgl. Scheit 2004: 364ff.; 406ff.)

»Es ist ein Fehler in der Rechnung«, schrieb Sigmund Freud 1932 an Albert Einstein, »wenn man nicht berücksichtigt, daß Recht ursprünglich rohe Gewalt war und noch heute der Stützung durch die Gewalt nicht entbehren kann.« (FGW 16: 20) Dieser Fehler ist mittlerweile zur Methode geworden, damit die falsche Rechnung aufgeht. Richtig ist aber: Es kann keinen Weltsouverän über den Staaten, d. h. kein Gewaltmonopol über die Welt geben, weil die Staaten zueinander in einem anderen Verhältnis stehen als die Bürger innerhalb eines Staats. Nach einem Weltkrieg vermag zwar der Sieger spontan als ein solcher Weltsouverän zu erscheinen, und die USA haben sich diesen Schein mit der UdSSR lange geteilt. Mit dem Ende dieser Teilung zerfällt er und es wird kenntlich: Auch die USA können nicht Souverän der Staatenwelt sein, sie können jedoch Hegemon bleiben, mächtigster Staat unter den Staaten, und als solcher in einzelnen Ländern, wenn es mit ihren Interessen übereinstimmt, Rechtsverhältnisse zu etablieren suchen und andere Staaten dazu zwingen, internationale Verträge und Konventionen einzuhalten. In eben diesem Sinn versucht die Politik der USA, soweit sie von den Neokonservativen inspiriert wird, die UNO mit verschiedenen Mitteln, aber im Ganzen erfolglos, in ein »Kriegsbündnis« zurückzuverwandeln – etwa durch die Ersetzung der Menschenrechtskommission durch einen Rat für Menschenrechte nach dem Vorbild des Sicherheitsrats.[5]

Innerhalb des Staates kann die Herrschaft der »Rackets« (Horkheimer) relativiert, der »Naturzustand« in Rechtszustand, in die »zweite Natur«

---

[5] »Die Mitgliedschaft sollte von der inneren Liberalität der Kandidaten abhängen, nicht vom Proporz der Kontinente, und eine Zweidrittelmehrheit der UN-Staaten erfordern. Länder, die mit Sanktionen belegt sind, sollten vor der Tür bleiben, der Rat sollte sich aber in deren Angelegenheiten einmischen und die parlamentarische Demokratie fördern. Bush wollte seine Politik globaler Demokratisierung von der Uno absegnen lassen. Er steht deshalb nun in der Strafecke. Der Reformkompromiß der Mehrheit sieht anders aus: ein großes Gremium mit Regionalproporz ohne funktionale Mitgliedskriterien, zur Wahl reicht schon die absolute Mehrheit. Die Definition der Menschenrechte umfaßt eine soziale, entwicklungspolitische, religiöse Dimension. Neu ist, daß Staaten abberufen werden können aber nur mit Zweidrittelmehrheit. Die Anhänger des Modells, gestützt von Partnern wie Amnesty International, sehen in ihm einen vernünftigen Kompromiß. Bush wittert Appeasement. Washington sieht im Vorstoß von 57 islamischen Staaten, nach dem Karikaturenstreit Vorschriften gegen Blasphemie im Statut der Kommission zu verankern, die erwartbare Folge. Für die US-Regierung sind religiöse Sonderrechte in einem UN-Gremium politische Blasphemie. Die neue Kommission soll religiös neutral für universelle Freiheiten einstehen. Das sei aber nicht durchsetzbar, sagt die Mehrheit,

der Bürger verwandelt werden, dafür steht die ausgeprägt westliche Gesellschaft; zwischen den Staaten ist es nicht möglich. Das heißt aber auch: die Verläßlichkeit der USA als Garant der internationalen Verträge und Konventionen wie auch der Rechtsverhältnisse innerhalb anderer Staaten, hängt nicht einmal allein von den USA ab. Die spezifische Konstellation nach dem Ende des Zweiten Weltkriegs ermöglichte mit einer gewissen Konsequenz, daß Verträge im wesentlichen doch eingehalten wurden und Rationalität in diesem bürgerlichen Sinn zumindest intermittierend zu erlangen war. Das ist mit dem Ende des Kalten Kriegs vorbei, und was es heißt, mit dem Gottesstaat Iran oder der Gottesbande Hamas Verträge abzuschließen, läßt mit seinen Kriterien sich nicht mehr ermessen. Es ist eine seltsame Ironie, daß gerade der Ölreichtum, der den islamistischen Horror finanziert, den letzten ›Sachzwang‹ darstellt, der die islamistische Herrschaft noch zu Verträgen nötigt, aber diese Verträge können eben auch mit Staaten wie China abgeschlossen werden, sodaß ihre Rationalität sich jederzeit und vermutlich problemlos dem Vernichtungswahn unterordnet, der die Rackets beherrscht. Wie vollständig sie sich unterordnet, wird sich spätestens zeigen, wenn der Weltmarkt in einer größeren Krise auseinanderzubrechen droht.

Ist auch das Vernichtungspotential, wie es da heranreift, anderer Art als das Nazideutschlands – ökonomisch und militärisch betrachtet –, kann dies wenig daran ändern, daß man sich, politisch und ideologisch gesehen, bereits auf dem Niveau des Münchener Abkommens von 1938 bewegt. Der Vergleich ist nicht willkürlich gewählt: Selbstmord-Rackets und Racket-Theokratien können im internationalen Raum umso ungehinderter agieren, je konsequenter das postnazistische und zu »Kerneuropa« wiedervereinigte Deutschland im Schatten von Rußland und China die Rolle ihrer heimlichen westlichen Schutzmacht wahrnimmt und sich darin – gut geschützt – dem weltweit agierenden Hegemon entgegenstellt. So scheinen die Beziehungen zwischen den reichen Ländern des Westens immer friedlicher zu werden und der Aufruf zum gemeinsamen Kampf gegen den Terror soll das bezeugen, während die Gewaltverhältnisse, die

denn die Uno bestehe aus gleichberechtigten Staaten mit unterschiedlichen Vorstellungen von Universalität. Die Kommission für Menschenrechte dürfe nicht zum Bündnis gegen UN-Staaten werden. War sie aber doch, erwiderte Washington: Gegen uns oder Israel hat sie gern agitiert und kann das mit dem Mehrheitsmodell weiter tun.« (Torsten Krauel: Menschenrechte ohne Mehrheit, *Die Welt* 11. 3. 2006) zwischen ihnen selber latent bleiben, an anderen Fronten und in anderen Formen umso mehr die manifeste Gewalt befördern. Und gelangt der Gottesstaat, zu dessen wichtigsten Handelspartnern Deutschland gehört, erst in den Besitz der Atombombe, wird er früher oder später – die zahlreichen Raketenangriffe auf Israel von dicht bewohntem Gebiet aus zeigen es bereits – wie ein einziger monströser Selbstmord-Attentäter handeln, ein staatliches Gebilde, bei dem also Abschreckung durch den atomaren Gegenschlag völlig wirkungslos bleiben muß.

Gradmesser der Verläßlichkeit jenes Hegemons, der für beschränkte Vernunft im unvernünftigen Ganzen steht, ist und bleibt die Unterstützung Israels – nicht nur als der einzigen Demokratie im Nahen Osten, wie der liberale Sprachgebrauch lautet, sondern vor allem als Zufluchtsstätte aller vom Antisemitismus Bedrohten, wie Israels »Law of Return« festhält. Diese Unterstützung im Kampf gegen die äußerste Steigerung politischer Wahnvorstellung reicht allerdings von vornherein über ein rein taktisches Bündnis hinaus, soweit und solange in den USA das Recht ein Verhältnis zum Staat verbürgt, wie es durch dessen Konstituierung als Souverän von Einwanderern möglich wurde. Denn die Immigranten, die durch ihre Herkunft getrennt sind, finden zuallererst im Recht ihr Gemeinsames; sie identifizieren sich nicht über ihre Abstammung mit dem Souverän. Aber sie identifizieren sich mit ihm, weil sie nur zu gut wissen, daß Recht, nach Freuds Worten, ursprünglich rohe Gewalt war und der Stützung durch die Gewalt nicht entbehren kann. Die Bedingungen des Einwandererlands sprechen hier eine ähnlich klare Sprache wie die der jüdischen Diaspora: das Recht und nicht die Abstammung erscheint als der einzig mögliche Weg der Integration, aber nur, wenn es ohne Einschränkung durchs Gewaltmonopol gedeckt ist. Nichts liegt darum der Politik des mächtigsten aller Einwanderungsländer ferner als jener Fehler in der Rechnung, von dem Freud spricht: sie hat sich – vom Unabhängigkeitskrieg über den Sezessionskrieg bis zum Krieg gegen Nazideutschland – die Einsicht in den Zusammenhang von Recht und Gewalt bewahrt, die es ihr nun auch im Nahen Osten erlaubt, Israels Lage relativ gut zu erkennen, ohne die eigenen Interessen zu verleugnen. Während europäische Politik unter deutscher Dominanz mit unergründlicher Konsequenz diesen Zusammenhang entweder nach der einen oder anderen Seite aufzulösen sucht, entweder Entrechtung der nationalen Staatsbürger oder Verrechtlichung der internationalen Beziehungen betreibt, dadurch heute die Existenz Israels unterminiert und – willentlich wie unwillentlich – das Leben der Jüdinnen und Juden gefährdet, welches wie kein anderes darauf angewiesen ist, daß in die Rechnung von Recht und Souveränität eben kein Fehler sich einschleicht.

War on terror oder: Die Grenzen liberaler Politik

Der Krieg gegen jene auf Vernichtung sinnenden Rackets und Racket-Staaten entspricht dem kategorischen Imperativ nach Auschwitz – und versieht gerade darum Sisyphosarbeit. Denn er beseitigt nicht die Voraussetzungen, daß jenes Unvorstellbare sich wiederholt. Das Schlimmste wird durch *nationbuilding* verhindert, aber in den Nationen, die gebildet werden, droht es womöglich aufs Neue. Darüber entscheidet nun nicht die Frage, ob Wahlen stattfinden können, sondern der Stellenwert, den das Recht einnimmt. Nur wenn dieses Recht fürs einzelne Individuum als Minimum an Freiheit definiert und geltend gemacht werden kann, ist das Lob der Demokratie mehr als jene Schönfärberei, die ihm seit dem Sieg über Nazideutschland anhaftet.

Während nämlich von der Herrschaft des Gesetzes zu sprechen, also rational zu denken, die irrationale Macht des Souveräns zu einem Problem werden läßt, das – wie man es auch dreht und wendet – gedanklich nicht lösbar ist, weil diese Macht im Recht niemals aufgeht und im Ausnahmezustand sich immer neu behauptet (darin bleibt jeder Staat das Ungeheuer, von dem Hobbes spricht), erzeugt der Jargon der Demokratie die angenehme Vorstellung einer vollkommenen Rationalität des Irrationalen und einer ewig währenden Normalität: das Ende der Geschichte. Da aber in den USA das Verhältnis von Recht und Souverän stets als ein Balanceakt erscheint, der mit selbstverständlichen *checks* einfach zu bewältigen ist, hat derselbe Jargon der Demokratie hier notwendig einen anderen Realitätsgehalt als in Europa und viele amerikanische Ideologen kommen auch gar nicht auf die Idee, das Monster noch beim Namen zu nennen[6]; unvernünftig gilt ihnen lediglich, daß freedom und democracy noch nicht überall eingekehrt sind.

---

[6] Wer es dennoch tut, wie Robert Kagan (2004), der sich unverblümt auf Hobbes bezieht, meint damit ausdrücklich die USA und stellt diesem Leviathan als notwendiges Komplement Europa gegenüber, als hätte dieses Europa gar nichts von einem neuen Behemoth, wäre vielmehr nur praktikable Verkörperung der Kantschen Utopie. Als

Rational ist der Demokratiebegriff jedenfalls nur, solange er auf der Ebene des Rechts formuliert wird, sich darauf besinnend, daß Demokratie formale Demokratie sein muß. Es gibt schließlich kaum etwas, das mehr beunruhigen könnte als die Vorstellung inhaltlicher, »sozialer« oder direkter Demokratie im postnazistischen Deutschland (oder Österreich); nicht zufällig das erklärte Ziel der hier beheimateten Linken.[7] Will formale Demokratie aber konkret begründet sein, wird die Begründung selber irrational und nimmt zu diesem Zweck meist Anleihen bei der Anthropologie: der Mensch sei gut oder böse, faul oder fleißig, starrsinnig oder wankelmütig, dumm oder klug, lernfähig oder unverbesserlich, ängstlich oder mutig – je nach Geschmack des Anthropologen, der aber aus der jeweiligen Eigenschaft der Gattung die Demokratie als deren adäquate Herrschaftsform schnurgerade abzuleiten imstande ist.

Dagegen erscheint Jefferson fast als ein Repräsentant negativer Anthropologie, wenn er sagt, daß nichts unveränderlich sei außer den unveräußerlichen Menschenrechten, die allein in der menschlichen Natur lägen (The Complete Jefferson, zit. n. Arendt 1994: 297). Denken im begrifflichen Sinn beginnt erst, wo in Zweifel gezogen wird, was und wie der Mensch ist – so wie es dort sogleich wieder endet, wo geleugnet wird, daß er, wie unbestimmt er auch sei, ja gerade darin, der Natur angehört. Und

solche sei Europa aber, wie Kagan meint, auf die Macht des US-amerikanischen Leviathan angewiesen, um überhaupt positive Wirkung zu entfalten und nicht im Gegenteil die Feinde der Demokratie zu decken. Die Vorstellung eines Völkerrechts ohne Souverän durchschaut er zwar als Kalkül der schwächeren europäischen Macht, um gegen die stärkere amerikanische aufzukommen, aber zugleich beschwört er auf weltpolitischer Ebene eben jenen permanenten Balanceakt herbei, der den US-Bürgern aus dem eigenen Staatsleben so sehr vertraut ist. Die USA seien demnach berufen, die zum Appeasement tendierende Politik der Europäer in Schach zu halten, die Politik der Europäer wiederum könnte für sie bessere Kommunikationsverhältnisse schaffen und bei der Kooperation in allen internationalen Fragen helfen. Mit einem Wort: Europa soll einfach Teil der amerikanischen Demokratie werden, so wäre wieder eine vernünftige Weltpolitik möglich.

7 Noch die Illusionen Adornos über die deutschen Verhältnisse zeigen sich in gewissen Hoffnungen, auch hier mögen die Menschen Demokratie einmal »wirklich als ihre eigene Sache erfahren«, damit Demokratie also »identisch mit dem Volk« werde (AGS 10.2: 559). Wünsche dieser Art erfüllen sich in Deutschland so, daß sie hinterher nicht mehr wiederzuerkennen sind: die Menschen erfahren nicht Demokratie sondern deren Jargon als ihre eigene Sache und das Volk ist mit dem Staat in einer Weise identisch geworden, die nur eins zu hoffen übrig läßt: daß kein Regierender je auf die Idee käme, über die Nahostpolitik plebiszitär abstimmen zu lassen.

politisches Denken wird nur dann zur Kritik, wenn es jedes Lob der Demokratie denunziert, das dem Wahn, der die Gesellschaft beherrscht, nachgibt; das anfängt, Konkretes, Inhaltliches vorzuspiegeln und damit die Voraussetzungen des abstrakten Rechts als politischer Form untergräbt.

Dieser Punkt wird heute am genauesten durch die Frage des Terrors markiert. Bringt der Jargon der Demokratie die Konstellation von Recht und Souverän zum Verschwinden, läßt ihr Feindbild keine Unterscheidung mehr zu zwischen dem Terror für das abstrakte Recht und dem Terror als Selbstzweck. Darin verleugnet die bürgerliche Gesellschaft entweder ihren gewaltsamen Ursprung in der Französischen Revolution (la Terreur!) und im amerikanischen Unabhängigkeitskampf oder setzt die Vernichtung, die im Verhältnis steht zu einem außer ihr liegenden Zweck, und Vernichtung um ihrer selbst willen gleich. Entweder es gab nie einen Robespierre oder Bin Laden ist der Robespierre von heute. Die Rede vom Terror kann und will nicht unterscheiden zwischen jakobinischer Schreckensherrschaft, stalinistischer »Säuberung« und nationalsozialistischer Vernichtung, RAF-Aktion und al-Qaida-Massaker, Attentat und Selbstmordattentat als Prinzip. Dabei ist von größter Wichtigkeit, wirkliche Übergänge zwischen diesen verschiedenen Formen der Gewalt zu erkennen, aber gerade zu diesem Zweck wäre das Wissen unabdingbar, was worst case jeweils bedeutet (Exkurs II). Die Rede vom Terror – soweit sie unfähig bleibt zur Ideologiekritik – kann das Schlimmste jedoch immer nur post festum wahrnehmen, nicht am vorausgesetzten ideologischen Zusammenhang solcher Taten erschließen, für die worst case bereits das Paradies sein muß. So trägt eine Verurteilung des Terrors, die keine politische Gewalt als Möglichkeit der Befreiung anerkennen will, weil sie überhaupt keine befreite Gesellschaft will, im selben Maß immer auch zur Verharmlosung dessen bei, wozu politische Gewalt imstande ist, wenn sie jeder Möglichkeit der Befreiung den Garaus machen möchte. Politische Urteilskraft verliert damit den unerläßlichen Sinn für die Relationen von Mittel und Zweck, und im schlimmsten Fall läßt sie sich dann das Selbstmordattentat als Verzweiflungstat der Unterdrückten und die Verteidigung Israels als eigentlichen Terrorismus vorgaukeln. Sie dementiert sich selbst, wenn sie keinen Begriff mehr hat von der »Bereitschaft zum Nichts«, die Karl Löwith als Bewußtseinszustand des Dritten Reichs erkannte; von der »Freiheit des Opfers«, zu der Heidegger das deutsche Volk bestimmte und die Hannah Arendt als fürchterlichste Form von »Selbstlosigkeit« verstand; von der Drohung der Djihadisten »Ihr liebt das Leben, wir lieben den Tod«.

Der Jargon von Demokratie und Terror verdrängt also mit dem Verhältnis zwischen Recht und Souverän – das in Arendts Büchern (abgesehen von der Idealisierung des amerikanischen Souveräns) und in der Kritischen Theorie (vor Habermas) noch gegenwärtig ist – auch das Verhältnis zum Tod, auf das im Politischen alles ankommt. Dafür gibt es offenbar nur ein Surrogat: die Religion. Nur sie vermag die Leerstelle auszufüllen, die der Jargon läßt, und macht – horribile dictu – die bürgerliche Gesellschaft innerhalb ihrer eigenen Grenzen handlungsfähig: Der Krieg gegen den Terror muß allem Anschein nach den Feind als »das Böse« im schlechthin religiösen Sinn beschwören, denn er kann ihn anders, ohne ihn zu verharmlosen, nicht fassen.[8] Und wirklich bedeutet ja dessen »Bereitschaft zum Nichts« etwas rational Unfaßbares, in dem die Irrationalität des Ganzen sich niederschlägt. Es war der Rabbiner Emil Ludwig Fackenheim, der die Formel für das Irreduktible der nationalsozialistischen Politik fand: »annihilation for the sake of annihilation, murder for the sake of murder« (1970: 69f.).

President Franklin D. Roosevelt hat allerdings nicht vom »Bösen« in jenem Sinn gesprochen, als es darum ging, den Krieg gegen Hitler-Deutschland zu führen: er redete von »Tyrannei und Sklaverei«, die ein siegreiches Deutschland über die Welt bringe, von der »Epidemie weltweiter Gesetzlosigkeit« und von der »Bedrohung durch den Totalitaris-

---

[8] Das Dilemma zeigt sich vielleicht am deutlichsten bei Paul Berman (2004), gerade weil er, jenseits religiöser Vorstellungen vom »Bösen«, die Gefahr der Verharmlosung insbesondere bei der politischen Linken erkennt und den historischen wie philosophischen Zusammenhang des »totalitären Todeskults« der Djihadisten anzugeben sucht. Dabei erscheint jedoch die nationalsozialistische Ideologie fast gleichwertig neben spanischem und italienischem Faschismus wie neben Bolschewismus und Anarchismus. Mit dieser totalitarismustheoretischen Vorstellung hängt zusammen, daß Berman die heutige Position Deutschlands und Kerneuropas verkennt, er fordert vielmehr am Ende seines Buchs die Deutschen zu einer »Rückrufaktion« auf: sie sollen ihre nationalistischen und totalitaristischen Ideen, mit denen sie einst die muslimische Welt überschwemmten, zurücknehmen wie fehlerhafte Produkte. Die Updates aber, die Deutsch-Europa inzwischen weltweit in Gestalt der neueren Völkerrechts-Ideologie anbietet, kann Berman gerade nicht in ihrem innersten Zusammenhang mit jenem »totalitären Todeskult« sehen.

mus« (vgl. Posener 1999). Die Begriffe treffen etwas vom NS-Staat und verfehlen zugleich, was dessen Wesen ausmacht und worin das rational Unfaßbare triumphiert: die Vernichtung der Juden. So mußte – nachdem das ganze Ausmaß des Schreckens bekannt geworden war – das Lob der Demokratie zum Jargon werden, in dem heute alle Welt wie selbstverständlich spricht. Wenn nun inmitten dieser Welt ein amerikanischer Präsident und einige seiner Mitarbeiter und Regierungsmitglieder unversehens die »Fundamente« des christlichen Glaubens herbeizitieren, um bei der Verurteilung der Feinde zu Tyrannei und Sklaverei, Gesetzlosigkeit und Totalitarismus noch das schlechthin »Böse« hinzuzufügen, entsteht großes Unbehagen unter den anderen, den liberalen Wortführern des Jargons. Es versetzt aber niemand mehr in Erstaunen, wenn ausgerechnet diese Regierenden und ihre Sympathisanten, die in den seltsamsten religiösen Vorstellungen denken und reaktionäre Auffassungen zu Themen wie Geschlechterverhältnisse oder Strafvollzug vertreten, doch offenkundig die globale Gefahr des Antisemitismus besser erkennen können oder erkennen wollen als, unter unvergleichlich dramatischeren Umständen, die durchweg liberalen und aufgeklärten Führungskräfte im Umkreis von Roosevelt – mit der Ausnahme Henry Morgenthaus –, sodaß der damalige Präsident, so viel er selbst auch begriffen haben mag von der Situation, immer wieder Kompromisse schließen mußte, die eine Rettung der jüdischen Naziopfer behinderten.

President George W. Bush, der nun weltweit als Fundamentalist nicht genug geschmäht werden kann und darin vorzugsweise mit Bin Laden oder den geistlichen Führern des Iran gleichgesetzt wird, streicht hingegen ganz fundamentalistisch die Verbundenheit zwischen den USA und Israel heraus: »founded on certain basic beliefs«: »that God watches over the affairs of men, and values every life. These ties have made us natural allies, and these ties will never be broken.« (Rede vor dem American Israel Public Affairs Committee am 18. 5. 2004) Doch unbeirrt von aller religiösen Offenbarung erfaßt Bush die spezifische geopolitische Lage Israels und die ganz besondere Bedrohung, die darin für Jüdinnen und Juden besteht: »Israel has faced a different situation as a small country in a tough neighborhood. The Israeli people have always had enemies at their borders and terrorists close at hand.« Das »Böse« an diesen Feinden ist hier dadurch definiert, daß sie zugleich als »Feinde der Zivilisation« angesprochen werden.

Woher diese Vernunft inmitten religiöser Unvernunft? Da nun Hannah Arendt die Religionen in ihrer Analyse der amerikanischen Verhältnisse weitgehend ausklammert (obwohl sie weiß, daß hier die »Quelle des Gesetzes« gleichsam ›oben‹, »in einer wie auch immer transzendenten Region« verortet wird) und die Entwicklung der USA auch nicht im Geist von Hobbes, sondern von Locke interpretiert, fehlen bei ihr Einblicke in eine solche Dialektik der Gegenaufklärung, die nur möglich ist, wo eben die Gewaltenteilung im Staat den Bürgern so wenig zweifelhaft erscheint wie das Amen in der Kirche. Auf ihre Chancen berufen sich umso mehr die amerikanischen Neokonservativen – zunächst nur darin konservativ, daß sie es als ihre vornehmste Aufgabe verstehen, liberale Illusionen zu zerstören, um den Liberalismus zu konservieren. Zu diesem Zweck greifen diese »neocons« aber dann auf die Religion zurück und suchen – obwohl sie meistenteils aus der Bürgerrechtsbewegung und dem Vietnamkriegsprotest kommen, mitunter auf trotzkistische Ursprünge zurückblicken können – das Bündnis mit den »paleos«, den Altkonservativen und protestantischen »Fundamentalisten«. Mehr als die wechselvollen Biographien erstaunt, daß dabei ihr Blick auf die inneren Widersprüche wie auch die äußeren Feinde des Liberalismus nicht durchaus getrübt, sondern mitunter geschärft worden ist. Ein Neokonservativer, sagt Irving Kristol, sei: »a liberal mugged by reality« (1995: 176); klarer als alle anderen politischen Kräfte kann er die neue Bedrohung durch »the Islamofascists« wahrnehmen, wodurch er bisweilen sogar die alte des »Kommunismus« in den Schatten gestellt sieht (vgl. Moynihan 1988: 190f.; Podhoretz 2004: 52ff.); deutlicher als der US-amerikanische Mainstream formuliert er die Kritik am europäischen Appeasement gegenüber jenem islamischen Faschismus, die er schon in der inneramerikanischen Auseinandersetzung mit Jimmy Carters Außenpolitik einüben konnte; überzeugender als alle alten Falken der Republikaner umreißt er die notwendige Hegemonie des US-amerikanischen Souveräns und die fatale Verblendung durch die Ideologie der United Nations. Am hellsichtigsten erweisen sich die Neocons aber immer dann, wenn sie den Kampf gegen den Antisemitismus als Primat des Politischen setzen: »As the Jews were the practice range for anti-democratic and anti-liberal forces in pre-Hitler Europe, so in the second half of the 20th century the state of Israel took the brunt of the Arab/Muslim war against Western democracy.« (Wisse 2002: 33) Bereits in den 70er Jahren erkannten einige im Antizionismus, der sich in der UNO breitmachte, eine »new internationalized version of anti-Semitism« (Podhoretz 1979: 330); ja im Protest gegen die Nahostpolitik unter Carter, die Israel mehr und mehr gefährdete, profilierten sie sich überhaupt erst außenpolitisch, während ihr Engagement für die antikommunistische Ausrichtung unter Reagan und die desaströse Jugoslawienpolitik unter Clinton dieses Profil wieder durch alte totalitarismustheoretische Identifikationen verwischte (davon zeugen nicht zuletzt auch Francis Fukuyamas Delirien über das Ende der Geschichte).

Voraussetzung, die Feinde des Liberalismus, die sich regelmäßig als Antisemiten zusammenrotten, nicht zu unterschätzen, ist aber offenbar eine bestimmte Erfahrung, eine Fähigkeit zur Enttäuschung, die aufs Ganze geht, indem sie allen Optimismus der Liberalen als Zweckoptimismus entlarvt: »in some respects this world we live in is, in fact, a hell« (Kristol 1983: 317). Und diese Hölle wird von Ungeheuern bewohnt. So beruft man sich hier direkt oder indirekt auf Hobbes, der einst die unerhörten Metaphern von Leviathan und Behemoth für die der Vernunft spottende Gewalt von Souverän und Antisouverän gefunden hatte. Der Liberalismus, sagen die Neokonservativen mit Leo Strauss, dem modernen Hobbes-Interpreten, vergesse das Fundament der Kultur, den Naturzustand, in dem die Menschen einander töten. Daß dieser Zustand bereits die zweite Natur der kapitalisierten Gesellschaft ist, und der Hobbessche Mensch darin so etwas wie eine Ware auf vier Beinen oder eine Ware im Wolfspelz, interessiert sie freilich sowenig wie Strauss. Umso wichtiger gilt ihnen, daß gegen ihn einzig der sterbliche Gott hilft, aber der sei nur erfolgreich, wenn die Menschen an den unsterblichen glauben. Auch darin folgen die Neokonservativen Hobbes: Leviathan ist nicht irgendein Ungeheuer, sondern ein alttestamentarisches, von Gott herbeigerufen, um dem zweifelnden Hiob seine unermeßliche Macht zu offenbaren. »Jedermann«, so Hobbes, müsse sich »überlegen, wer der oberste Prophet, das heißt, wer Gottes Statthalter auf Erden ist und als Nächster unter Gott die Autorität besitzt, die Christen zu regieren«. (1976: 333) In dieser Überlegung, oder genauer, in der Möglichkeit sie anzustellen, liegt für den Autor des *Leviathan* die Voraussetzung, die Mächte ›des Bösen‹ zu besiegen, also jene, »die alle Gesetze, göttliche wie menschliche, zerstören, jede Ordnung, Regierung und Gesellschaft auf das erste Chaos der Gewalttätigkeit und des Bürgerkriegs zurückwerfen.« (Ebd.) Gegen die alles zerstörenden Kräfte des Antichrist baut Hobbes durchgängig auf das alte Israel und verkündet glaubensstark für die Zukunft, daß »das Reich Gottes« nicht im Himmel, sondern »auf Erden sein muß« (345). Wenn er dabei die Lage der Juden im antiken Palästina beschreibt, meint man tatsächlich, er wäre ein Vorfahre der heutigen »Evangelikalen« in den USA: »Das Gottesreich war nämlich in Palästina, und die umliegenden Völker waren das Reich des Feindes«. (349)

Zugleich läßt Hobbes in diesem dritten, vom »christlichen Staat« handelnden Teil seines *Leviathan*[9] keinen Zweifel, daß die Religion nur unter bestimmten Bedingungen ihre segensreichen Wirkungen im Politischen ausüben kann: nur dann nämlich, wenn man sie als ›Gesetzesreligion‹ begreift, dabei aber »göttliche« und »menschliche Gesetze« gerade nicht identifiziert, vielmehr zwischen religiöser und politischer Vermittlung der Gesetze dezidiert unterscheidet. Darin, daß Hobbes hier eine Differenz festhält, die sogar den Aufbau des Buchs bestimmt, daß er ein Internum schafft, in dem das Individuum sich politisch entscheiden kann, liegt bereits die erste Gewaltenteilung, Voraussetzung aller folgenden – es gehört übrigens zum Wesen des Islam, daß er schon diese Immission, die den später, im Zuge der Kapitalisierung entfalteten Vermittlungsformen ideologisch den Weg bahnte, stets abgewehrt hat (vgl. Diner 2005). In den Worten der Neokonservativen von heute: die Religion macht die »Demokratie«, als die zum Souverän zusammengefaßte bürgerliche Gesellschaft, handlungsfähig, soweit sie mit ihr nicht einfach unterschiedslos zusammenfällt, sodaß also jedermann durch die unumstößlichen Vermittlungen überhaupt erst in die Lage versetzt wird, sich zu überlegen, wer als »Nächster unter Gott« die Autorität besitze zu regieren; und sie ist allein demokratisch, sofern sie nicht mit der Abstammung vermischt wird, sondern einzig durch das abstrakte Recht, die »menschlichen Gesetze«, hindurch das Bewußtsein der Bürger und Bürgerinnen bestimmt. »Being American«, sagt der Neokonservative, »has nothing to do with ethnicity, or blood ties of any kind, or lineage, or length of residence even. What we call ›nativism‹ in the United States is what passes for authentic patriotism among many

---

[9] Dieser Teil der berühmten Schrift wird gerne überschlagen oder unterschlagen, meist mit dem Argument, er sei bloße Konzession an den herrschenden Glauben, den Hobbes selbst hinter sich gelassen habe. Indem man den Autor des *Leviathan* ahistorisch zum modernen Atheisten macht, wird aber ausgeblendet, welche politische Rolle sein Gottesbegriff spielt. Darüber geben die zwölf Kapitel über den christlichen Staat genauestens Auskunft.

Germans and Frenchmen. None of this is surprising if one recalls that the United States is literally a nation of immigrants, and in the course of time has developed astonishing powers of assimilations.« (Kristol 1999: 376) Diesen Kräften liegt eine einzige zugrunde: die Resistenzkraft des Rechts, das die Synthesis der Gesellschaft herstellt und die feudalen Bindungen von Abstammung und Herkunft, die »Blutsurenge« (Marx), zertrennt. Doch diese Kraft reicht scheinbar nicht ganz, die notwendige Synthesis in den einzelnen Individuen zu verankern.

Bei Hannah Arendt genügte noch der emphatische Begriff der Freiheit, der allerdings über diese Synthesis immer auch hinausweisen konnte – im Konkreten nur angedeutet als Entwicklung des Rätesystems, das sie in der Amerikanischen Revolution bereits angelegt, in der Russischen wieder aufleben und sogleich niedergehen sieht. Will sie auch das Politische vom Ökonomischen strikt getrennt wissen, so versteht sie dieses Politische keineswegs als Verewigung des Staats. Daß es Arendt ernst ist mit dessen Absterben in Gestalt jener Räte, zeigt sich noch in ihrer Argumentation gegen die Zwangsausbürgerung: »Solange die Menschheit national und territorial in Form von Staaten organisiert« sei, könnten Menschen, indem man sie zu Staatenlosen macht, »praktisch aus der Menschheit verbannt« werden (zit. n. Young-Bruehl 1991: 383). Dieses Engagement gibt nicht dem reformistischen Denken nach und gerät auch nicht in die Sackgasse des utopischen. Den existierenden Staat wirklich in die Pflicht zu nehmen, um für den einzelnen die Resistenzkraft des Rechts ungeschmälert zu fordern, setzt hier ebenso die Erfahrung voraus, was es für die Menschen heute bedeutet, staatenlos zu sein, wie hierbei umgekehrt die Hoffnung überdauert, daß die Menschheit nicht ewig in Form von Staaten organisiert sein werde.[10] Darin zeigt sich in Arendts Denken ein regulatives Prinzip, das

[10] Arendt spricht in diesem Zusammenhang natürlich nicht vom Absterben oder Abschaffen des Staats, sondern meist von einem »anderen Staatsbegriff« oder einer »anderen Staatsform« (so etwa in einem Interview über ihre Studie *Macht und Gewalt* 2005: 130ff.) – Vorstellungen, die zwar merkbar von der idealisierenden Tendenz in ihrer Auffassung der Amerikanischen Revolution geprägt sind, aber durch diese Tendenz provoziert über die Form des Staats auch wieder hinausdringen: »Ein solcher Rätestaat, dem das Souveränitätsprinzip ganz fremd wäre, würde sich für Federationen der verschiedensten Art vorzüglich eignen, schon weil Macht in ihm bereits horizontal und nicht vertikal konstituiert wäre. Wenn Sie mich aber nun fragen, welche Aussichten er hat, realisiert zu werden, dann muß ich Ihnen sagen: sehr geringe, wenn überhaupt irgendwelche. Immerhin – vielleicht doch im Zuge der nächsten Revolution.« Wie ernst

sich auf Sokrates und Kant berufen kann:»wenn jeder Mensch dazu gebracht werden könne, zu denken und selbst zu urteilen, dann mag es tatsächlich auch möglich sein, ohne festgelegte Normen und Regeln auszukommen.« (2006: 90)

Mit diesem Begriff von Freiheit, der die Möglichkeit einer anderen Gesellschaft nicht ausschließt, vermag Hannah Arendt an entscheidender Stelle über die Totalitarismustheorie hinauszugehen, die doch von so gut wie allen Neokonservativen übernommen und weiter lanciert wird. Der Gedanke, daß jeder Mensch dazu gebracht werden könnte, zu denken und selbst zu urteilen, prägt der Urteilskraft erst ein, was Normen und Regeln eigentlich bedeuten, solange nichts oder wenig von jener Fähigkeit bei den Menschen merkbar ist. Das stalinistische Regime konnte eben noch an seinen eigenen Normen und Regeln kritisiert werden:»Von einem streng moralischen Standpunkt aus waren Stalins Verbrechen sozusagen altmodisch. Wie ein gewöhnlicher Verbrecher hat er sie niemals zugegeben, sondern mit einer Wolke aus Heuchelei und Doppelzüngigkeit umgeben, während seine Gefolgsleute sie als temporäre Mittel im Verfolg der ›guten‹ Sache rechtfertigten oder, wenn sie ein wenig anspruchsvoller waren, mit den Gesetzen der Geschichte, denen sich der Revolutionär zu unterwerfen und, wenn nötig, zu opfern hätte.« (Arendt 2006: 14) Das Verbrechen der Nazis hingegen, das sein Ziel in sich selbst hatte, und darum eine im schlimmsten Sinn des Wortes auf Totalität angelegte Vernichtung war, ermöglichte die massenhafte Identifikation mit dem bloßen Töten und Zerstören; Heuchelei und Doppelzüngigkeit waren der innerste Ausdruck der Einheit von Volk und Führer, die gleichermaßen ihren eigenen Lügen glaubten. So ist die Volksgemeinschaft an der »Sache« nicht mehr zu kritisieren, die sie vorgibt zu verfolgen – sie realisiert nichts anderes als diese Sache:»In dieser Hinsicht sind die deutschen Entwicklungen viel extremer und vielleicht auch enthüllender. Es gab nicht nur die grauenhafte Tatsache der mit Sorgfalt errichteten Todesfabriken und das völlige Fehlen

es Arendt mit dieser Staatskritik ist, zeigt sich in der Konsequenz, mit der sie umgekehrt die Ideologie der Völkergemeinschaft durchschaut:»Dieser neue Staatsbegriff wird sich freilich nicht dadurch ergeben, daß man noch einen internationalen Schiedshof, der besser funktioniert als der Haager, und noch einen Völkerbund gründet, da sich dort doch nur immer wieder dieselben Konflikte zwischen souveränen oder angeblich souveränen Staaten abspielen«. Zwischen souveränen Staaten aber »kann es keine letzte Instanz geben außer Krieg«.

von Heuchelei bei jener sehr erheblichen Zahl [von Personen], die an dem Ausrottungsprogramm beteiligt waren. Gleich wichtig, doch vielleicht noch erschreckender war die selbstverständliche Kollaboration seitens aller Schichten der deutschen Gesellschaft, einschließlich der alteingesessenen Eliten, die die Nazis unangetastet gelassen hatten und die sich mit der Partei an der Macht niemals identifizierten. Mit Blick auf die Tatsachen, glaube ich, ist es gerechtfertigt zu behaupten, daß das Nazi-Regime moralisch, nicht gesellschaftlich, extremer gewesen ist als das Stalin-Regime in seiner schlimmsten Gestalt.« (Ebd.) Würde diese scheinbar rein moralische Differenz in ihrer allgemeinen Bedeutung endlich begriffen, dann wäre auch die Politik der sowjetischen Besatzungsmacht in Afghanistan in den 80er Jahren und der jugoslawischen Regierung in den 90ern anders zu sehen als es im American Enterprise Institute gewöhnlich geschieht. Noch in ihren Verbrechen sind sie von jenen islamischen Rackets und Gottesstaaten zu unterscheiden, welche zumindest moralisch betrachtet denselben Extremismus wie das nationalsozialistische Regime in sich tragen, sodaß abermals Mittel und Zweck bei der Sache, die sie verfolgen, identisch werden. Die selbstverständliche Kollaboration seitens aller Schichten heißt hier Islam.

Im übrigen jedoch nimmt Arendts Kritik an der »Revolutionsangst« der US-Politik in den fünfziger Jahren vieles vom neokonservativen Einspruch gegen die Außenpolitik der neunziger Jahre vorweg: diese Angst führe nämlich überall dazu, »den status quo zu stabilisieren, was im Grunde kaum je etwas anderes heißen konnte, als die Macht und das Prestige Amerikas zugunsten überalteter und korrupter Regierungen, Gegenstand des Hasses und der Verachtung ihrer eigenen Bürger, in die Waagschale zu werfen.« Die Macht der USA aber begreift sie zugleich als das entscheidende Potential, eine Wendung zum Besseren herbeizuführen, »die letzte Chance abendländischer Kultur«, und mit ihr identifiziert sie sich und spricht hier sogar in der ersten Person Plural (Arendt 1994: 278f.).

Die Neokonservativen, die diese Wendung zum Besseren herbeiführen wollen, negieren nun zugleich jene utopische Perspektive, die über Kapital und Staat hinausblicken läßt: sie stehen – rein ideologisch betrachtet – zu Arendts Theorie ungefähr wie die Bolschewiki zur Praxis der Räte. Brauchte Lenin den Marxismus als Legitimationsideologie, so benötigen sie den puren Glauben an Gott. Neocons selbst sehen sich »concerned more with the utility of religion than with its spirituality« (Himmelfarb 1998: 3).

Allerdings verstehen sie die Nützlichkeit des Glaubens eben – und hier zeigt sich das Erbe von Hobbes wie das der Amerikanischen Revolution – immer unter der Voraussetzung, daß zugleich alle Vermittlungsformen der modernen Gesellschaft anerkannt werden. Allein auf diese Weise könne die Religion ihrer von der Aufklärung für sie vorgesehenen Aufgabe nach-kommen: die Menschen nicht einer je eigenen Abstammung zu versichern, sondern sie zur universellen Moral hinzuführen; sie nicht voneinander ethnisch zu trennen, sondern füreinander »angenehm« zu machen.

So, und nur so, erscheint in neokonservativer Auffassung Religion als Antidot gegen die Selbstzerstörung des Liberalismus; affirmiert sie nicht, wie Hannah Arendt sagen würde, das politisch verhängnisvolle Mitleid mit dem repressiven Kollektiv – den nationalen Wahn, der die Vermittlungen zerstört. Es klingt fast nach einer Adaption der Lessingschen Ringparabel, wenn sich der Neokonservative dem entgegensetzt, was er mit Leo Strauss als »destructive elements within modern liberalism« bezeichnet, um die Religionen zu rehabilitieren, und sie dabei eben funktionalisieren muß: »Modern secularism has such affinities to moral nihilism that even those who wish simply to affirm or reaffirm moral values have little choice but to seek a grounding for such values in a religious tradition.« (Kristol 1999: 381) Der solchermaßen als notwendig befundene Aufstieg der Religiösen in den USA habe, wie mit einigem Stolz vermerkt wird, »no parallel in any of the other Western democracies, where secularist habits of thought still rule supreme.« (380) Nur in Israel, wäre hinzuzufügen, verhält es sich ähnlich, und doch ganz anders: hier ist die Religion von der Abwehr des Antisemitismus ersichtlich niemals ganz zu trennen, und darum für einen Staat, der für diese Abwehr geschaffen wurde und in ihr seine Räson hat, eine Art mythische Ermahnung und ritualisierte Erin-nerung an die Verfolgung, die im vollen Umfang wieder droht, sollte er seine Handlungsfähigkeit verlieren. So existieren in diesem Staat – wie in der Diaspora – zwei verschiedene Gesetze, das säkulare und das der jüdischen Tradition, zwischen denen die religiös gesinnten Bürger, als lebten sie noch in der Diaspora, beständig zu vermitteln, eine Balance herzustellen haben.

Die Liberalen hingegen, die sich auf Europa berufen, gefallen sich darin, die wie auch immer gewachsene Bedeutung der Religion in den USA und in Israel unter dem Schlagwort des Fundamentalismus mit der weltweiten Gefahr des Islam gleichzusetzen, der per definitionem die

Gewaltenteilung sowenig kennt wie die Vermittlung zwischen religiösen und säkularen Gesetzen. Sie geben damit allerdings nur zu erkennen, was sie selbst vom Liberalismus bereits preisgegeben haben: die Bedeutung des Rechts für die bürgerliche Gesellschaft. Denn in der Frage, welchen gesellschaftlichen Inhalt die Religion jeweils besitzt, bleibt ausschlaggebend, wie weit der Liberalismus bereits praktisch geworden ist, also die Verallgemeinerung rechtlicher Gleichheit die Gesellschaft durchdrungen hat; diese allein setzt das einzelne Individuum vor alle Familien- und Gemeinschaftsbande, und zwar aus keinem anderen Grund als dem, daß es – darin bestehen die sogenannten Menschenrechte – als einzelnes Individuum Warenhüter bzw. Eigentümer von Arbeitskraft ist oder sein könnte. Wo solche Bevorrechtigung des abstrakten Individuums durch die religiös verbrämte »Blutsverwandtschaft« revoziert werden kann und das Subjekt der »Menschenrechte« vom einzelnen abgezogen auf die Gemeinschaft übertragen wird – als deren Recht, die Menschen in immer größeren Bereichen unmittelbar zu unterwerfen; wo also die konkrete Praxis der Sharia die Allgemeinheit der Gesetze infiltriert und das Kopftuch für Frauen den »Ehrenmord« an ihnen vorbereiten hilft; wo das religiöse Kollektiv schließlich durch die Bejahung oder bloß Billigung des Selbstopfers im Djihad ihre eigene Vorstellung von Gleichheit offen demonstriert – überall dort ist Freiheit der Religion vor allem Anstiftung zur Barbarei. Diese Ermutigung fürs repressive Kollektiv erweist sich heute als genaues Gegenteil einer Religionsfreiheit, unter deren Bedingungen die individuellen Rechte immer auch Handhaben gegen die Ansprüche der religiösen Gemeinschaft wie der mit ihr verschwisterten Familienbande bieten, der Glaube faktisch dazu degradiert ist, für die fehlende menschliche Wärme zwischen den Warenvehikel zu sorgen und daneben noch den Feind der Demokratie deutlich zu markieren.[11]

---

[11] Nicht zufällig traten die Necons innenpolitisch früh schon als Gegner von staatlichen Quotenregelungen hervor (bei denen die Arbeitgeber juristisch nachweisen mußten, daß die Mißachtung der vorgegebenen Quote nicht aus rassistischen Gründen geschehen sei). Darin sah etwa Nathan Glazer einen Bruch mit den eigentlichen Intentionen der Bürgerrechtsbewegung, Bernd Volkert hat diese Argumentation folgendermaßen zusammengefaßt: »Individuen würden nicht mehr als solche, sondern nolens volens als Angehörige einer Bevölkerungsgruppe betrachtet, noch dazu mit einer moralischen Wertung: Die Einen würden als Mitglieder einer Opfergruppe stigmatisiert – ›victimization‹ –, die Anderen kollektiv einer ›herrschenden‹ Schicht zugeteilt, wobei die ›Opfer‹ in ein Abhän-

Der Jargon der Demokratie allein hat für diesen Feind keine Begriffe, und das ist es, was in den linksliberalen Kreisen Europas demonstriert wird. Hier fühlt man sich über den weltweiten Aufschwung der Religionen grundsätzlich erhaben – so erhaben, daß man in der eigenen Gesellschaft für »Ehrenmörder« aus anderen Kulturen fallweise schon wieder Gnade vor Recht ergehen lassen kann – und hält also auf seinen Säkularismus sich viel zugute, während im Hintergrund die Antiglobalisierungsbewegung das Mitleid mit dem Kollektiv in allen regressiven Formen ungestört einübt und im mitleidlosen Gesicht des Neokonservatismus zunehmend jüdische Züge halluziniert (Exkurs III).

Soweit also jener Gegensatz zwischen abstraktem Individuum und konkreter Gemeinschaft, rechtlicher Gleichheit und kollektiver Identität nicht exponiert, vielmehr als entscheidende Konfliktlinie der bürgerlichen Gesellschaft in allen Fragen der Meinungs- wie Religionsfreiheit verwischt wird, können die »secularist habits« in Kerneuropa durchwegs als Ausdruck eines unumkehrbaren Appeasements funktionieren, das dem aktuellen antizionistischen Vernichtungswahn ebenso entgegenkommt als den vergangenen antisemitischen Verbrechen nachträglich Sinn zuspricht – schlägt doch jetzt, wie Alain Finkielkraut ironisch schreibt, »die Stunde der großen bußfertigen Auflösung des Nationalstaats« (2004: 126): Das demokratische, zum Dialog mit dem Islam bereite Deutschland, bzw. das neue, von nationaler Souveränität emanzipierte Europa, das auf dem Völkerrecht beharrt, sind die praktischen Lehren, die aus dem Nationalsozialismus gezogen werden; Auschwitz verdanken diese »Befürworter der Zerknirschung« ihre »Pädagogik der Reue« (ebd.), deren Sinn, den sie Auschwitz gibt, immer dann praktisch politisch wird, sobald sie sich offensiv gegen Israel und die USA als die beiden unbelehrbaren und reuelos souveränen Staatsgebilde wendet (Exkurs IV).

In der direkten Konfrontation mit den US-amerikanischen Neokonservativen verrät somit dieser kerneuropäische Postliberalismus mehr über die Beschränktheit aller Säkularisierung unter kapitalistischen Bedingungen, als die alte liberale Schulweisheit sich träumen ließ und es den neuen Freunden der offenen Gesellschaft recht sein kann. Der Liberalismus ist die

gigkeitsverhältnis zu der Dominanzgruppe gedrängt würden und ihnen die Gelegenheit genommen werde, individuell sich zur Geltung zu bringen. Dies sei ein Bruch mit dem ›first principle of a liberal society‹, daß nämlich Politik sich an den Individualrechten und nicht an Gruppenzugehörigkeiten zu orientieren habe.« (Volkert 2006: 56f.)

Ideologie der Aufklärung – Aufklärung also, die sich ihrer eigenen Widersprüche nicht bewußt wird. Und der solchermaßen aufgeklärte Verstand, der fortwährend und zu recht die Säkularisierung einklagt, will durchaus von deren Grenzen nichts wissen, die mit der bürgerlichen Gesellschaft zusammenfallen und nur mit ihr aufgehoben werden können. Aber an den Grenzen stehen heute – und wer weiß wie lange noch – jene Neokonservativen und rufen mit ihren anachronistischen Formeln, die sich für die Religion engagieren, die politischen Konsequenzen der kapitalistischen Bedingungen in Erinnerung – natürlich ohne jeden kritischen Begriff von diesen Bedingungen. Einer Dialektik der Gegenaufklärung zufolge, die in den USA Tradition hat, könnten ihre überraschenden Interventionen doch auch unwillkürlich Anstoß sein, auf die Dialektik der Aufklärung sich zu besinnen – die sie selbst willentlich mißachten müssen, da sie doch Leviathan nicht abschaffen, sondern schlagkräftiger machen wollen. (Es wird sich aber zeigen, ob und wie sie der Desillusionierung standhalten, wenn sie scheitern; hier droht, wie früh schon bei Fukuyama, die Unterwanderung durch die neuere deutsche Ideologie, und dann werden aus Neokonservativen Postliberale.)

In einer Gesellschaft, die vom Warenfetisch regiert wird und durch ihn den Antisemitismus mit Notwendigkeit hervorbringt, ist jedenfalls auf Methoden, wie säkularisiert auch immer, kein Verlaß, die vom inneren Zusammenhang gerade dieser »Alltagsreligionen« bürgerlicher Provenienz lieber schweigen. Eine Aufklärung jedoch, die ihre konstitutiven Widersprüche nicht wahrhaben möchte, wird nicht nur dazu neigen, den gesellschaftlichen status quo, die Realität von Staat und Kapital, ganz allgemein schönzureden, sie trägt immer auch die Tendenz in sich, das Entsetzen über ihre schlimmsten Gegner zu besänftigen; denn sie wehrt die Reflexionen ab, die sie durch den eigenen, äußersten Widerspruch hindurch entlarven könnten. Ihre gedankliche Konsequenz aus der barbarischen, antikapitalistischen Reaktion auf die Moderne, selbst wenn diese Reaktion Vernichtung als Selbstzweck beinhaltet, ist im Grunde wieder der beschwichtigende Verweis auf die Anthropologie, auf das Ewige – eine dogmatische Denkform, die Versöhnung mit dem Bestehenden fordert: »der Mensch« sei halt so, sei immer schon so gewesen und werde immer so bleiben, darum bedürfe es ja auch der Gesetze; mit anderen Worten: da der Mensch sündig ist, wurde ihm das Gesetz geoffenbart.

Diese versteckte Theologie des Allgemeinmenschlichen – die überall dort hervortritt, wo die Aufklärung um ihre Widersprüche gebracht wird – hat nicht zuletzt jener »kognitive Theist« offengelegt, der die Schwächen des Liberalismus genau registrierte, ohne darüber der Kritischen Theorie sich zuzuwenden, und auf den sich deshalb die Neokonservativen mit einigem Recht stützen können: für Leo Strauss war nicht der religiöse Glaube, sondern die bedingungslose Annahme des Gesetzes das Entscheidende, aber im Gesetz, das er »divinisierte«, hatte sich eben nichts anderes als die »Offenbarung« formalisiert (1997: 68ff.). Wer also zu wissen glaubt, was und wie der Mensch ist, glaubt damit schon an Gott. Von dieser theologischen Grundlage des anthropologischen Denkens will der genügsam liberale, dennoch über alles plappernde Verstand, also der gesunde Menschenverstand des Warenhüters, nichts wissen. Er verspottet hingegen als »Apokalyptiker« und schlägt seinen größten Feinden zu, wem solche Anthropologie aus anderen Gründen als den kognitiv theistischen von Strauss nicht geheuer sein sollte: wem statt dessen die Dialektik der Aufklärung die Augen geöffnet hat und die Ursprünge und Elemente totaler Herrschaft das Fürchten lehren.

Es ist nicht zufällig die Sprache, woran die ersten Anzeichen des Appeasements kenntlich werden: im Jargon, der die kritische Anstrengung des Begriffs gerne als »Geschwurbel« abtut und dagegen zwanghaft den gemütlichen Ton des Allzumenschlichen anschlägt, läßt sich nicht realisieren, welche Gefahr in jenem Vernichtungswahn liegt; er unterbindet die Wahrnehmung des Ungeheuren, weil er glauben machen will, daß, was immer auch geschehen mag, doch alles mit geheuren Mitteln zugehe.[12] In der sprachlichen Formulierung, die über den Wahnsinn milde lächelt, zeichnet sich bereits die politische Kapitulation ab. Und wird erst suggeriert, Leviathan und Behemoth seien keine Monster, wie sie noch Hobbes begriff und wovon die Neocons wenigstens eine Ahnung haben, sondern gut oder schlecht geführte Institute des gesunden Menschenverstands, und das gut geführte mit der Aufschrift Leviathan wäre darum auch der

---

[12]   Allerdings gibt es einzelne liberale Intellektuelle, die durch ihre Erfahrungen als Verfolgte des Nationalsozialismus oder als deren Nachkommen solche verharmlosenden Ausdrucksweisen – nicht selten in humoristischer Zuspitzung – mit unheimlicher Bestimmtheit, nämlich vor dem Hintergrund eines, wie Jean Améry sagen würde: existenziellen Grauens, verwenden und sie dadurch ex negativo zum Medium ihrer Erfahrung machen, also dessen, was an ihr sich gerade nicht mitteilen läßt.

Menschheit zumutbar und das auf ewig – dann droht noch der letzte Rest Verstand daraus zu entschwinden. Auf diesen Rest aber kommt es bis auf weiteres wirklich an: ultima ratio der Menschheit, die Behemoths Durchbruch verhindern könnte.[13]

Exkurs I: Die Wohlfahrt der Rackets

Das Wohnhaus wird von einem Bauunternehmen mittels Lohnarbeit errichtet. In die Finanzierung fließen Gelder einer Wohltätigkeitsorganisation ein, die auch sonst manches beitragen kann, daß die Bewohner finanziell über die Runden kommen. Dann schiebt der karitative Verband seine Raketenabschußrampen in den Hof des Hauses – und es wird in der Folge zerstört, um die Raketenangriffe, die von dort aus erfolgten, zu verhindern. Sogleich treten die barmherzigen Raketenbrüder wieder auf den Plan und zahlen nicht nur erhebliche Summen für den Wiederaufbau des Hauses, sondern auch einzelnen Bewohnern eine Prämie dafür, daß Familienmitglieder bei dem Angriff getötet wurden. Märtyrertum zahlt sich aus.

So in etwa gestaltet sich der islamistische Marshallplan, das *recovery program* der Selbstmordbanden: ganz unbürokratisch und ohne Verträge – wie die Mutter ihr Kind ernährt; und Vater Staat hat schon lange das Weite gesucht.

---

[13] Die besten Schulbeispiele für die Grenzen des Liberalismus liefert immer noch Hans Magnus Enzensberger. Sein Essay über den »radikalen Verlierer« (*Der Spiegel* 45/2005), der einige Einsichten über die »Meuten« der Selbstmordattentäter enthält, selbst deren Vergleich mit dem Nationalsozialismus nicht scheut, und der erkennt, daß »die erfolgreicheren Gesellschaften« Erwartungen geweckt haben, »die sie nicht erfüllen können«, verläßt dennoch nicht den Boden des common sense, dem die Gesellschaften wie die Psyche der Attentäter in Anthropologie aufgeht: Es wird also schon nicht so heiß gegessen werden wie gekocht. So endet dieser Essay notwendig mit einer indirekten Kritik an den US-amerikanischen Maßnahmen gegen den »Terror« wie der trostreichen Perspektive, daß es den Islamisten ohnehin nicht gelingen werde, »ihren Todeskult zu verallgemeinern«: »Ihre Anschläge stellen ein permanentes Hintergrundrisiko dar, wie der alltägliche Unfalltod auf den Straßen, an den wir uns gewöhnt haben. Damit wird eine Weltgesellschaft, die fortwährend neue Verlierer produziert, leben müssen.« Das schrieb Enzensberger zu einer Zeit, da der Iran längst die Produktion von Atomwaffen vorantrieb, und er publizierte es wenige Tage, nachdem der Präsident dieses Gottesstaats den alten Wunsch der iranischen Islamisten unmißverständlich zum Markenzeichen seiner Politik gemacht hatte, nämlich den Wunsch, Israel von der Landkarte zu tilgen.

Volksgemeinschaft in der Zivilbevölkerung

Wie wenig auch das eine Wiederaufbauprogramm mit dem anderen zu tun hat, die Deutschen können sich heute mit der Zivilbevölkerung des Gaza-Streifens oder des Libanon umso besser identifizieren, als sie selbst doch immer davon profitiert haben, ihre Volksgemeinschaft hinterher als Zivilbevölkerung zu deklarieren. Diese Bezeichnung wurde also nicht zufällig zum Schlüsselwort für die Berichterstattung über die israelische Militärintervention im Sommer 2006. Während aber Goebbels noch aus dem Volksempfänger brüllte, das Weltjudentum hetze die amerikanischen und englischen Bomber aufs deutsche Volk, wird in den Medien von heute in besonnen klingendem Tonfall von der Zivilbevölkerung gesprochen, um den Judenstaat, also den Juden unter den Staaten, durchaus zurückhaltend als Mörder unschuldiger Menschen ins Spiel zu bringen. Indem man dabei die alten militärischen Kategorien und soziologischen Klassifikationen, die längst ihren Sinn verloren, einfach weiter gebraucht, erreicht man auf diskrete Weise den offenbar erwünschten ideologischen Effekt. Als hätten Gruppen wie Hisbollah und Hamas die Trennung zwischen zivilen und militärischen Einrichtungen, die von den deutschen Freikorps, SA und SS schon einmal beseitigt worden waren, nicht erneut aufgehoben; als wären die Terroristen nicht selber Zivilisten und der Djihad nicht eine ebenso zivile wie militärische Anstrengung; als wäre der Islam nicht eine Religion, die von vornherein eine solche Differenzierung der Gesellschaft unterlaufen hat.

Die Frage, warum diese Zivilbevölkerung sich denn zu »menschlichen Schutzschildern« machen läßt und welche Verhältnisse es Hamas und Hisbollah ermöglichen, ihre Waffen in oder bei den Wohnhäusern, Schulen und Spitälern unterzubringen, stellt kaum einer der vielen Zerknirschten, die ihre Betroffenheit über die Opfer israelischer Militäraktionen in den Medien kultivieren. Statt dessen gilt etwa die Sprachregelung vom »Demokratisierungsprozeß«, der im Libanon begonnen und an dem doch selbst die Hisbollah teilgenommen habe, der nun aber von Israel gewaltsam unterbrochen worden sei. Und wirklich handelt es sich um eine Art Demokratisierung, soweit die Banden-Herrschaft, die zunehmend den Alltag der Menschen zu umfassen vermag, auch noch von ihnen bejaht wird, und sie wird offenbar nicht zuletzt deshalb bejaht, weil die islamistischen Terrorgruppen zugleich islamische Wohltätigkeitsorganisationen sind. Genau so dürften Islam und Islamismus, die auseinanderzudividieren das Geschäft der Islamexperten und Journalisten ist, auch im allgemeinen zusammenhängen: Wohltätigkeit im Sinne Allahs und seines Propheten stellt nur die andere Seite jenes direkten Zwangs und jener offenen Gewalt dar, die eine wirklich direkte Demokratie durchherrschen.

Organisationen wie Hamas und Hisbollah, die an den Grenzen Israels wohltätig sind, verkörpern unmittelbar diese Einheit von Terror um seiner selbst willen und Wohlfahrt um dieses Terrors willen. Mittelbar findet sie sich jedoch im ganzen Netz islamischer Hilfsorganisationen, das inzwischen als großangelegte Akkumulation von finanziellen, technischen und personellen Ressourcen für die NGOs der Vernichtung betrachtet werden muß. Darauf machen etwa auch die Verhörprotokolle von Guantánamo nachdrücklich aufmerksam, für die sich bezeichnenderweise kaum ein Journalist zu interessieren scheint.[14]

Wohltätigkeit und Solidarität

Wohltätigkeit ist partikular. Darum klingt alles, was sie betrifft, auch harmlos. Und die Kerneuropäer wissen diesen partikularen Charakter

---

[14] »Besonders aufschlußreich ist die Rolle der sogenannten ›Hilfsorganisationen‹ – islamischen karitativen Körperschaften, die unter dem Deckmantel, afghanischen Flüchtlingen zu helfen, Al-Qaida-Operationen finanzieren und logistisch unterstützen. Referenzen zu solchen Organisationen ziehen sich wie ein roter Faden durch die Verhöre. Als Meisterin im ›Wohlfahrtsgeschäft‹ präsentiert sich die International Islamic Relief Organization (IIRO). Die Körperschaft mit Hauptsitz in Dschidda, Saudi-Arabien, hat seit den Anfängen des afghanisch-sowjetischen Krieges (1979-89) unter karitativem Vorwand arabische Kämpfer, Waffen und Gelder auf die Schlachtfelder geschleust… Zahlreiche Guantánamo-Häftlinge bekannten sich als Mitarbeiter des IIRO… Die Liste von islamischen ›Wohlfahrtsorganisationen‹, für die Guantánamo-Häftlinge gearbeitet haben, ist lang: die kuwaitische Revival of Islamic Heritage Society, die World Assembly for Muslim Youth und das Kuwaiti Joint Relief Commitee gehören zu den meistgenannten. Ebenfalls der Saudische Rote Halbmond… In besonders berüchtigtem Ruf steht die al-Wafa Humanitarian Organization, die von einer Gruppe kuwaitischer und saudischer Dschihadisten … gegründet wurde. Zwei der Gründungsmitglieder sind in Guantánamo inhaftiert. Ein weitere Häftling aus Jemen erklärte im Verhör, er habe Wafa-Angestellte instruiert, eine 5000-Dollar-Zentrifuge und andere technische Komponenten für einen malaysischen Mikrobiologen in Kandahar zu beschaffen, der ›mit der Herstellung von Anthrax zuhanden von al-Qaida‹ beschäftigt war.« (Urs Gehriger: Die Akten des Bösen, *Weltwoche*, 14. 9. 2006)

insofern zu unterstreichen, als sie immer wieder bemüht sind, bei Organisationen wie Hamas oder Hisbollah zwischen einem zivilen und einem militärischen Flügel zu differenzieren. Tatsächlich hat das ganze Unheil, das Wohltätigkeit zu stiften vermag und wovon die Europäer aus der Ferne profitieren wollen, mit dieser Partikularität zu tun. Es liegt auch hier in der Möglichkeit der Bande, gesellschaftliche Vermittlungen aufzuheben, um sich selbst an deren Stelle zu setzen.

Weshalb Max Horkheimer akkurat auf die Bezeichnung Racket verfiel, um organisierte Formen persönlicher Abhängigkeit und direkten Zwangs zu benennen, hat eben vermutlich damit zu tun, daß Racket nicht nur Bande bedeutet, sondern merkwürdigerweise mit Wohltätigkeitsveranstaltung zu konnotieren ist. Gerade diese Bedeutungsschicht müßte heute freigelegt werden. Eine Bande wäre erst dann als Racket im strikt politischen Sinn zu sehen, wenn es ihrer Herrschaft über die Androhung von Gewalt hinaus auf jene freiwillige Anerkennung, ja massenpsychologische Identifikation in ihrem Revier oder ihrer Zone ankommt, wie sie sonst der Staat auf seinem Territorium bei Strafe des Untergangs braucht. Dazu bedarf es ausgefeilter Wohltätigkeit. Durch ihre sozialen und ökonomischen Hilfsleistungen nistet sich die Macht der Rackets zwischen bürgerlicher Gesellschaft und Familie ein – und zwar immer dann, wenn der Staat von sich aus nicht imstande ist, die darin auseinanderstrebenden Kräfte zu integrieren. Sie ist die sich selbst zerstörende Synthese, setzt Familie und Staat in eins und verwandelt alles gesellschaftlich Vermittelte in unmittelbare Beziehungen zwischen Menschen, die – weil sie unfrei sind – einander nur bedrohen und unterdrücken können.

Ihre Wohltätigkeit ist das Gegenteil von Solidarität. Solidarisch sein (*solidaire*) heißt: wechselseitig für das Ganze haften. Die Herkunft des Begriffs aus dem Römischen Recht sollte zumindest soweit Beachtung finden, als mit ihm niemals das zu verstehen wäre, was der deutsche Soziologe darunter verstanden wissen will: »Solidarität ist die Gesinnung einer Gemeinschaft mit starker innerer Verbundenheit« (Alfred Vierkandt). Solidarität bezeichnete im Römischen Recht keine Gemeinschaft und keine innere Verbundenheit und schon gar keine Gesinnung, sondern ein bestimmtes rechtliches Verhältnis, wonach jeder für das Ganze, *in solidum*: für die Gesamtsumme, haftet. Als die Arbeiterbewegung den Begriff übernahm, erhielt sich davon gerade das Bewußtsein, daß die Zusammengehörigkeit der Solidarischen eine durchaus vermittelte ist und es zunächst nicht darum gehen kann, Gemeinschaft herzustellen und Gesinnung zu fordern, vielmehr um ganz praktische, wechselseitige Absicherung der Proletarier gegenüber den Bedrohungen kapitalistischer Produktionsverhältnisse. Diese Verhältnisse lehrten aber durch die einfachsten praktischen Notwendigkeiten hindurch, daß Solidarität immer auf die Totalität bezogen bleiben muß, mag sie sich nun positiv als Sozialstaat und Mehrwertverteilung oder negativ als Abschaffung von Staat und Kapital darstellen, worin allerdings kein geringer Unterschied besteht. So eint alles solidarische Verhalten die prinzipielle Anerkennung der Abstraktion; ein Bewußtsein davon, daß diese Gesellschaft nur durch die Fähigkeit zur Abstraktion erkannt, kritisiert und im Sinne der Vernunft verändert werden kann, da sie doch in ihr selber als Formalisierung durch Kapital- und Rechtsverhältnis real geworden ist, aber im Ganzen erzwungen, zerstörerisch, irrational. Ob man jemanden kennt oder nicht, hat keine Bedeutung für die Solidarität: sie gilt dem einzelnen, weil er in einer Situation ist, in die er durchs gesellschaftliche Ganze geraten ist. So setzt Solidarität mit Israel nicht voraus, daß man viele Israelis kennt und oftmals das Land besucht, obwohl das natürlich naheliegt. Sie ist das ganz allgemeine Bewußtsein, mit diesem Staat sich eins zu wissen im kategorischen Imperativ, alles zu tun, damit Auschwitz sich nicht wiederholt.

Die islamische Wohltätigkeit aber vermag offenkundig nur darum unter den vielen verschiedenen Formen privater Caritas die leer gewordene Stelle der Solidarität ganz auszufüllen, weil sie das Bewußtsein des unabsehbar vermittelten Zusammenhangs der Gesellschaft gegen den Glauben an Allah eintauscht – also gegen die eine einzige Abstraktion, die jeder anderen Abstraktion eigenständige Bedeutung versagt. Der Ruf *Allahu akbar* reduziert mit einem Schlag die Klassenkonflikte um den Mehrwert auf unmittelbare Einfühlung und partikulare Hilfeleistung, indem er keinen anderen Begriff von Totalität und keinen anderen Bezug zu ihr übrig läßt, als die Bereitschaft für Allah sich zu opfern.

Ende der Anonymität

Als Privatsache scheint die Caritas, die religiösen Ursprungs ist, zunächst säkularisiert wie die Religion selber. Und so wenig die bürgerliche Gesellschaft vom religiösen Bedürfnis befreit, so wenig befreit sie auch vom Erfordernis der Wohltätigkeit. Unter ihren Bedingungen dienen die karitativen Unternehmungen gewöhnlich dazu, die Lücken im sogenannten sozialen Netz, die der Staat läßt, ein wenig auszubessern, dort wo das Elend allzu kraß hervortritt. Insbesondere öffentliche Personen, die eigentlich keine wirkliche politische Funktion haben, wie Adelige in einer Demokratie oder Ehefrauen prominenter Politiker finden hier ein weites Betätigungsfeld, um sich weniger überflüssig vorzukommen. Aber auch Menschen mit gemeinsamer religiöser und nationaler Herkunft, die bei der staatlichen Alimentierung aus verschiedenen Gründen zu kurz kommen, organisieren sich oft eine eigene private Wohlfahrt.

Vordem erwarteten sich die Barmherzigen ihren Lohn von Gott. Für die bürgerlichen Wohltäter, die an ihn oder an die himmlische Belohnung nicht mehr glauben, bleibt davon nur das gesellschaftliche Ansehen, das man durch seine Taten erwirbt. Der kollektive Wohltäter jedoch, der auf religiöse und nationale Identität baut, fordert von seinen Schützlingen als Dank zumindest eine Gesinnung. Was Säkularisierung bedeutet, zeigt sich darum auch hier immer erst an der Lage des einzelnen: so unterscheiden sich die Wohltätigkeitsvereine wesentlich dadurch voneinander, ob sie die bürgerliche Gesellschaft, in deren Mitte sie aktiv sind, auch im Modus ihrer Wohltätigkeit bestätigen; ob also das Verhältnis der Mitglieder zueinander, der Funktionäre zu den Mitgliedern, der Wohltätigen zu den Wohltätigkeit in Anspruch Nehmenden nach dem Vorbild kapitalistischer Tauschgesellschaft organisiert wird und die relative Autonomie und schützende Anonymität des Individuums noch als Almosenempfänger gewahrt bleibt. Den einzelnen, auch wenn er keine Waren mehr besitzt, noch immer als potentiellen Warenbesitzer zu betrachten – diese Caritas wäre als gut bürgerliche Wohltätigkeit zu bezeichnen. Sie entspricht der Verbürgerlichung in den großen Kirchen, die sich der Dynamik der Gesellschaft, wenn auch widerwillig, öffnen mußten.

Die organisierte Caritas kann aber in ihrem Inneren auch die totale Abwehr der bürgerlichen Verkehrsformen entwickeln. Sie vermag dem Individuum das anzubieten, wovon die Emanzipation durch jene Verkehrsformen es befreit; und sie konserviert dabei nicht nur die vormodernen Beziehungen, unmittelbaren Zwang und persönliche Abhängigkeit, sie modernisiert sie auch, um sich gegen die Emanzipationsversprechen der Gesellschaft zu wappnen. Was sie den Verlassenen und Vereinzelten offeriert, ist die Wärme der »Blutsurenge« (MEW 42: 95). Und so zeigt sich an ihr die Zwiespältigkeit aller Säkularisierung unter kapitalistischen Bedingungen. Denn der Begriff Privatsache vermag durchaus darüber hinwegzutäuschen, daß diese Sache, sei's Seelsorge, sei's Fürsorge, eben von den rabiatesten Rackets als ihre eigenste aufgefaßt werden kann – Rackets, die aus der Zerstörung der Privatheit des Individuums überhaupt erst hervorgehen. Die individuelle Privatheit, die selbst gegen die Privatheit der Familie verteidigt werden muß, ja gerade gegen sie, gehört zur Würde des Warenhüters. Unterm politischen Druck der Rackets bleibt der einzelne zwar Warenhüter, aber er verliert auch noch die letzte Würde, die ihm als solchem zusteht. Auf diese Weise das Private als unmittelbar Politisches proklamierend taten sich schon Gruppen der Neuen Linken hervor, nur hatten sie zum Glück keine wirklichen Wohltaten anzubieten, sondern nur eine Ideologie, die von den Massen abgelehnt wurde. Anders die islamistischen Rackets von heute: sie können sich so erfolgreich verbreiten und verallgemeinern, weil sie wirksam Ersatz bieten für alle Ausfälle des Sozialstaats und ihre Ideologie erreicht die Massen.

Im Unterschied zum Sozialstaat, der die Anonymität kapitalistischer Verwertung verkörpert, ist diesen Rackets gemeinsam, daß sie sich *persönlich* um den einzelnen kümmern, der einzelne seine Anonymität, die er als private Person in der bürgerlichen Gesellschaft hat, aufgibt oder aufgeben muß. Nicht wenige Tendenzen der Arbeitsmarktreformen in den Industrieländern, die den Sozialstaat abbauen sollen, weisen bürokratisch in dieselbe Richtung, in der jene islamische Wohlfahrt unbürokratisch offensiv wird. Das Individuum findet sich wieder in einer sekundären Familie, in Beziehungen, die nicht durch Tausch konstituiert sind, sondern durch Gabe: durch einen Tausch also, dessen Gegenstände und Leistungen sich vom Individuum nicht loslösen – wie die Waren und die Arbeitskraft per Vertrag; die ihm vielmehr zuwachsen oder gleichsam anwachsen – wie die Privilegien und Pflichten den Individuen in vorkapitalistischen Verhältnissen. Wer in den Genuß solcher Wohltätigkeit kommt, fühlt sich so persönlich wie nur möglich, also mit Seele, Leib und Leben, gebraucht.

Obwohl die Zuwendung durchaus in Form von Geld erfolgen mag, beruht der Gebrauch, der dann vom Individuum gemacht wird, nicht auf abstrakter Arbeit, vielmehr auf konkreter Leiblichkeit – einer Leiblichkeit, die allerdings zu nichts nütze ist, außer dazu, im richtigen Moment zu verschwinden in Allahs Name. So verstand sich etwa das Training in

Afghanistan, wie einer der Häftlinge von Guantánamo im Verhör berichtet: »Ich mußte schwören, daß ich mich allen Befehlen unterordnen, Osama gehorchen und nichts gegen den Islam unternehmen würde. Es gibt kein Geld dafür, es ist reine Wohltätigkeitsarbeit.« (*Weltwoche*, 14. 9. 2006)

Exkurs II: Kritik des Terrorismus-Begriffs

Der Begriff des Terrorismus, wie er heute verwendet wird, meint gewöhnlich nichtstaatliche, aber politische Gewalt. Eine weitere Bestimmung wird ihm meist dadurch gegeben, daß diese Gewalt unterschiedslos auf Soldaten wie Zivilisten, militärische wie zivile Einrichtungen ziele. In solcher Formalisierung macht der Begriff etwas sichtbar und verdeckt zugleich etwas. Durch ihn wird kenntlich, wie weit die Herrschaft der Rackets – unmittelbarer Zwang und personale Abhängigkeit in Form politischer Banden – an die Stelle des staatlichen Gewaltmonopols tritt. Und er macht unkenntlich, daß jenes Gewaltmonopol selber, das Recht zu setzen vermag, aus der Herrschaft der Rackets und ihrem Terrorismus einmal hervorgegangen ist.[15] Die politische Urteilskraft, die zwischen den Staaten zu unterscheiden weiß, ohne doch zu vergessen, daß alle, mit Hobbes gesprochen »Ungeheuer« sind, hat sich darum ebenso an den Terrorgruppen zu bewähren – je nach dem, ob sie der Destruktivität in der Krise kapitalistischer Verwertung vollständig willfahren oder ihr an einem bestimmten Punkt sich entgegensetzen.

---

[15] Max Horkheimer versuchte in seinen Überlegungen zum Verhältnis von Racket und Recht diesen Vorgang, der sich allerdings erst im Zusammenhang der Marxschen Kritik der politischen Ökonomie erschließt, ganz allgemein darzustellen: »Wenn eine Organisation so mächtig ist, daß sie ihren Willen auf einem geographischen Gebiet als dauernde Regel des Verhaltens für alle Bewohner aufrechterhalten kann, so nimmt die Herrschaft der Personen die Form des Gesetzes an. Dieses fixiert die relativen Machtverhältnisse.« Als *fixiertes* Medium gewinnt jedoch »das Recht, wie andere *Vermittlungen, eigene Natur und Resistenzkraft*... Der Sinn und Zweck des Rechts, im gesellschaftlichen Leben zur Richtlinie zu dienen, bedingt sein Absehen von der bestimmten Person und von der Vergangenheit, seine Gültigkeit für und gegen jeden vom festgesetzten Tage an bis zur öffentlichen Widerrufung. *Das Mittel der Herrschaft setzt sich ihr entgegen als die Reflexion, an der sie sich entlarvt.*« (HGS 12: 289; Hervorhebung G. S.)

Phänomenologie des Terrors

Wer von Terrorismus spricht, stellt in der Regel die Vernichtung, die im Verhältnis steht zu einem außer ihr liegenden Zweck, und »annihilation for the sake of annihilation, murder for the sake of murder« (E. L. Fackenheim) auf eine Stufe. Die Unterschiede zwischen jakobinischer Schreckensherrschaft und antisemitischem Pogrom, gezielter Tötung einzelner Politiker und islamistisch motiviertem Massenmord werden als zweitrangig verstanden.

Damit scheint der Begriff ein legitimes Kind der Totalitarismustheorie zu sein. Während diese Theorie Nationalsozialismus und Stalinismus gleichsetzt, läßt ihr Abkömmling offenbar keine Unterscheidung zu zwischen Gewalt als politischem Mittel und Gewalt als Selbstzweck. Mit ihm verleugnet die bürgerliche Gesellschaft von heute ihren terroristischen Ursprung in den Revolutionen von einst, die noch den Schrecken, den sie verbreiteten, beim Namen nannten. *La Terreur* begann mit dem Sturm auf die Bastille: mit der Aufhebung des Gewaltmonopols wie der Trennung von Militär und Zivilbevölkerung durch die Bewaffnung der Massen, woraus dann die verschiedenen Terrorgruppen entstanden, die sich brüderliche Vereinigungen, politische Klubs und *sociétés populaires* nannten. Die Rivalität dieser Rackets triumphierte über die Gewaltenteilung; »Freiheit« und »Gleichheit«, also die Ablösung und Emanzipation der Individuen von den ständischen Schranken und ursprünglichen Gemeinschaften, konnten zur bloßen Voraussetzung ihrer »Brüderlichkeit« werden, d. h. des unmittelbaren Zwangs und der Gewalt, die sie in ihren eigenen Reihen wie gegeneinander ausüben wollten. Dieser veritable Bürgerkrieg der politischen Banden wurde aber zur wirklichen Revolution des Staats, insofern aus dem Terror der Rackets nicht nur aufs neue ein Gewaltmonopol hervorging, sondern eben dieser Souverän nunmehr als Garant von Freiheit und Gleichheit der Individuen potentiell von jedermann in die Pflicht genommen werden konnte.

Das war es auch, was noch Hegel am Terror faszinierte: daß er die Voraussetzung der bürgerlichen Gesellschaft ist. Wobei der deutsche Philosoph die Resultante des Bandenkriegs natürlich als negativen Willen des Geistes faßt: »Nur indem er etwas zerstört, hat dieser negative Wille das Gefühl seines Daseins; er meint wohl etwa irgendeinen positiven Zustand zu wollen, z. B. den Zustand allgemeiner Gleichheit oder allgemeinen religiösen Lebens, aber er will in der Tat nicht die positive Wirklichkeit desselben, denn diese führt sogleich irgendeine Ordnung, eine Besonderung sowohl von Einrichtungen als von Individuen herbei; die Besonderung und objektive Bestimmung ist es aber, aus deren Vernichtung dieser negativen Freiheit ihr Selbstbewußtsein hervorgeht. So kann das, was sie zu wollen meint, für sich schon nur eine abstrakte Vorstellung und die Verwirklichung derselben nur die Furie des Zerstörens sein.« (HW 7: 50) Der Fanatismus des Terrors will also »ein Abstraktes, keine Gliederung: wo sich Unterschiede hervortun, findet er dieses seiner Unbestimmtheit zuwider und hebt sie auf. Deswegen hat auch das Volk in der Revolution die Institutionen, die es selbst gemacht hatte, wieder zerstört, weil jede Institution dem abstrakten Selbstbewußtsein der Gleichheit zuwider ist.« (52) Darin aber gilt Hegel die Schreckenszeit als notwendiges Stadium des Geistes, in dessen Überwindung die wahre Idee, das bürgerliche Recht, sich verwirkliche. Die Überwindung selbst erscheint als unwiderstehlich, als solche ist sie schon im Begriff selber angelegt: »Ich will nicht bloß, sondern ich will etwas. Ein Wille, der ... nur das abstrakt Allgemeine will, will *nichts* und ist deswegen kein Wille.« (54)

Was im Hegelschen Begriff angelegt ist, hatte Napoleon längst realisiert: dessen Politik wollte wieder etwas und verwandelte die Schreckensherrschaft in Eroberungsdrang. Die Orientierung am französischen Weltgeist zu Pferde ermöglichte es selbst dem idealistischen Philosophen aus Deutschland, den Willen zum Nichts – der sich schon bei seinem Vorgänger Fichte verselbständigt hatte – noch einmal in den Heilsplan des Geistes zu integrieren: dieser Wille, so lehrt Hegel dem Verlauf der Französischen Revolution folgend, kann sich dennoch nicht wirklich verselbständigen, oder anders, hegelisch gesagt, seine Verselbständigung schlägt um in den Willen zum Recht. Bei Hegel geschieht das so automatisch wie der Weltgeist sich eben bewegt. Hegel erkennt zwar die Bedeutung des Gesetzes als »Schibboleth«, »an dem die falschen Brüder und Freunde des sogenannten Volkes sich abscheiden« (HW 7: 20). Warum aber der Rechtsstaat und nicht der Vernichtungsstaat aus der Revolution hervorging, oder anders gesagt: warum die Vernichtung, die Napoleon über Europa brachte, mit der Verbreitung des code civil einherging, und der von allem Recht entbundene Vernichtungswahn der falschen Brüder und Freunde des sogenannten Volkes sich erst in der Reaktion auf Napoleon entfaltete, darüber erfährt man nichts vom verselbständigten Begriff des Willens, wie ihn Hegel prägte, und der darin dann doch wie eine Präfiguration des heutigen Terrorismus-Begriffs erscheint.

Hegel sagt, der Wille, der nur das abstrakt Allgemeine will, will im Grunde nichts, ist also gar kein Wille. Warum aber funktioniert er dann, als wäre er ein Wille? Es kommt politisch alles darauf an, wie er das abstrakt Allgemeine, das er will, vor Augen führt; inwieweit er, wenn er vom Recht, vom Volk und von der Menschheit spricht, die Abstraktheit sich eingesteht – oder darin ein Konkretes, Besonderes vortäuscht: die Substanz eines Volks, die Abstammung, das Physische. Das vermag er nur, soweit er das abstrakt Allgemeine, das er selbst will, los wird, indem er es auf ein Konkretes überträgt, in dem er diese wirklich konkreten Individuen als das abstrakt Allgemeine verfolgt. Dazu braucht es, psychologisch gesprochen, der pathischen Projektion, moralisch gesprochen, der Lüge, ideologiekritisch gesprochen: der eigenen Lügen, an die man selber glaubt.

Die französischen Revolutionäre, die Bandenführer der Schreckensherrschaft, waren jedoch zu ehrlich, projizierten zu wenig, glaubten ihren eigenen Lügen nicht wirklich. Wenn sie Volk sagten, hörte man das Allgemeinere immer durch, die Menschheit,[16] und diese Menschheit blieb, angesichts der existierenden Rackets, so abstrakt wie das Recht, das die Abstraktheit aber offen einbekennt. Darin, in dieser Ehrlichkeit, behielt der Schrecken, den sie verbreiteten, etwas Humanes. Die Menschheit gestand darin auf grauenvolle Weise ein – und darin bejahten auch Marx und Engels den »revolutionären Terrorismus« (z. B. MEW 2: 131) –, daß es sie noch gar nicht gab; daß es sie nur in dieser Form des abstrakt Allgemeinen gab, das die einzelnen Menschen verschlingt: in der Form von Staat und Kapital.

Die falschen Brüder und Freunde des sogenannten Volkes

Und doch hat Hegel damit unmißverständlich offen gelegt, daß die terroristische Durchsetzung bürgerlicher Ordnung bereits das Potential in sich

---

[16] So schrieb etwa Camille Desmoulins in *Les Révolutions de France et de Brabant* am 14. 2. 1791:»Bei der Verbreitung des Patriotismus, das heißt der Menschenliebe, dieser neuen Religion, die sich die Welt unterwerfen wird, scheint der Klub oder die Gemeinde der Jakobiner zum gleichen Primat berufen zu sein wie die Römische Kirche bei der Verbreitung des Christentums.« (Zit. n. Soboul 1988: 139)

trägt, das Vernichtung um ihrer selbst willen bedeutet. Somit wäre eine absolute Trennung zwischen beiden auch nicht möglich, vielmehr wäre sie immer von neuem politisch erst herzustellen, soll das Unvorstellbare verhindert werden und die Menschheit nicht sich selbst zerstören, statt wirklich zu werden; und Hegels eigener Beitrag zu dieser politisch unbedingt notwendigen Disjunktion war eben seine Rechtsphilosophie, an der jene falschen Brüder und Freunde des sogenannten Volkes sich abscheiden. Der Wille, der nur das abstrakt Allgemeine will, dieser Wille, der in der Französischen Revolution aufgetaucht war, um im selben Moment unterzugehen, faßte in Deutschland Fuß. Der deutsche Rechtsphilosoph aber dachte, diesen Willen, nachdem er ihn fast isoliert betrachtet hatte, ein für allemal im objektiven Geist, der Staatsidee, aufzuheben, gleich dem französischen Staat, insofern der die Schreckenszeit mit dem code civil beendet hatte. In Wahrheit ließen sich in dem Land, in dem Hegel philosophierte, die falschen Brüder und Freunde des Volks vom Gesetz nicht abscheiden, sie wußten es im Gegenteil zuletzt noch für die Vernichtung um der Vernichtung willen zu instrumentalisieren.

Dieser Wille, der nur das abstrakt Allgemeine will, triumphiert in der Krise kapitalistischer Verwertung und in nationaler Gestalt: als Subjekt des Willens bewährte sich das deutsche oder arische »Urvolk«, wie es bereits Fichte in seinen *Reden an die deutsche Nation* beschworen hatte: Nur im Deutschen erscheint »Göttliches«, und »das Ursprüngliche hat dasselbe gewürdigt, es zu seiner Hülle und zu seinem unmittelbaren Verflößungsmittel in die Welt zu machen; es wird darum auch ferner Göttliches aus ihm hervorbrechen. Sodann tätig, wirksam, sich aufopfernd für dasselbe. Das Leben, bloß als Leben, als Fortsetzen des wechselnden Daseins, hat für ihn ja ohnedies nie Wert gehabt, er hat es nur gewollt als Quelle des Dauernden; aber diese Dauer verspricht ihm allein die selbständige Fortdauer seiner Nation; um diese zu retten, muß er sogar sterben wollen, damit diese lebe, und er in ihr lebe das einzige Leben, das er von je gemocht hat.« Im »Gemüte« dieses Bürgers »lebt die Liebe des Ganzen, dessen Mitglied er ist, des Staates und des Vaterlandes, und vernichtet jede selbstische Regung« (Fichte 1845/46: 383; 431). Diese selbstische Regung erscheint nun umgekehrt im Kopf des deutschen Volksphilosophen als das abstrakt Allgemeine, das vernichtet werden muß, es erscheint als Idee, die von der physischen Existenz der Juden nicht zu trennen ist: den Juden darum Bürgerrechte in Deutschland zu geben, dazu sieht Fichte »wenigstens kein Mittel, als das, in einer Nacht ihnen allen die Köpfe abzuschneiden, und andere aufzusetzen, in denen auch nicht eine jüdische Idee sei« (Fichte 1973: 176).

Das ist der vorweggenommene Terror der »deutschen Revolution«, der sich, als die gesellschaftlichen Bedingungen gereift waren, zu entladen begann. Die Terrorgruppen der Deutschen – von den Freikorps bis zu den nationalsozialistischen Verbänden, aus dem Ersten Weltkrieg hervorgegangen und geeint durch das Ziel, die Juden zu verfolgen und zu vernichten – konnten in der Weimarer Republik den Boden bereiten für einen Staat, der als gebündelte und vollendete Herrschaft der Rackets die ganze Gesellschaft auf Vernichtung ausrichtete.

Wirklicher Widerstand, der sich dann – kaum in Deutschland, unterschiedlich stark in den von ihm beherrschten Ländern – mit Waffengewalt dagegen erhob, war »revolutionärer Terrorismus« in einem neuen Sinn: mit ihm ging es, direkt oder indirekt, um die bloßen Voraussetzungen, daß jemals etwas wie eine Revolution noch möglich sein soll. Untrennbar davon, wenn auch unter ganz anderen Bedingungen, gilt das in konkreter aktuellerem Sinn für Gruppen wie *Hagana* und *Irgun*, deren Aktivitäten in Palästina die Grundlagen dafür schufen, daß schließlich Recht in bürgerlichem Sinn gesetzt wurde, dessen Schutz hier zum erstenmal für alle Jüdinnen und Juden garantiert werden konnte und an dem sich die falschen Brüder und Freunde des sogenannten palästinensischen Volks abscheiden sollten.

Solche Terrorgruppen, die das Gewaltmonopol aufrichteten, um das Gesetz zu etablieren, folgten dem kategorischen Imperativ, der den Menschen vom Nationalsozialismus aufgezwungen wurde: »im Stande ihrer Unfreiheit« (AGS 6: 358), der eben durchs Gesetz ausgewiesen und bestätigt wird, alles zu tun, damit Auschwitz sich nicht wiederhole. Dieser Imperativ ist mitnichten ein Freibrief. Er schlägt sich, so er beim Wort genommen wird, noch in der Art und Weise nieder, in der politische Gewalt bei jeder einzelnen Tat angewandt wird. Der Anschlag der *Irgun* auf das Jerusalemer King-David-Hotel 1946 unterscheidet sich wesentlich von den islamistischen Attentaten auf die Hotels in Scham El-Scheich 2005: das Hotel in Jerusalem war Sitz des britischen Militärhauptquartiers, und um Opfer unter den Zivilisten zu vermeiden, gingen dem Sprengstoffanschlag – was gern verschwiegen wird – drei Vorwarnungen voraus (beim Hotel, beim französischen Konsulat und bei der *Palestine Post*);

die Attentate aber auf die Touristenhotels in Ägypten, die vor allem von Israelis frequentiert werden, waren von Anfang an so geplant, daß möglichst viele Zivilisten ermordet werden.

›Das Volk‹ soll verwirklicht werden

Um die Disjunktion zwischen dem Terror, der das abstrakte Recht etabliert und Zwecke kennt, und dem Terror als Selbstzweck, politisch durchzusetzen, wie es die Hegelsche Rechtsphilosophie fordert, kommt alles darauf an, diese Übergänge sichtbar zu machen und zu denunzieren. Das muß es gewesen sein, was Hannah Arendt bewog, in der letzten Phase der Arbeit über die *Elemente und Ursprünge totaler Herrschaft* die Entwicklung des Stalinismus überhaupt einzubeziehen, wobei sie explizit auf Stalins Bereitschaft Bezug nahm, von Hitler in Sachen Antisemitismus zu lernen: insbesondere eigne sich »eine fiktive Weltverschwörung nach Art der antijüdischen Ressentiments« als Propaganda in Ländern, wo antijüdische Ressentiments weit verbreitet waren (1986: 494). Die antisemitische Ausrichtung stalinistischen Terrors nach innen und außen stellte in Aussicht, jede Unterscheidung zwischen der Furie des Zerstörens unterm Banner des Sozialismus und dem Vernichtungswahn des Nationalsozialismus, zwischen der Knechtung, Ausbeutung und massenhaften Ermordung der Menschen zum mehr und mehr entrückten Zweck der Produktion und der gezielten Vernichtung als Selbstzweck, das heißt: zur Produktion von Volksgemeinschaft, hinfällig zu machen.

Das nötigte auch die Kritische Theorie zum endgültigen Bruch mit der Sowjetunion und später zur Distanz gegenüber den rebellierenden Studenten in Deutschland. Bezeichnend für diese Konstellation ist indessen, daß Horkheimer die Übergänge zwischen revolutionärem und faschistischem Terror zunächst bei Habermas agnoszierte. Gegen den aufstrebenden Institutsassistenten gewandt, schrieb er (in einem Brief an Adorno vom 27. 9. 1958): »Was es heute zu verteidigen gilt, scheint mir ganz und gar nicht die Aufhebung der Philosophie in Revolution, sondern der Rest der bürgerlichen Zivilisation zu sein, in der der Gedanke individueller Freiheit und der richtigen Gesellschaft noch eine Stätte hat«; demgegenüber behalte »jener Hegel« recht, der »das Leben unter guten Gesetzen noch als die höchste Mitgift angesehen hat, die einem zuteil werden kann. So weit solche Gesetze da sind, gilt es sie zu erhalten. Sie sind gefährdet.« Affirmativ aber sei die Philosophie des jungen Habermas, weil sie »das Proletariat, die ›Masse der Bevölkerung‹« als Substanz jenseits der Kritik, als wahres Sein, fetischisiert: »Ihre Struktur bleibt von der Erfahrung der begrifflichen – ich sage der begrifflichen, nicht bloß der faktischen – Identität von Massenbewegung, Manipulation und Ressentiment ganz unberührt«. (HGS 18: 444f.) Dieselbe Struktur muß Horkheimer in der »Bewegung gegen Atombewaffnung in Deutschland« erkennen: sie gleiche – heißt es in den Nachgelassenen Notizen – »schon bedenklich dem Massenaufstand gegen die libanesische Regierung, den Herr Nasser organisiert. Nicht so sehr der gemeinsame Ursprung beider Phänomene bei den Russen ist bemerkenswert, als die strukturelle Ähnlichkeit all dieser heutigen Bewegungen… ›Das Volk‹ soll verwirklicht werden… Jeder soll sich eingliedern ins Volk, der Feind ist nicht so sehr die ›Reaktion‹ – von der sprachen Hitler und Stalin unisono, der Feind ist vielmehr der differenzierte Einzelne, der Weltfremde, der Kosmopolit, der Zögernde, der noch treu sein kann, weil er sich nicht festlegt, und konsequent, weil er keinem Programm folgt. Der Feind ist der Einzelne, der Feind sind wir.« (HGS 14: 82f.)

Diese Struktur der Linken begann sich um 1968 in einen demokratischen und einen terroristischen Flügel zu spalten. Habermas selbst schlug sich bekanntlich auf die Seite des demokratischen, brachte seine akademische Karriere in Sicherheit und bereitete die rot-grüne Außenpolitik der späteren Jahrzehnte vor, die schließlich zur Toleranz gegenüber der Herrschaft der Rackets im Nahen und Mittleren Osten wesentlich beitrug und Horkheimers frühe Einschätzung, wenn auch eben auf durchaus demokratische Art, bestätigte. Daß aber auf der Seite des Aktivismus, den Habermas nunmehr als »linken Faschismus« weit von sich wies, eine terroristische Gewalt besonderer Prägung lauerte, das ging nur jemandem auf, der durch seine Erfahrungen im Nationalsozialismus einen anderen Begriff von Faschismus hatte – einen, der sich von der Situation der Juden nach der Vernichtung, der Situation Israels nicht mehr abstrahieren ließ. Kurz vor seinem Tod schrieb Adorno an Herbert Marcuse: »Die Gefahr des Umschlags der Studentenbewegung in Faschismus nehme ich viel schwerer als Du. Nachdem man in Frankfurt den israelischen Botschafter niedergebrüllt hat, hilft die Versicherung, das sei nicht aus Antisemitismus geschehen, und das Aufgebot irgendeines israelischen ApO-Mannes nicht das mindeste... Du müßtest nur einem in die manisch erstarrten Augen derer sehen, die, womöglich unter Berufung auf uns selbst, ihre Wut gegen uns kehren.« (Kraushaar 1998/Bd. 2: 652)

Wieder scheint eine Konstellation hergestellt, wie die zwischen dem *contrat sociale* Rousseaus und Fichtes *Beitrag zur Berichtigung der Urteile über die französische Revolution,* zwischen den französischen Jakobinern und den deutschen Antisemiten, der Schreckenszeit und den Hep Hep-Unruhen – nur daß jetzt nicht nur das Ausmaß der Gewalt auf der Seite derjenigen unvergleichlich größer ist, die den Juden die Köpfe abschneiden wollen, wenn diese nicht auf ihr Bürgerrecht in Israel freiwillig verzichten. Es sind die Übergänge sosehr in Fluß geraten, daß bei der Linken kaum noch eine Disjunktion möglich scheint. Französische Revolution und deutsches Pogrom finden sich im Antizionisten zu einer politischen Kraft vereint, die auch noch den gedanklichen Widerspruch hinter sich läßt, wie er immerhin noch Fichte bei all seinem Juden- und Franzosenhaß nicht losließ. Denn die Konstellation wiederholt sich unter gänzlich veränderten Bedingungen: die Vernichtung der Juden hat stattgefunden und ein Staat der Juden ist geschaffen worden. Und die Furie des Zerstörens, die sich jetzt ans Werk macht, diesen Staat abzuschaffen, knüpft damit an jene Vernichtung an: In ihm, der als der Jude unter den Staaten fixiert wird, findet der politische Wille, der nur das abstrakt Allgemeine will, sein konkretes Objekt, aber es umfaßt schließlich die Juden in aller Welt. Schon mit dem Bombenanschlag auf das Gemeindehaus der Westberliner Jüdischen Gemeinde im November 1969 zeigte sich ein Teil der deutschen Linken reif für die Einheit mit jenen, die in Nahen Osten ein »zweites Auschwitz« (Jean Améry) vorbereiteten. In einem Flugblatt dazu hieß es: »Diese Art eines neurotischen, rückwärtsgewandten Antifaschismus übersieht in seiner Fixiertheit auf die historische Vergangenheit vollkommen die Illegitimität des Staates Israel. Wahrer Antifaschismus bedeutet heute eine ausdrückliche und unzweideutige Identifizierung mit den kämpfenden Fedajin. Unsere Solidarität mit ihnen wird sich nicht länger mit rein verbalen Protesten nach Vietnamart begnügen, sondern wird diese Kombination aus Faschismus und israelischem Zionismus unbarmherzig bekämpfen.« (Zit. n. Wistrich 1987: 404) Und in einer Erklärung der RAF, die Horst Mahler vor Gericht verlas, wurde die Ermordung israelischer Sportler während der Münchner Olympischen Spiele von 1972 als »antifaschistische« Tat gerühmt, Israel aber habe seine Sportler verbrannt, wie die Nazis Juden verbrannt haben (ebd.).

Von der Bewegung gegen Atombewaffnung zur Bewegung für die Atombewaffnung des Iran

Die Sowjetunion war allerdings von außen durch den Kalten Krieg mit den USA, von innen noch durch ihre eigene Ideologie in Schach gehalten worden. Wie der unablässige Konkurrenzkampf mit dem Westen dazu beitrug, das abstrakt Allgemeine statt in totaler Auslöschung, für die in den sowjetischen Arbeitslagern Erfahrungen schon gesammelt wurden, immer auch in bloßen Zahlen zu sehen, mit denen die Rüstungskapazitäten und zugleich die Reproduktion der Gesellschaft gemessen werden sollten, bis man endlich den Westen überholt haben würde, so erlaubte offenbar die Marxsche Lehre noch in ihrem Mißbrauch, der sich in jenem Zahlenfetischismus niederschlug, keine Vernichtung als Selbstzweck, setzte vielmehr die Orientierung an der Reproduktion der Gesellschaft voraus. Diese Differenz wurde meist am klarsten unter dem Gesichtspunkt der Moral betrachtet, denn unter ihm konnte unterschieden werden zwischen einem Staat, der seinen eigenen Ansprüchen nicht gerecht wurde, und einem, der ihnen nur allzu gerecht wurde. So schrieb Jean Améry: »der Nationalsozialismus, der zwar über keine Idee gebot, wohl aber ein ganzes Arsenal verworrener Mißideen besaß, hat bislang als einziges politisches System dieses Jahrhunderts die Herrschaft des Gegenmenschen nicht nur praktiziert, wie andere rote und weiße Terror-Regime auch, sondern ausdrücklich als Prinzip statuiert« (AW 2: 71). Der Grund, warum der von der stalinistischen Macht geschaffene Staat an seinen eigenen Voraussetzungen kritisiert werden konnte, lag darin, daß er nicht auf der Identifikation seiner Bürger mit der Vernichtung beruhte, sondern auf Verträgen, die noch dann bewußt blieben, als sie gebrochen wurden. Auf Verträgen beruhte der »zweite Weltmarkt« (Krug 2002/03: 10) und erlaubte darum sowohl eine gewisse zivilisatorische Entwicklung in manchen Regionen der Welt, wie er in den Übergängen von potentiell revolutionärem zu a priori eliminatorischem Terror, die sich in antisemitischer Politik bereits ihren Weg bahnten, denn auch immer wieder Grenzen setzen konnte. Und diese Grenzen galten schließlich indirekt selbst für die Terrorgruppen, die in Deutschland nach der Studentenbewegung hervortraten. Die RAF praktizierte zwar bereits einen gewissen Todeskult, aber das Selbstmordattentat als dominierende Form terroristischer Aktionen lag außerhalb ihrer Vorstellungen vom politischen Kampf (zur unmittelbaren Vorgeschichte und Durchsetzung des Selbstmordattentats im Nahostkonflikt siehe Croitoru 2003: 118ff.). Nachdem aber die Sowjetunion und mit ihr der Block des zweiten Weltmarkts zerfallen war, sind eben die Übergänge in der ganzen Linken so fließend geworden, wie sie es bei antisemitischen Antikapitalisten immer schon waren. Die Kämpfer der PLO und des Baath-Regimes, die sich von Anfang an *Fida'ijjin* nannten: die Sich-Opfernden, haben in ihren erfolgreicheren islamistischen Konkurrenten zu sich selbst gefunden – Jean Améry sprach bereits 1969 von den »arabischen Freikorps« der El Fatah (AW 7: 142). Vom üppigen Schrifttum des »Realen Sozialismus« ist fast nichts übrig geblieben als ein Berliner Blättchen, das umso stolzer den Artikel eines Hamas-Führers bringt (Ismail Hanija: Die Besatzung muß enden, *Junge Welt* 25. 4. 2006), und von der RAF, die noch den deutschen Staat in Bedrängnis bringen konnte, nichts als ein Häuflein wie die AIK, die »Antiimperialistischen Aktion«, die für den »Widerstand« im Irak Geld einsammelt. Aber die Berliner Glosse des islamistischen Freikorps-Führers und das Terror-Winterhilfswerk des Wiener Antizionistenvereins, welche ja nur Randgruppenphänomene sind, entdeckt man inmitten einer Staatengemeinschaft, die im Namen des Dialogs oder der Kommunikationstheorie umso raffinierter das Appeasement vorantreibt, je heftiger sie sich vom Terrorismus distanziert.[17] Die Furie des Zerstörens ist in Europa als Friedensgöttin ausstaffiert.

---

[17] Die EU stellte bekanntlich 2006 wie die USA ihre Zahlungen an die Palästinensische Autonomiebehörde ein, weil dort jetzt die Hamas regiert – was die Europäer tun werden, wenn etwa die Hamas zusammen mit der Fatah regieren wird, bleibt offen; und Deutschland positioniert sich neuerdings, diplomatisch im doppelten Sinn, auf Seiten der USA im sogenannten Streit um das Atomprogramm des Iran – wobei es jedoch deutlich um Vermittlung mit Rußland und China bemüht ist, die wiederum zum Iran vermitteln. Inoffiziell ist das kerneuropäische Machtzentrum nach wie vor einer der wichtigsten Handelspartner jenes Regimes, das die Hisbollah seit jeher alimentiert, mittlerweile auch die Unterstützung der Hamas übernommen hat und ganz offiziell zur Auslöschung Israels aufruft.

Exkurs III: Antirassismus und Islamkritik

Der französische Philosoph Alain Finkielkraut hat anläßlich der Medien-
berichterstattung über die Unruhen in den *banlieues* im Jahr 2005 davon
gesprochen, daß der Anti-Rassismus fürs 21. Jahrhundert sein wird, was
der Kommunismus fürs 20. war. Seine Natur müsse dringend untersucht
werden (*Ha'aretz*, 18. 11. 2005).

Unter Antirassismus kann aber zunächst gar keine kohärente Bewegung
verstanden werden, während gerade die Möglichkeit einer anderen, einer
wahren Gesellschaft, die Kommunismus einmal beinhaltet hat, an der
immergleichen, falschen Kohärenz, an der Form der Partei, zugrunde
gehen mußte. Einheitlichkeit in diesem negativen Sinn kommt allerdings
den verschiedensten Bewegungen, die sich aufs neue Schlagwort berufen,
dennoch zu, allerdings in indirekter Form: es ist die Sympathie für den
Islam und der Haß auf Israel, worin sie sich fest vereint finden. Auf solche
Weise verschoben stellt sich den selbsternannten »Antirassisten« die
Staatsfrage, die sie auf einen Nenner bringt, und an ihr geht dann jedes
emanzipatorische Potential, das eigentlich zum Engagement gegen den
Rassismus gehört, zugrunde.

Wer jedoch den Jargon der Demokratie spricht, will davon nichts
merken, und der Protest, der sich im Namen von Demokratie und political
correctness gegen Finkielkraut erhebt, richtet sich wesentlich gegen die
Grundlagen emanzipatorischen Bewußtseins, die Finkielkraut mit den
vorhandenen Mitteln heutiger Politik zu retten sucht. Das gute Bildungs-
system für alle, wie er es visiert, ist deshalb nur umso mehr zu fordern,
wenngleich eine solche Forderung keineswegs bedeuten muß, über den
Keim rassistischer Ideologien zu schweigen, der schon in der Form von
Staat und bürgerlicher Gesellschaft angelegt ist. Kein noch so demokratisches Bewußtsein kann ihn ausjäten, solange diese Form existiert, worin
die Menschen, um mit Lessing zu sprechen, sich nur vereinen lassen,
indem sie – religiös und national – getrennt werden. Und schließlich gibt
Finkielkraut mit einer dubiosen Bemerkung über den hohen Anteil der
Schwarzen in der französischen Fußball-Nationalmannschaft sogar selbst
ein Beispiel für die Existenz dieses Keims im denkbar aufgeklärtesten und
der Widersprüche sich bewußten Citoyen. Was jedoch antirassistisches
Engagement zum Bündnis mit dem Islam regredieren läßt, erkennt der
französische Neokonservative, der fast als einziger noch wirklich für die

Ideale der Revolution eintritt, sehr genau. Es wird nicht dagegen protestiert, daß bestimmte Bevölkerungsgruppen und ganze Regionen von den emanzipativen Möglichkeiten der westlichen Gesellschaften ausgeschlossen werden, sondern diese Möglichkeiten überhaupt zu leugnen ist wichtiger geworden, als den real vorhandenen Rassismus zu bekämpfen, der jenen Ausschluß legitimiert (vgl. hierzu Frischberg 2006: 155ff.).

Damit hat der Antirassismus als veritable Befreiungsbewegung sich erledigt: Denn von einer Kraft der Emanzipation kann nur ausgegangen werden, solange das Verhältnis des Kollektivs zum einzelnen Individuum wenigstens offen gelassen, nicht schon als Einordnung jeder individuellen Regung in repressive Gemeinschaften vorgegeben wird; und soweit vor allem ein Begriff oder nur eine Vorstellung davon vorhanden ist, welche Gemeinschaft das Schlimmste wäre und unter allen Umständen verhindert werden müsse. Für eine solche, an bürgerlicher Freiheit orientierte Bewegung steht Martin Luther King, der entschieden für Israel Partei ergriff. Aber während der amerikanische Baptistenpastor durch den zum Dogma erklärten Verzicht auf Gewalt das Engagement einschränkte und der bürgerlichen Gesellschaft anpaßte – mit erstaunlich klarem Verstand definierte man sich dabei selbst ja als »Bürgerrechtsbewegung« (»Civil Rights Movement«) und nicht etwa als ›Menschenrechtsbewegung‹ –, verselbständigte sich auf der anderen Seite der antirassistischen Bewegung die Gewalt zum Inhalt des Engagements, und diesen Inhalt zu formulieren bedurfte es einer anderen Religion, der der Black Muslim nämlich. So hat die christliche Nächstenliebe der islamischen Raserei Raum gegeben, so reproduziert die bürgerliche Gesellschaft auch hier ihre eigenen Feinde.

Wenn die Gewalt zum Selbstzweck wird, verkommt antirassistisches Engagement zur bloßen Form. Es ist dann nur noch die ideologische Gestalt, die der Islam, wenn er die bürgerliche Gesellschaft erobert, bei Nichtmuslimen annimmt. Abstrakt betrachtet handelt es sich um Legitimation oder Tolerierung einer Herrschaft der Rackets, ob sie sich nun in den *banlieues* oder im Nahen Osten etabliert, ob sie außerhalb des eigentlichen Staats oder in Form von Theokratien ihr Territorium erobert. Was sich als political correctness darstellt, ist meistenteils schon Einübung in solchen Antirassismus: Nichts darf gegen ein repressives Kollektiv gesagt und unternommen werden, sobald es auch von bekennenden Rassisten angefeindet wird. Herrschaft der Rackets aber bedeutet: restlose Unterwerfung aller individuellen Ansprüche unter den unmittelbaren, personal ausgeübten Zwang des Bandenkollektivs, das Schutz bietet, wenn die Herrschaft des allgemeinen Gesetzes nicht mehr garantiert ist. Es geht allerdings um politische Kollektive: ihre Identität wird von religiöser oder nationaler Herkunft bestimmt. Zeigt sich dabei in ihrem Inneren der Grad der Repression am deutlichsten an der Lage der Frauen und der Homosexuellen, so das Ausmaß der Verkommenheit des weltweiten antirassistischen Engagements daran, diese Lage zu ignorieren. Und gilt überhaupt jenes »Minimum an Freiheit«, das in Form der Gleichheit vor dem Gesetz dem Individuum unter kapitalistischen Bedingungen bestenfalls zusteht, als quantité négligeable, dann wird Antirassismus zur Öffentlichkeitsarbeit eben jener Banden, die das Maximum an Unfreiheit realisieren.

Die Sympathie mit dem Islam, die von antirassistischen Bestrebungen nur reaktionäre Politik übrig läßt, gibt sich umso mitfühlender: die Religion wird als unmittelbarer Ausdruck der ökonomischen Misere, als sogenannte soziale Frage, fetischisiert, und wer im Sinne dieser Religion dann politisch zu handeln beginnt, ist zwangsläufig ein Widerstandskämpfer. Darin aber besteht der sekundäre, abgeleitete Rassismus solcher Antirassisten: in der Identifikation mit einem Kollektiv, das vorgibt durch den primären, unmittelbar spürbaren seine Daseinsberechtigung zu empfangen, die Freiheit des einzelnen Individuums auszulöschen: es firmiert als bloßer Agent einer religiösen oder ethnischen Gemeinschaft; daß es sich auch anders, gegen sie, entscheiden könnte, wird entweder bestritten oder bereits als Verrat in der sozialen Frage verurteilt. Als Kollaborateur ist es schon in effigie gelyncht, wenn die Massen von vornherein und egal, wodurch sie geeint werden, als revolutionäres Subjekt gelten.

Konkreter betrachtet aber geht es um Israel. Nicht zufällig treffen sich die Parteikommunisten, die Marx als Legitimationsideologie mißbrauchen, und die Antirassisten, die den Kampf gegen den Rassismus nur noch als Vorwand betreiben, immer an demselben Punkt: im Anschluß an die antizionistische Querfront zwischen Mullahs und Multitudes.

Der perverse Tyrann im Cockpit

Im US-Terrorprozeß gegen Zacarias Moussaoui hat die
Staatsanwaltschaft erstmals eine Tonbandaufnahme von
den Ereignissen an Bord eines der vier am 11.
September 2001 entführten Flugzeuge veröffentlicht.
Das Band gibt Aufschluß über den verzweifelten Versuch von Passagieren,
die Entführer zu überwältigen. »Die versuchen, hier herein-
zukommen. Halt von innen zu!«, sagt einer der Entführer.
»Ins Cockpit, wenn wir das nicht machen, dann werden
wir sterben«, sagt der Passagier Beamer. »Let's roll! (Los
geht's!)«. Die Entführer beschließen daraufhin, die Sauer-
stoffversorgung abzustellen. Die letzten sieben Sekunden
vor dem Aufprall schreit einer der Entführer neunmal:
»Allahu akbar (Gott ist groß).« (dpa, 14. 4. 2006)

Zum besten Botschafter der fremden Religion wird Antirassismus, wenn
er selber zu ihrem Surrogat taugt. Glaubensersatz und Glaube beruhen
gleichermaßen, mit Freud gesprochen, auf unerhellten Schuldgefühlen,
doch ist ihr jeweiliger Inhalt in diesem Fall komplementär. Der Linke, der
einigermaßen gut leben kann im Westen und seine Freiheiten genießt, hat
ein ganz undeutliches Bewußtsein davon, daß diese Bedingungen etwas
mit der Vergangenheit der Gesellschaft, mit ursprünglicher Akkumulation
des Kapitals und Kolonialismus, zu tun haben. Da er es aber geradezu
krampfhaft vermeidet, Klarheit herzustellen über den Zusammenhang von
Vergangenheit und Gegenwart bürgerlicher Herrschaft, über die emanzipativen Möglichkeiten und das destruktive Potential im Kapitalverhältnis,
alles vielmehr darin auflöst, daß er die Kapitalisten und Imperialisten haßt,
bleibt von diesem Bewußtsein nur ein behagliches Gefühl, das ganz ähnlich
der Katholik im Beichtstuhl empfindet, der seine Sünden selbstquälerisch
auskostet, um an deren Voraussetzungen nichts ändern zu müssen. Der
Muslim hingegen, ob er nun unter guten oder, wie meist, unter schlechten Bedingungen lebt, zu denen in den westlichen Metropolen noch die
rassistischen Aggressionen der angestammten Einwohnerschaft treten,
fühlt sich nicht schuldig gegenüber den anderen, sondern ausschließlich
vor Allah. Einzig der Prophet, der ihn zum »heiligen Krieg« gegen die
Ungläubigen anleitet, verschafft diesem Gläubigen im repressiven Kollektiv der *umma* einen Ausweg aus einer in allem Irdischen drohenden
Schuld. Denn im Unterschied zum Judentum ist für ihn das Dasein unter

anderen Gesetzen als denen der »heiligen Texte« verfemt, und keine Erlöserfigur hat wie bei den Christen seine Sünden auf sich genommen. So kann sich der wohlige, christlich inspirierte Selbsthaß der Linken mit dem autochthon muslimischen Fanatismus zu einer sinistren Front gegen die bürgerliche Gesellschaft verbünden – gegen alle Möglichkeiten, Aufklärung zu schaffen über die Bedingungen, die Selbsthaß und Haß hervorbringen.

Der geringe Widerstand der bürgerlichen Gesellschaft ist dabei erstaunlich – als sollte er absichtlich jenen überlassen werden, die nur weil sie Rassisten sind, nicht mit dem Islam sympathisieren. Es handelt sich immerhin um eine Religion, die buchstäblich determiniert ist – d. h.: von anderen sich unterscheidet – dadurch, daß sie in jedem ihrer Züge mehr ist als bloße Religion, vorausgesetzt Religion wird im Sinn bürgerlicher Religionsfreiheit verstanden: als Privatsache; daß sie – anders als bei Juden und Christen, deren Glaubensinhalte und institutionellen Strukturen auf je verschiedene Art von der Koexistenz mit dem Staat eingehegt und umgeprägt worden sind – diese Trennung vom Staat wie alle Gewaltenteilung systematisch unterläuft und dafür umso konsequenter die gewaltsame Segregation und Arbeitsteilung zwischen den Geschlechtern erzwingen muß. Islam war, bei Strafe des Untergangs seiner Macht und seines Einflusses, zwar stets schon die unmittelbare Einheit von Religion und Staat, die ihrerseits zunächst nur aus westlicher Perspektive getrennt und vermittelt gedacht werden konnten. Aber nicht eher als in der Phase der Auflösung ursprünglich islamischer Ordnung, letztlich der Integration durch den Weltmarkt seit dem Untergang des Osmanischen Reichs, schlug die alte Barbarei in die zeitgemäße um: Den Druck der Moderne, die Anziehungskraft ihrer Emanzipationsversprechen, allererst abzuwehren, entspringen der unvermittelten Einheit die neue, erstaunlich sadistische Energie in der althergebrachten Unterdrückung und der moderne, individuelle Eifer bei der Auslöschung von Individuation. Hierin liegt die einzige, allerdings durchgreifende Modernisierung, die dem Islam offen steht, von ihm bliebe schlechterdings nichts übrig (und dieses Nichts Quietismus zu nennen, wäre schon zu viel gesagt), würden Säkularisierung, Gewaltenteilung und Gleichstellung tatsächlich Wirkung zeitigen und den barbarischen Idealstaat austreiben, der die islamischen Glaubensgrundsätze im Innersten zusammenhält und sich durch jede im Namen der Sharia verfügte Grausamkeit Geltung verschafft. Muslime wie Bassam Tibi, die sich wirklich zur Demokratie im Sinne eines vollständig säkularisierten Staatswesens bekennen, sind nicht nur völlig isoliert von ihren Glaubensbrüdern, sie vermögen eigentlich kaum mehr zu vermitteln, woraus ihr Glaube denn noch besteht; während Ayaan Hirsi Ali auch diese formell gewordene Zugehörigkeit hinter sich gelassen hat, um ihre Erfahrungen als muslimische Frau im politischen Urteil zusammenzufassen, daß der Prophet nicht nur ein »perverser Mann« sei (worin an sich kein Verwerfliches zu sehen ist), sondern eben darin ein »Tyrann« (*Trouw*, 25. 1. 2003). Solange dieses Urteil unter Muslimen sich nicht durchgesetzt hat, bleibt bei ihnen lediglich offen, ob die Mehrheit sich schweigend mit den islamistischen Terrorgruppen solidarisiert oder deren Taten billigend in Kauf nimmt.

Der Antirassist, der mit dem Islam sympathisiert, betreibt jedoch eine Religionskritik, die alle Religionen gleichsetzt. Er interessiert sich sowenig für das Verhältnis, in dem sie zueinander stehen, wie für ihr Verhältnis zur kapitalistischen Moderne. Je fanatischer die Muslime zuschlagen, desto größer erscheint ihm bloß der »Seufzer der Kreatur«, die »Protestation gegen das wirkliche Elend«. Seine Theoretiker heißen aber nicht Marx und Feuerbach, sondern Edward Said oder Etienne Balibar, deren Theorien darauf hinauslaufen, Orientale und Muslime an die Stelle der Juden zu setzen: Sharia, Djihad und Missionierungsdrang seien vor allem Projektionen der ›Islamophoben‹, der wahrhaft neuen Antisemiten, die damit den Islamisten eine Weltverschwörung andichteten (vgl. etwa die Argumentation von Balibar in der *Frankfurter Rundschau*, 25. 6. 2002). Marxisten, die den Marxschen Begriff von Geld und Wertform nie verstanden haben, sind besonders gut geeignet, den Antisemitismus-Begriff gegen die Juden zu wenden. Totalität können sie nicht als weltweit durchgesetztes Kapitalverhältnis denken, sondern sich nur ausmalen als ökonomisch und militärisch betriebene Welteroberung durch eben jene Kapitalisten und Imperialisten, die zu diesem Zweck den Islamisten unterstellten, was sie doch selbst im Schilde führten. Der Kern der pathischen Projektionen, die auf die Juden zielen, muß darum eskamotiert werden: daß nämlich jeder Antisemit die unpersönliche und unheimliche, in der Krise umso verhängnisvoller erscheinende, abstrakte Seite des Kapitals in seinem Bild von den Juden personifiziert – und der Wahn solcher Personifizierung des Abstrakten kann sich nur vollenden, wenn sie hierfür letztlich als einzige »auserwählt« sind. Wird dieser Zusammenhang von Antisemitismus und Totalität verleugnet, dann werden die antisemitischen Mythen zu austauschbaren Spielmarken, und es steht eigentlich nichts mehr im Wege, in der so dringend gebotenen Denunziation islamischer Märtyrer eine neue Form der infamen Ritualmordlegenden zu sehen, vom Westen oder den Juden ausgeheckt. Die Verkehrung ist komplett, wenn praktizierende Antisemiten zu Opfern antisemitischer Unterstellungen gemacht werden sollen. Der Antirassist aber kann schon die einfache Erfahrung nicht zulassen, die ihm doch klar zeigt, daß es sich um keine Ritualmord*legende* handelt, wenn Theo van Gogh demonstrativ abgeschlachtet wird oder der Al-Qaida-Scharfrichter live und in Farbe seinem noch lebenden Opfer den Kopf abschneidet; und daß man doch jemandem wie Bin Laden und seinen zahlreichen Anhängern und Nachahmern keine Welteroberungsgelüste *unterstellt*, wo sie doch selbst die globale *umma* als ihre heilige Aufgabe ansehen und das auch ständig verlautbaren.

Der Ursprung dieses Wahns der Gleichsetzung, der sich als political correctness ebenso gut verkleidet wie er mit Said und Balibar argumentieren kann, ist tatsächlich eine besonders perfide Form der Holocaust-Leugnung. Wohin Vertreter jüdischer Gemeinden geraten, wenn sie sich vorbehaltlos der antirassistischen Front anschließen, wird ihnen oft erst deutlich, sobald dieser Ursprung irgendwo – etwa auf einer der Konferenzen in der Dritten Welt – zutage tritt: die Vernichtung der europäischen Juden soll dasselbe sein wie die Versklavung der kolonial unterworfenen Bevölkerung, Nationalsozialismus als eine bestimmte Ausprägung von Kolonialismus gelten. Der nächste Schritt ist dann, den Juden ein besonders ausgeprägtes Engagement bei der Versklavung zu unterstellen, wie es der amerikanische »Black Muslim«-Führer Louis Farrakhan als erster tat, und damit den Antizionismus in die Vergangenheit zu projizieren. So sind alle Opfer der Weltgeschichte zuletzt Palästinenser, einschließlich der Juden, die in den Konzentrationslagern ermordet wurden – natürlich nur, sofern diese überhaupt existierten.

Der perverse Tyrann als Familienmensch

> Im Recht sollte die Weltanschauung eines Volkes, seine
> Seele, rein und ungetrübt zum Ausdruck kommen... Der
> Römer braucht ein anderes Recht als der Athener, der
> Deutsche ein anderes als der Engländer. Ein allgemein
> richtiges Recht gibt es nur in den Köpfen lebensfremder
> Gelehrten und Schwärmer.
> Oswald Spengler (1934: 239)

Die Gleichsetzung, die den Holocaust leugnet, ist schon im Begriff des »Völkermords« angelegt, wie er in der UN-Konvention einmal geprägt wurde: so deutlich sich in ihm das Bestreben manifestiert, eine Wiederholung von Auschwitz zu verhindern, so aufgeschlossen erweist sich die Definition dafür, daß er mit einiger Beliebigkeit auch auf politischen Massenmord oder koloniale Unterdrückung jeglicher Art angewandt werden mag. Solche Zweideutigkeit ist den rechtlichen Formen der bürgerlichen Gesellschaft insgesamt eigen. Sie bilden gleichsam einen Raum politischer Konflikte, worin eben noch nicht entschieden ist, wer sich durchsetzen wird. Die Religion als Privatsache aufzufassen, gehört ohne Zweifel zu ihrem emanzipativen Potential, aber diese staatsbürgerliche Religionsfreiheit befreit natürlich nicht von der Religion. Und es kommt nun in der Frage, was mit diesem emanzipativen Potential geschieht, einerseits ganz auf die innere Eigenart der einzelnen Glaubensformen an, andererseits auf die Formulierung und praktische Umsetzung der einzelnen Gesetze.

So betrachtet ist jeder Muslim in der bürgerlichen Gesellschaft quasi ein »Schläfer«. Wenn auch die weitaus meisten der Glaubensbrüder tiefer und länger schlafen werden und auch nicht mit einem Sprengstoffgürtel aufstehen, letztlich ist es die Pflicht jedes einzelnen, solange er sich zum Islam bekennt, die muslimische Herrschaft zu errichten, denn nur darin ist er in der Lage, die Maßgaben der Sharia zu erfüllen. Vom Judentum aus gesehen stellt sich die Auffassung von Religion als Privatsache konträr dar: *dina demalkhuta dina* – das Gesetz des jeweiligen Landes ist das Gesetz. Juden sind religionsgesetzlich legitimiert, unter nichtjüdischer Herrschaft zu leben und deren Rechtssystem anzuerkennen, in welchem Widerspruch sie auch zu den eigenen Gesetzen stehen mögen. Das Christentum wiederum kann überhaupt nicht in dieser Allgemeinheit beurteilt werden, sondern nur darin, inwieweit es jeweils der Gewaltenteilung Rechnung trägt, immerhin besitzt es dazu bereits gewisse Voraussetzungen in seiner Überlieferung, die allerdings ursächlich – und das macht bis heute dessen eigene, spezifische Gefährlichkeit aus – mit Judenhaß konfirmieren; ist doch das Diktum von Jesus, sein »Reich« sei »nicht von dieser Welt«, mit seinem Selbstopfer verbunden, dem der Wunsch zugrunde liegt, die Juden als Gottesmörder zu imaginieren. Noch der allseits beliebte Begriff des Fundamentalismus, der solche fundamentalen Unterschiede ausblendet und darum auch vom Antisemitismus schweigen muß, gehört insofern zum antirassistischen Jargon, als er gute Dienste dafür leistet, George W. Bush und Bin Laden, Neocons und Islamisten, nationalreligiöse jüdische Siedler und palästinensische Märtyrerbanden gleichzusetzen.

Im Rahmen der bürgerlichen Gesellschaft bleibt indessen kaum anderes übrig, als entschieden auf Säkularisierung zu beharren und die Religion strikt als Privatsache aufzufassen. Nur dann ist gewährleistet, daß der Kampf gegen Rassismus dem einzelnen zugute kommt und nicht dessen Glaubensgemeinschaft, die ihn unterdrückt und darum den Rassismus selbst eigentlich bejaht: als die Form, die ihre Herrschaft legitimieren soll. Mehr denn je wäre darauf zu dringen, das Private selber in einer anderen Form zu definieren, es in bestimmter Weise zuzuspitzen: alles Gewicht juristischer Mittel und Verfahrensweisen müßte auf die Rechte des einzelnen Individuums gelegt werden – im strikten Gegenzug zur religiösen Gemeinschaft, die sich seiner in Gestalt der »Familienbande«, die eben nicht zufällig so heißt, gerade im Privaten bemächtigt. Der Aphorismus von Karl Kraus: »Das Familienleben ist ein Eingriff ins Privatleben« (KS 8: 67) wäre als Leitgedanke einer solchen Auffassung von Privatheit zu sehen, und das islamische Kopftuch als Symbol von »Geschlechtsneid« (KS 1: 121), das den Eingriff ins Privatleben in aller Öffentlichkeit besiegelt.

Das kann nicht allein im Vertrauen auf eine Tendenz geschehen, die in der bürgerlichen Gesellschaft selbst angelegt ist, insofern diese das einzelne Individuum, als Warenhüter bzw. Eigentümer der Arbeitskraft, von deren ursprünglichem Reproduktionsort, der Familie, emanzipiert. Dem Schutz seiner Privatheit wird gegenüber dem der Familie allerdings Vorrang erteilt, soweit die Vermittlung der Bedürfnisse durch die Warenform gegenüber den unmittelbaren Reproduktionsformen der Familie an Gewicht gewinnt. Die Tendenz stößt jedoch ebenso auf Widerstand, der keineswegs nur als vorbürgerliches Residuum bezeichnet werden kann, sondern gleichfalls in der bürgerlichen Gesellschaft angelegt ist: als Interesse, die Kosten des Staats für die Reproduktion der Arbeitskraft zu senken, indem man die überkommene Arbeitsteilung innerhalb der Familie festigt und gegen die rechtliche Gleichstellung abschottet. So wird in Deutschland mit den Hartz-IV-Korrekturen die Reproduktion der nach gegenwärtiger Marktregulierung nicht nachgefragten Arbeitskraft – vor allem die schlecht ausgebildeter Jugendlicher – wieder der »Bedarfsgemeinschaft« Familie überantwortet – vorzugsweise der islamischen. Aber schon eine Entscheidung des deutschen Bundesgerichtshofs zur Zeit des beginnenden »Wirtschaftswunders« konnte lauten, als folgte sie den ›Gesetzen‹ der Sharia: »Die Familie ist nach der Schöpfungsordnung eine streng ihrer eigenen Ordnung folgende Einheit; Mann und Frau sind ›ein Fleisch‹. An diesen Urtatbestand (außerhalb des ehewirtschaftlichen Bereichs) Rechtsformen gesellschaftlicher Art herantragen zu wollen, ist widersinnig. Innerhalb der strengen Einheit der Familie sind Stellung und Aufgabe von Mann und Frau durchaus verschieden. Der Mann zeugt Kinder; die Frau empfängt, gebiert und nährt sie und zieht die Unmündigen auf... An dieser fundamentalen Verschiedenheit kann das Recht nicht doktrinär vorübergehen, wenn es nach der Gleichberechtigung der Geschlechter in der Ordnung der Familie fragt.« (Zit. n. Wesel 2002: 162ff.) Diese deutsche *Fatwa* von 1953 richtete sich offenkundig gegen Kant, dessen *Metaphysik der Sitten* von 1797 doktrinär an jener »Verschiedenheit« vorübergegangen war und die Rechtsformen ungeschminkt ans Geschlecht herangetragen hatte: bekanntlich wird darin die Ehe ganz unabhängig von der Fortpflanzung als die vertragliche Verbindung zweier Personen zum »wechselseitigen Besitz ihrer Geschlechtseigenschaften« definiert (KW 8: 390). In der bürgerlichen Gesellschaft bleibt immer noch genug zu tun, die emanzipative Kraft solcher Abstraktionen, die im Prinzip des Vertrags liegen, auszuschöpfen und zwar als Negation unmittelbarer Herrschaft gerade auch dort, wo diese von Verträgen gedeckt wird: wie etwa mit der neueren Strafrechtsänderung, wonach Vergewaltigung – das Gegenteil von Wechselseitigkeit – in der Ehe genau so zu ahnden ist wie Vergewaltigung außerhalb der Ehe. Das kann nun als eine Reform betrachtet werden, die auch die richtige Orientierung im juristischen Umgang mit islamischer Familienmoral vorgibt (und der mittlerweile in Deutschland erwogene, neue Straftatbestand der »Zwangsheirat« trägt dem endlich Rechnung). Die Durchsetzung einzelner Rechtsformen und einer bestimmten Rechtspraxis ist eben keineswegs automatischer Fortschritt, die emanzipierende Tendenz versteht sich gar nicht von selbst – auch wenn die Bedingung ihrer Möglichkeit die Kapitalisierung der Gesellschaft ist. Solange Staat und Kapital existieren, liegt hier ein ständiger Konflikt zwischen dem Interesse an Vermittlungsformen, die das einzelne Individuum schützen können, und dem Vorhaben, sie aufzuheben, um es unter Berufung auf den Schutz der Familie oder der Religion unmittelbarer Herrschaft zu unterwerfen.[18]

In diesem Konflikt Partei zu ergreifen, bedeutet also nicht zwangsläufig, Illusionen darüber zu hegen, daß bürgerliche Gesellschaft stets aufs Neue das Bedürfnis nach Religion wie die direkte Oppression der Individuen hervorbringt und der Staat, wenn auch in unterschiedlichem Grad, der religiösen Gemeinschaft wie der familiären Zwänge bedarf, um seine Macht abzusichern. Wenn der Paragraph gegen Blasphemie im deutschen und österreichischen Strafgesetzbuch, der den Glaubensgemein-

---

[18] Eine Debatte wie die zwischen Michael Genner von der österreichischen Organisation »Asyl in Not« http://asyl-in-not.org und Carla Amina Baghajati von der »Initiative muslimischer ÖsterreicherInnen« http://mund.at/archiv/september5/aussendung200905. htm#07 ist geeignet, diese Konfliktlinien zu beleuchten. Genner, der als bemerkenswerte Ausnahme innerhalb des Spektrums antirassistischer Bewegungen betrachtet werden kann, geht mit richtigem Gespür von der Frage der Sexualität aus. Hier, wo gleichsam existentiell über den Zusammenhang zwischen Individuum und Kollektiv entschieden wird, wäre tatsächlich der Eingriff der Menschenrechtsaktivisten am dringendsten erfordert: »Familienväter, die die Freiheit ihrer Töchter und Söhne beschneiden, müssen die Härte unserer Gerechtigkeit spüren; religiöse Gruppen, die die Unterordnung des Individuums unter das Kollektiv wollen, ebenso. Freie, aufrechte junge Menschen, die ein selbstbestimmtes Leben führen, gehen nicht zur al-Kaida.« Es gebe also »ein Menschenrecht, keine Religion zu haben, die Religion zu wechseln, vom Glauben abzufallen. Es ist auch ein Menschenrecht, die Familie zu verlassen, eine neue zu gründen, ohne Familie zu leben, eine andere Art des Zusammenlebens zu suchen; es gibt ein Menschenrecht auf Liebe, auf Sex, und daher auch, deutlich gesagt: ein Menschenrecht auf Ehebruch. Und es gibt ein Menschenrecht auf politische, antireligiöse, prosexuelle Agitation.« Wenn diese Menschenrechte neben und das heißt gegen das Menschenrecht auf Religion zu stellen sind, dann muß im einzelnen Fall nach einem Kriterium gesucht werden, welches den Vorrang jeweils haben sollte. Dieses Kriterium kann nur darin bestehen, das einzelne Individuum gegenüber der religiösen Gemeinschaft zu stärken. Es zu schwächen, lautet darum die Forderung, die von der Vertreterin der »Initiative muslimischer Österreicher« erhoben wird: »Menschenrechte sind unteilbar? Ein unbedingtes Ja! Aber natürlich dürfen wir nicht mit doppelten Standards messen! Und darum sei auch an Johann Galtung erinnert, der mit seinem Konzept als Friedensforscher für einen Pluralismus auch in den Zugängen zum Thema ›Menschenrechte‹ plädiert.« Pluralismus in den Zugängen zum Thema Menschenrecht, das heißt im Sinne des Islam bereits: beim Menschenrecht nicht mehr vom einzelnen Individuum auszugehen und es gegenüber den Ansprüchen

schaften den Rücken gegen alle öffentliche Religionskritik stärkt und nun zum Vorteil des Djihad die Meinungsfreiheit in einer der wesentlichsten Fragen einschränkt, nicht längst ersatzlos gestrichen wurde, so mag das nicht nur Rudiment alter Kirchenmacht sein, sondern zugleich Ausdruck der Doppelbödigkeit bürgerlicher Verfassung selber. Ihn innerhalb dieser Verfassung zu bekämpfen, ist darum aber keineswegs aussichtslos, wie die Rechtslage in anderen Ländern belehrt. Gleichzeitig mit seiner Abschaffung wäre zu fordern, daß die Gesetze sowohl gegen antisemitisch als auch rassistisch motivierte Handlungen präzisiert werden, soweit das in den Formen juristischer Abstraktion irgend möglich ist – gerade auch unter dem Gesichtspunkt, daß Antisemitismus und Rassismus nicht zusammenfallen, sondern jeweils eigene juristische Voraussetzungen nötig machen. Nur dann könnte es vielleicht doch gelingen, die Djihadisten im Rahmen der bürgerlichen Gesellschaft zumindest vorübergehend zurückzudrängen und gleichzeitig rassistische Übergriffe gezielter und schärfer als bisher zu bestrafen.

Totalitärer Antisemitismus, partikularer Rassismus

Zweifellos gibt es in einigen wirkungsvollen und in vieler Hinsicht treffenden Polemiken gegen den Islam – wie etwa bei Oriana Fallaci – rassistische Wendungen, woran auch Neofaschisten und Neonazis anknüpfen können,

der religiösen Gemeinschaft zu schützen, sondern es nur soweit in Betracht zu ziehen, als es diese Gemeinschaft nach außen rücksichtslos vertreten kann, um ihr im Inneren nach und nach immer mehr Raum zu geben, unmittelbare Herrschaft über die Individuen zu entfalten. Es gilt nämlich, so Baghajati, »das Recht auf ›innere Autonomie‹ für die Regelung der internen Belange der anerkannten Religionsgemeinschaft der Muslime«. Andernfalls, so wird indirekt vermittelt, drohe Terror, aber immerhin setze »sich langsam die Einsicht durch, wie viel Schaden die Arroganz des Westens gegenüber anderen Kulturen schon angerichtet hat«. Wer weiterhin den Pluralismus in den Zugängen zum Menschenrecht nicht anerkennt und das einzelne Individuum gegen die religiöse Gemeinschaft stellt, der wird umstandslos zu den Rechtspopulisten gezählt: »Auf der Welle der Angst vor dem Terror mit zu reiten, ist ein Mittel, das sich auf einmal nicht mehr von den Populismus der Rechten und ihren Forderungen einer verfassungsrechtlich höchst bedenklichen Terrorbekämpfung (Aberkennung der Staatsbürgerschaft bei Terrorverdacht, z. B.) unterscheidet.« Es fehlt nur noch der Rassismusvorwurf. Jedenfalls wird in Hinkunft jegliche Kritik am Islam mit solchen Invektiven rechnen müssen, egal von welchen Positionen sie ausgeht.

sofern sie nicht selber Sympathien für den Islam hegen. (Tatsächlich ist das rechtsextreme Lager mittlerweile in dieser Frage gespalten.) Selbst Jean Améry nennt bei seiner unersetzlichen Kritik an der linken Solidarität mit den nationalen Befreiungsbewegungen den Massenmörder Idi Amin auch einen »Gorilla«; allerdings in einem privaten Brief an Erich Fried (2005: 82). In diesem Zusammenhang wäre ferner auf manche Passagen in der Darstellung des Kolonialismus gerade bei Alain Finkielkraut oder auch Hannah Arendt zu verweisen, worin – isoliert betrachtet – Rassismus in bestimmter Hinsicht zumindest verharmlost wird, entweder weil die inneren Widersprüche von bürgerlicher Gesellschaft und modernem Staat zu wenig deutlich zur Sprache kommen oder die Shoah notwendig alles in den Hintergrund drängen muß; Finkielkraut sagte etwa in dem erwähnten Interview: »I was born in Paris, but I'm the son of Polish immigrants. My father was deported from France. His parents were deported and murdered in Auschwitz. My father returned from Auschwitz to France. This country deserves our hatred: What it did to my parents was much more violent than what it did to Africans. What did it do to Africans? It did only good. It put my father in hell for five years. And I was never brought up to hate.« Es liegt auf der Hand, warum gerade gegen Finkielkraut eine Klage wegen Rassismus eingereicht wurde und zwar von der FFDA: Fils et Filles de Déportés Africains. Der Name der antirassistischen Organisation ist Programm: Gleichsetzung von Kolonialismus und Nationalsozialismus. Und die Klage hat es in Wahrheit darauf abgesehen, daß Finkielkraut im Zusammenhang mit den Unruhen in den *banlieues* die Rolle der Religion überhaupt ins Spiel gebracht hat.

Ein Urteil darüber, was Rassismus bedeutet und was es darum heißt, ihn zu verharmlosen, setzt selbst allerdings das Bewußtsein voraus, daß rassistische Unterdrückung, die Folter und Mord einschließen kann, und die Vernichtung des Judentums, die Folter und Mord zum Selbstzweck hat, in keinem Verhältnis zueinander stehen. In diesem Bewußtsein ist es jedoch möglich, Antisemitismus und Rassismus zueinander ins Verhältnis zu setzen, das heißt: genau zu bestimmen, worin sie sich gleichen und wodurch sie nicht verglichen werden können; welche Dienste sie einander leisten und bei welchen ein Haßobjekt das andere aufhebt. Wenn es auch das antirassistische Ressentiment nie begreifen wird und bei jeder Bemerkung mit rassistischem Unterton vor Gericht geht zu dem einzigen Zweck, sie mit der Auschwitz-Lüge vergleichbar zu machen: Eine rassistische Wendung ändert nicht unbedingt etwas an der inneren Konsequenz des Engagements gegen Antisemitismus im besonderen und politischen Vernichtungswahn im allgemeinen, wenngleich sie unwillkürlich die universelle Bedeutung des Engagements verleugnen muß. Sie desavouiert diesen Kampf solange nicht, als über die Gefährlichkeit des Gegners Klarheit herrscht: denn dessen Sieg, also das Schlimmste, beinhaltet eben immer zugleich die totale Entfesselung des Rassismus. Während andererseits jede antisemitische Wendung das antirassistische Engagement fundamental ins Gegenteil verkehrt – und darin liegt die Differenz, die alle Verhältnismäßigkeit sprengt: Der Antisemitismus zielt stets auf Totalität, er ist als der Wahn der Weltverschwörung schon in der kleinsten Strebung angelegt, und er kommt nur zu einem Ziel, wenn er die Juden aus der Welt schafft (darin liegt die Logik jener Personifikation der abstrakten Seite des Kapitalverhältnisses, die der Antisemit – ob er nun aus Deutschland oder dem Nahen Osten kommt –, angesichts der eigenen Angst und Ohnmacht vor dem total gewordenen Ungreifbaren, auf die Juden projiziert); der Rassismus hingegen bleibt partikular, in seinem Haß auf Menschen anderer Abstammung, die einmal versklavt wurden und nun auf den Arbeitsmarkt drängen, schließt er durchaus nicht aufs Ganze, sieht in den von ihm selbst Erniedrigten keine weltweit agierenden Verschwörer, so wie er immer noch Zwecke kennt, die in der rassistischen Projektion nicht aufgehen (deren Inhalt ist wesentlich Abspaltung der eigenen inneren Natur, womit der Rassist seine ›Integrität‹ als Subjekt der bürgerlichen Gesellschaft zu wahren sucht). So aber bleibt der Antisemitismus, der anders als in Personalunion mit dem Rassismus – sei dieser nun der primäre der Rassenlehre oder der sekundäre von Islam und Antirassismus – nicht vorkommt, der ewige Kompaß in der Seele aller Volksgenossen und Djihadisten: er zielt immer auf die Juden. Seine Logik ist die einzige, die alles erklären kann und sich wirklich zu Ende führen läßt: Vernichtung um der Vernichtung willen.

Exkurs IV: Völkermord und Völkerrecht

The Nazi genocide of the Jewish people has no precedent within Jewish history. Nor, once the necessary distinctions are carefully made, will one find a precedent outside Jewish history. Today such distinctions are recklessly ignored. There is violent and indiscriminate talk of genocide, and an American college professor passes beyond the bounds of all decency when he compares the American campus to the Auschwitz murder camp. Even actual cases of genocide, however, still differ from the Nazi holocaust in at least two respects. Whole peoples have been killed for ›rational‹ (however horrifying) ends such as power, territory, wealth, and in any case supposed or actual self-interest. No such end was served by the Nazi murder of the Jewish people. Fantastic efforts were often made to hunt down even a single Jew; Adolf Eichmann would not stop the murder trains even when the war was as good as lost, and when less ›sincere‹ Nazis thought of stopping them in an effort to appease the victorious Allies. The Nazi murder of Jews was an ›ideological‹ project; it was annihilation for the sake of annihilation, murder for the sake of murder, evil for the sake of evil.

Emil Ludwig Fackenheim (1970: 69f.)

Wird ein Bürger umgebracht, spricht man von Mord; wird ein Volk umgebracht, von Völkermord. So einfach stellen sich die politischen Verbrechen im Licht des internationalen Rechts dar, sobald man dieses Recht nicht nur mit dem bürgerlichen einfach gleichsetzt, sondern – wie es die fatale deutsche Bezeichnung Völkerrecht insinuiert – von den Völkern und nicht mehr von den Staaten als dessen Subjekten ausgeht. Es findet sich kein gewichtigerer Grund, diese Gleichsetzung und Substantialisierung zu kritisieren, als eben jene beständige Rede vom Völkermord, die davon absieht, was der Begriff des Volks eigentlich voraussetzt: sie gibt noch denen recht, die ihn verübten. Nicht von den Individuen wird ausgegangen, die massenhaft ermordet worden sind, weil sie einem bestimmten Volk oder Stamm zugerechnet werden, sondern die Zurechnung selbst erhält Subjektstatus, und unter ihm verschwindet das wirkliche einzelne Individuum. Es kann, wenn überhaupt, nur aufs Bürgerrecht zählen, denn dort ist es als Warenhüter registriert, und dessen Würde gilt zumindest solange für unantastbar, als Waren ungestört zirkulieren.

Das Recht, das diese »Würde« garantiert, weil es selbst durch einen Souverän garantiert wird, kann aber zwischen den Staaten »nicht wirklich« sein, sagt Hegel, es ist hier nur »gelten sollendes Recht« und gilt ebensowenig wirklich als es einen Weltsouverän geben kann, der es allein geltend machen könnte. Das Verhältnis der Staaten zueinander ist ein anderes als das zwischen den Bürgern eines Staats, den Warenbesitzern, die sich – automatisch, wie das gleichnamige Subjekt – auf ein Drittes beziehen müssen und damit ein Gewaltmonopol über ihnen anerkennen. Die Staaten, die das nicht müssen, die vielmehr selber dieses Gewaltmonopol auf je verschiedenen Territorien sind, befinden sich demnach »im Naturzustande gegeneinander« – Naturzustand heißt bei Hegel: unmittelbarer Zwang, Bedrohung und Gewalt, mit einem Wort: das bloße Recht des Stärkeren – »und ihre Rechte haben nicht in einem allgemeinen zur Macht über sie konstituierten … Willen ihre Wirklichkeit.« (HW 7: 499f.)

Daran hat sich auch im Zeitalter der United Nations und der multinationalen Konzerne nichts geändert, was auch immer von »Globalisierung« des transnationalen Kapitals und »Verrechtlichung« der internationalen Beziehungen geschwätzt werden mag.

So multinational kann ein Konzern in Eigentumsstruktur und Produktionsketten gar nicht verflochten sein, daß er nicht in letzter Instanz wie der einzelne Bürger, der es in erster tut, Schutz suchen muß bei einem bestimmten Staat. Denn dieser Staat vermag seine rechtlichen Interessen am Profit auch in internationalen Konflikten zu vertreten und durchzusetzen, notfalls eben mit Waffengewalt und gegen das Völkerrecht. Selbst stabile Allianzen und beste politische Beziehungen zwischen Staaten, auf die doch die Bildung wirklich binationaler Konzerne vertrauen könnte (man denke an DaimlerChrysler in Deutschland und USA, Aventis in Frankreich und Deutschland, oder Royal Dutch Shell in den Niederlanden und England), können auf Dauer ein unabwendbares Heimweh des international operierenden Kapitals nicht stillen (und so haben sich sogar jene typischen binationalen Konzerne wieder in nationale verwandelt): nach wie vor sucht jeder große Konzern vorzugsweise von einem einzelnen Nationalstaat aus zu operieren; er ist die kleinste Einheit der politischen Gewalt, auf deren Unteilbarkeit im ökonomischen Interessenskonflikt und zumal im politischen Ernstfall der Konzern sich noch am wirksamsten verlassen kann.

Die UNO ist allerdings die Organisation, die diesen realen Naturzustand, also die unaufhebbaren Gewaltverhältnisse zwischen den Staaten, als wirklich geltendes Völkerrecht vorspielt – und ist in Wahrheit die bloße Schnittlinie wechselseitiger Bedrohung und perennierender Gewaltverhältnisse zwischen den Staaten. Es gibt zwar scheinbar übergeordnete Institutionen, quasi Rechtsinstitute außerhalb der Gerichtsbarkeit der Staaten selber, wo z. B. Patentrechte eingeklagt oder Kriegsverbrecher angeklagt werden können. Aber was als supranational aufgefaßt wird, ist in Wahrheit immer nur international: es ist allein auf der Grundlage möglich, daß die verschiedenen Staaten sich zu Konventionen zusammenfinden und eben längerfristig in Form von Institutionen kooperieren. Sie unterwerfen sich damit jedoch keineswegs einem Souverän, wie die Bürger eines Staats es müssen; sie beziehen sich nicht bei Strafe des Untergangs auf ein Drittes, denn dieses Dritte ist für sie nicht konstitutiv. Den Aufbau der internationalen Kooperationen nach 1948 dabei als langsame Entstehung eines Weltsouveräns zu deuten, das wäre ungefähr so, als ob man aus der allmählichen Durchsetzung bargeldlosen Verkehrs die langsame Abschaffung des Geldes ableiten würde (und manche tun das ja sogar).

Wer aber glaubt, daß ein Weltsouverän über der Staatenwelt regieren könnte, so wie der Souverän über der Bürgerwelt wirklich regiert, der wird schließlich kaum der Versuchung widerstehen, die einzelnen Staaten als Völker zu substantialisieren, die UN als Völkergemeinschaft sich auszumalen, die Menschenrechte tendenziell in Volksrechte aufzulösen – und das bedeutet: Einweihung der Staatsbürger in ihre eigene Entrechtung. Das einzige Gegengewicht zu diesem politischen Wahngebilde findet sich im Rahmen der bürgerlichen Gesellschaft überhaupt nur da, wo konsequent vom westlichen Begriff der Nation aus argumentiert wird und der Staat als wirklich existierender vorausgesetzt ist. Vertreter einer Minderheit, die einen eigenen Staat erst wollen, wären demnach noch keine Nation. Umgekehrt bedeutet diese politische Rationalität in der Auffassung der Nation, daß auch die Menschenrechte als die Rechte des einzelnen Bürgers gegenüber seinem Staat festzuhalten wären, d. h. von diesem Verhältnis gar nicht abgelöst werden könnten. Werden die Menschenrechte jedoch unabhängig von den wirklichen Staaten betrachtet, dann steht kaum noch etwas im Wege, daß der deutsche Volksbegriff sie unterwandert – ganz in dem Sinn, wie es Hitler in *Mein Kampf* verkündete: »Menschenrecht bricht Staatsrecht!« (1942: 105)

Aufklärung über das Verhältnis von Souveränität und Gesetz – darüber, daß es zwischen Staaten Recht in eben dem Sinn nicht geben kann, der den Bürgern eines Rechtsstaats zur »zweiten Natur« werden muß –, bedeutet jedenfalls auch Klarheit in den Angelegenheiten der Menschenrechte: Ist ein Mensch kein Staatsbürger, d. h. wird er keinem Souverän zugerechnet, dann ist es auch um seine Rechte geschehen; in den rechtsfreien Raum zwischen den Staaten gestoßen, gilt er als Freiwild, seine Staatenlosigkeit ist »wie eine Aufforderung zum Mord« (Hannah Arendt).

Eine Aufforderung zum »Völkermord« wird daraus, wenn die Staatenlosen nicht nur durch eine gemeinsame Herkunft, eine Religion, oder durch Vorfahren mit einer solchen, geeint sind, sondern gerade darin nicht eigentlich als Volk, sondern als »Gegenvolk« (Rosenberg) identifiziert werden: Negation jedes anderen Volks, Weltverschwörung gegen die Völker, von der zuallererst das »Urvolk« der Deutschen betroffen sei. Jüdinnen und Juden sehen sich vor die unfaßbare Tatsache gestellt, daß sie im Bewußtsein der Nichtjuden die Staatenlosigkeit verkörpern, von der die Menschenrechte schweigen. (Bezeichnen und behaupten sie sich selbst als eigenes »Volk«, bedeutet das demnach etwas prinzipiell anderes.) Werden ihnen Staatsbürgerrechte verliehen, dann gewissermaßen auf Bewährung: so sieht für sie das Verhältnis zwischen existierendem Rechtsstaat und herrschender Ideologie aus. Nur die Verfolgung der Roma und Sinti ähnelt hierin der antisemitischen Projektion. Allerdings werden die »Zigeuner« nicht wie die Juden als Personifizierung der abstrakten Seite kapitalistischer Herrschaft phantasiert, wodurch aber die Staatenlosen im Kopf des Antisemiten erst als Protagonisten einer Weltverschwörung Gestalt annehmen können.

Auch die Verfolgung der Armenier, die bereits auf deutsche Unterstützung bauen konnte, muß in diesem Zusammenhang hervorgehoben werden: Mehr als bei allen anderen bekannten Fällen politischer Massenmorde sind hier Opfer, die keine Juden waren, mit vielfach antisemitisch geprägten Projektionen verfolgt worden. Die Verschiebung dürfte mit der besonderen Konstellation in der Endphase des Osmanischen Reichs zu tun haben: es bot bei wachsender innerer und äußerer Destabilisierung noch den residualen Eindruck einer geschlossenen Welt, sodaß die Armenier im Wahn ihrer Verfolger zu einem gewissen Teil die Rolle der Juden übernehmen konnten; es war faktisch noch nicht zur westlichen Welt hin geöffnet, mit der konfrontiert sodann nur noch die »Weisen von Zion« für die Inszenierung der Weltverschwörung in Frage kommen sollten. [19]

Nürnberger Prozeß und Nürnberger Treffen der Sudetendeutschen

Der Massenmord an den Juden ist somit als »Völkermord« nur in einer Hinsicht zu bezeichnen: es waren eben die Mörder, die sich als Volk betätigten. Vernichtet wurde, wer als »Gegenvolk« identifizierbar war, so verwirklichten sich die Deutschen und ihre Helfershelfer als Völker in dem mörderischen Sinn, der dem Wort innewohnt: Gemeinschaft durch Vernichtung.

Diese Verwirklichung der Völker in der antisemitischen Tat zu verschleiern, scheint der Begriff vom Völkermord bzw. Genozid geradezu erfunden. Als die entsprechende UN-Konvention jedoch formuliert wurde, war der Bezug zum Massenmord an den Juden noch mit Händen zu greifen. Die Formulierung von 1948 läßt sogar die Bemühung erkennen, möglichst genau die Strategien und ideologischen Strukturen antisemitischer Verfolgung in der Verrechtlichung zu erfassen, ohne vom Antisemitismus selbst freilich zu sprechen: Von der »Absicht« ist die Rede, eine »nationale, ethnische, rassische oder religiöse Gruppe als solche ganz oder teilweise zu zerstören«, wobei nach dem Tatbestand »der Tötung von Mitgliedern der Gruppe«, auch ausgesprochen wird, was ihn vorbereitet und begleitet: die »Verursachung von schwerem körperlichen oder seelischen Schaden an Mitgliedern der Gruppe«; »vorsätzliche Auferlegung von Lebensbedingungen für die Gruppe, die geeignet sind, ihre körperliche Zerstörung ganz oder teilweise herbeizuführen«; »Verhängung von Maßnahmen, die auf die Geburtenverhinderung innerhalb der Gruppe gerichtet sind«; »gewaltsame Überführung von Kindern der Gruppe in eine andere Gruppe«.

---

[19] Ähnliches mag auch für andere Bevölkerungsgruppen in ökonomisch und politisch gegenüber dem Weltmarkt relativ abgeschlossenen Räumen gelten, soweit sie mit Ressentiments rechnen müssen, die an jene des Antisemitismus erinnern: etwa die Chinesen in Indonesien. Spielt aber bei der Gefährlichkeit der Projektionen die Art und Weise, wie die Geschlossenheit schließlich durchbrochen wird, eine große Rolle, so steht ebenso fest, daß zuletzt, wenn der Durchbruch des Kapitals einmal vollzogen und das Land nicht mehr isoliert ist, die Projektionen sich regelmäßig auf denselben Feind konzentrieren: das ›Weltjudentum‹.

Diese Sätze sind so doppeldeutig wie das internationale Recht und die Vereinten Nationen insgesamt: so doppeldeutig, wie der Sieg über den Nationalsozialismus, der in beiden Gestalt annahm. Man verwendete die Termini des internationalen Rechts, die eine überzeitliche Rechtsordnung postulieren, und meinte konkret den Nationalsozialismus, dessen Wiederkehr es zu verhindern galt. Das englische »genocide« verbirgt damit eine fatale Konstellation, die sich erst von der Übertragung ins Deutsche aus erschließt: Ein vom westlich geprägten Begriff der Nation abgeleitetes Rechtssystem wurde angewandt auf die von deutscher Ideologie hervorgetriebenen Verbrechen. Auf der Grundlage jedoch, daß die Voraussetzungen, die den Nationalsozialismus möglich machten, nicht angetastet wurden, daß also Staatlichkeit und Kapitalverhältnis nach dem Unausdenkbaren, das gleichwohl ausgedacht wurde, einfach fortexistieren, war längerfristig ein anderer Umgang zwischen Siegern und Besiegten als der nach dem Modell des Rechtsstaats praktizierte gar nicht möglich. Wenn Churchill ursprünglich, wie jüngst veröffentlichte Aufzeichnungen der britischen Regierungssitzungen dokumentieren, Hitler und die anderen »Kriegsverbrecher« einfach standrechtlich hinrichten lassen wollte, ein wirkliches Gerichtsverfahren in diesem Fall als Farce betrachtete, dann ist damit die eigentliche Inkompetenz des positiven Rechts so prägnant umrissen wie in Jean Amérys Polemik gegen die Verjährbarkeit der Naziverbrechen, worin er »so benanntes ›positives Recht‹« angesichts dessen, was die Nazi-Verbrecher veranstalteten, als »ebenso sinnlos« wie »theologische Spitzfindigkeit zum Thema ›Schuld und Sühne‹« bezeichnete. Umso entschiedener aber wären die Naziverbrecher bis zuletzt vor Gericht zu bringen: Denn »alles Humane fordert – nicht ›Recht‹, das es hier nicht geben kann, noch Rache, die unausdenkbar wäre! – nur daß man die Opfer begnadige, nicht die Henker.« (AW 7: 130)

Verfechter der Kantschen Ideale eines »weltbürgerlichen Zustands«, die – anders als heute Habermas und diverse Vertreter der »Verrechtlichung internationaler Beziehungen« – das Ungeheuerliche der deutschen Verbrechen nicht zur Floskel machten und die spezifische Situation der Juden angesichts des perennierenden Antisemitismus nicht verdrängen konnten, mußten gerade hier in Widersprüche geraten: so Hannah Arendt, wenn sie im Fall Eichmann eine internationale Gerichtsbarkeit forderte, die allein diesen Verbrechen gerecht werden könne,[20] und zugleich die Bedeutung dieses Prozesses »für Juden« eben darin erkannte, »zum erstenmal über Verbrechen am eigenen Volk zu Gericht zu sitzen, sich also nicht auf den Rechtsschutz anderer Völker verlassen oder gar an ›Menschenrechte‹ und ähnlich kompromittierte Begriffe appellieren zu müssen« (1990: 418f.); so Alain Finkielkraut, der im Fall Barbie die Forderung Jaspers und Arendts wiederaufgriff und zugleich überaus einprägsam beschrieb, wie zur Verteidigung des Nazischergen im Prozeß von Lyon – »beispiellose Kumpanei von Repräsentanten der Dritten Welt mit einem Nazi-Folterspezialisten« – der Begriff ›Verbrechen gegen die Menschheit‹ trügerisch ausgeweitet wurde (1989: 42; 13-26), was nun bei einem internationalen Gerichtsverfahren geradezu zwangsläufig geschehen wäre, wie er selbst andeutungsweise erkennen muß;[21] mittlerweile empfindet Finkielkraut die »große bußfertige Auflösung des Nationalstaats« in Europa bereits als Bedrohung für die Juden (2004: 126). Der Eichmann-Prozeß in Israel, der die Konsequenzen daraus zog, daß die Allianz der Siegermächte, die das Nürnberger Tribunal ermöglicht hatte, zerfallen war, demonstrierte ja vor allem eins: das Glück, daß dieser Staat geschaffen worden ist, der

[20] Mit Karl Jaspers sagt Arendt: »Gerade die Ungeheuerlichkeit des Geschehenen wird vor dem Forum eines nur staatlichen Gerichts ›bagatellisiert‹« (1990: 417). Das Zitat jedoch, das sie dabei von Jaspers bringt, bagatellisiert buchstäblich den geschehenen Massenmord und zwar ganz im Sinn der Abstraktionen des Völkerrechts: Jaspers nämlich sagte, daß der Massenmord an den Juden »das in den Ausmaßen noch ganz geringfügige Beispiel eines künftigen Rassenmordes« sei (ebd.). Daran knüpft Arendt mit Formulierungen an wie der, daß die Massenmörder vor Gericht gestellt werden müßten, »weil sie die Ordnung der Menschheit verletzt haben und nicht weil sie Millionen von Menschen getötet haben«. Und im folgenden verselbständigt sich auch bei ihr das Subjekt des Volks mit der Forderung nach einem internationalen Strafrecht, worin sie offenbar den einzigen Ausweg aus einer Situation erblickt, in der »kein Volk der Erde … sich darauf verlassen kann, daß die bestehenden Einrichtungen ihm die Kontinuität der Existenz« garantieren. Aber selbst hier fügt sie doch hinzu: »am wenigsten natürlich das jüdische Volk, in Israel oder anderswo«. (420f.)

[21] Kein Intellektueller, kein Dichter, kein afrikanischer, asiatischer oder arabischer Staatsmann, so Finkielkraut, habe während oder nach dem Prozeß gegen Barbie dem Verteidiger Vergès widersprochen und erklärt, »man dürfe nicht den jüdischen Schmerz beschuldigen, daß er die Erinnerung der Welt blockiere, man dürfe auch nicht frühere Sklaven und Opfer der Kolonialherrschaft als Opfer der *Verschwörung der Asche von Zion* hinstellen. Diese stillschweigende – oder auch laut herausposaunte – Zustimmung hat zu bedeuten, daß sehr viele Staaten, hätte Frankreich seinen Gefangenen der UNO tatsächlich übergeben, wie es Hannah Arendt anläßlich des Eichmann-Prozesses gewünscht hatte, Vergès gefolgt wären und für Freispruch plädiert hätten.« (1989: 56)

doch in jeder Hinsicht die besten Voraussetzungen besitzt, die konkrete Bedeutung des Begriffs Völkermord zu erfassen und nach dessen Maßgabe die Schuldigen zu verurteilen.

Solange allerdings die USA und die UdSSR als die beiden Siegermächte des Zweiten Weltkriegs die Weltpolitik dominierten, blieb auch sonst die Anwendung des internationalen Rechts direkt oder indirekt auf die Verbrechen des NS-Staats bezogen. Die Abstraktion vom Nationalsozialismus, die darin immer schon angelegt war, wird heute, nach dem Ende des Kalten Kriegs, ratifiziert. Erst jetzt entfalten die Begriffe des Völkerrechts ihr ganzes gespenstisches Eigenleben, erst jetzt können die Abstraktionen des Rechts so tun, als wären sie konkret.[22] Und bei diesem Gespenstertreiben spielt nun auch die Völkermordforschung eine signifikante Rolle.

2006 stand das Nürnberger Treffen der Sudetendeutschen Landsmannschaft übrigens unter dem Motto »Vertreibung ist Völkermord – dem Recht auf die Heimat gehört die Zukunft«. Ihr Bundesvorsitzender, ein Mann von der CSU, konnte bei dieser Gelegenheit den Vorwurf der »konkreten Gleichsetzung« von Holocaust und Vertreibung der Deutschen zurückweisen und im selben Atemzug deren abstrakte Gleichsetzung befestigen, indem er sich auf Genozidforschung und UN-Völkerrecht berief: »Die einzigartige Dimension des Holocaust werde in keiner Weise in Frage gestellt: ›Uns geht es vielmehr darum zu sagen, daß die Vertreibung nicht ein Kollateralschaden des Krieges war, sondern ein systematisches, eiskalt geplantes Nachkriegsverbrechen.‹ Die Einordnung von Vertreibungen, wo immer sie sich abspielten, als Völkermord sei durch die moderne Genozidforschung gedeckt. Schon 1991 hielt der ehemalige Präsident der UN-Menschenrechtskommission, der Österreicher Felix Ermacora, in einem Rechtsgutachten fest, daß die Vertreibung der Sudetendeutschen Völkermord gewesen sei.« (*Die Welt*, 3. 6. 2006)

22 Das reicht von der Konvention gegen Völkermord 1948 bis hinab zu der über kulturelle Vielfalt 2005, die schließlich gegen die Stimmen der USA und Israels im Plenum der Unesco-Generalkonferenz angenommen wurde. Sie nämlich mache deutlich, so der Exekutivratsvorsitzende Hans-Heinrich Wrede, »daß die Staaten und Nationen das Recht, ja die Pflicht haben, ihre Identität in Kulturgütern, Sprache, Traditionen aktiv zu schützen«. (FAZ, 24. 10. 2005) Laut Artikel 20 ist diese Konvention, wie die *Frankfurter Allgemeine Zeitung* weiters berichtet, »anderen Abkommen etwa der Marktliberalisierung nicht unterzuordnen. Amerika spricht von Protektionismus und von einer Gefährdung der allgemeinen Menschenrechte.«

Als der Historiker Norman C. Naimark (Stanford) in seinem Eingangsreferat zu dem Symposium »Genocides: Forms, Causes and Consequences« im Berliner Haus der Kulturen Anfang 2005 eine Ausweitung des Genozid-Begriffs forderte, argumentierte er eigentlich noch nach den Maßgaben des Kalten Kriegs, weil er ganz im Sinne der Totalitarismustheorie die Aufnahme sozialer und politischer Gruppen wie z. B. der »Kulaken« in die Definition der Opfergruppen verlangte. Die Rationalität, die er damit einklagte, entspricht einerseits der jener Totalitarismustheorien, die in gewisser Weise zögerten, dem Volk vor anderen Gruppen Subjektstatus zuzusprechen. Andererseits schließt der Primat des Volks in der Erforschung der politischen Massenmorde die totalitarismustheoretische Gleichsetzung von Shoah und Archipel Gulag keineswegs aus. Ein besonders populistisches Beispiel für diese Integration ist Gunnar Heinsohns *Lexikon des Völkermorde*, ein Kompendium der perfidesten Ausprägungen rechtstheoretischen Unverstands, das beim Artikel über den Archipel Gulag auch nicht davor zurückschreckt, die jüdische Herkunft des »Organisationsgenies« für »den größten Moloch der Geschichte mit 8000 Lagern« hervorzuheben (1998: 156) oder das Flächenbombardement der Alliierten über Deutschland als »Demozid« und »Kriegsverbrechen« bezeichnet, womit Sir Arthur Harris, der namentlich erwähnt wird, zum Völkermörder und Kriegsverbrecher erklärt wird (131f.). Denunziationen dieser Art weiter auszuformulieren, lassen sich heute einzelne Genozidforscher angelegen sein, so der Militärhistoriker Michael Geyer (Chicago), der auf der erwähnten Berliner Tagung die Bombenangriffe auf Deutschland und Japan als Völkermord exakt nach den Kriterien der UN-Konvention beschrieb.

Dort jedoch, wo Arbeiten, die unter dem Label Genozidforschung unternommen werden, sich etwas mehr auf die spezifische historische Konstellation politischer und militärischer Massenmorde einlassen, werden mitunter auch Zusammenhänge zutage gefördert, die zu verdrängen der Völkerrechts-Jargon angetreten ist. Der in der Linken weithin herrschenden Auffassung, wonach der Nationalsozialismus die unmittelbare Fortsetzung des Kolonialismus im allgemeinen darstellt (vgl. z. B. *Das Fünfhundertjährige Reich* 1990), widersprechen implizit genauere Untersuchungen des kolonialen Massenmords in Deutsch-Südwestafrika, die nicht zuletzt eines deutlich machen: daß es falsch ist, die Kolonialreiche einfach identisch zu setzen. Gibt ein deutscher General wie Lothar von Trotha am 2. Oktober 1904 einen Befehl mit den Worten: »Innerhalb der deutschen Grenze wird jeder Herero mit oder ohne Gewehr, mit oder ohne Vieh erschossen…«, und kündigt derselbe in einem Brief über den Krieg gegen die Herero an, »daß die Nation als solche vernichtet werden muß«, zeichnet sich darin zweifellos die Konstituierung einer ›Kolonialmacht‹ neuer Prägung ab: Außenposten des genuinen Volksstaats, der in Deutschland heranreifte und dessen Resultat der Nationalsozialismus war.

Birthe Kundrus stellte dazu in ihrem Artikel »Grenzen der Gleichsetzung« (*iz3w* 275/2004) die Frage, wie sich aber die Rücknahme jenes Befehls durch Kaiser Wilhelm II. am 8. Dezember 1904, die Ablösung von Trothas und die massive öffentliche Kritik auch innerhalb der deutschen Schutztruppe interpretieren lasse – als »zu späte Einsicht, die aber dennoch für ein im Gegensatz zum Nationalsozialismus vorhandenes Unrechtsbewußtsein« spreche oder »lediglich als Lippenbekenntnis, das auf die Kontinuität genozidaler Mentalitäten in der deutschen Gesellschaft« verweise. Das eine schließt allerdings das andere nicht aus, der deutsche Volksstaat hatte sich schließlich noch nicht vom westlichen Rechtsstaat emanzipiert. Aber von Mentalität zu sprechen, wenn von Vernichtung die Rede ist, und unter dem Begriff der »genozidalen Mentalität« rassistische und antisemitische Verfolgung zu identifizieren, folgt eben genau dem Schema des Völkermord-Diskurses, das von der Autorin eigentlich kritisiert wird. Der politischen Massenmord in Deutsch-Südwestafrika kann zwar als »Vorgeschichte des Holocaust« begriffen werden, nicht jedoch wie es Jürgen Zimmerer fordert, der von »strukturellen Ähnlichkeiten zwischen dem Genozid an den Herero und den Nama und dem Holocaust« spricht (2003: 45ff.). Bedingung dafür wäre vielmehr, solche Vorgeschichte des Holocaust als Geschichte eines Staats und einer Ideologie zu betrachten, die wie kein anderer Staat und keine andere Ideologie gezeigt haben, daß Antisemitismus und Rassismus »strukturell« nicht dasselbe sind, und doch eines das andere notwendig zu steigern imstande ist; daß der Antisemit, der die Juden umbringen will, weil es Juden sind, und darin seine Erfüllung findet, den Rassisten in sich, der auch Zwecke kennt, die in der rassistischen Verfolgung nicht aufgehen, immer übertrumpfen und seiner Logik unterwerfen wird. Denn nichts kann konsequenter sein als Vernichtung um der Vernichtung willen.

Einerseits vernachlässigt nun Jürgen Zimmerer die Differenz zwischen dem deutschen Kolonialismus und dem der anderen, westlichen Nationen, und verdeckt damit die Entwicklung des deutschen Volksstaats; andererseits beleuchtet er in dieser Weise unfreiwillig, was den Krieg gegen Herero und Nama vom Holocaust unabdingbar trennt: Die »Rassenkriegsvorstellung der Schlieffens, Trothas und anderer Schutztruppenangehörigen« in jenem Krieg lasse sich in der »Denkwelt« des »im Lauf des 19. Jahrhunderts an Einfluß gewinnenden Sozialdarwinismus« verorten (2005: 42). Er zitiert Generalstabschef von Schlieffen über Aktionen gegen die Nama: »Der entbrannte Rassenkampf ist nur durch Vernichtung oder vollständige Knechtung der einen Partei abzuschließen«, das »letztere Verfahren« sei aber derzeit »auf Dauer nicht durchzuführen« (35). Die Vernichtung der Nama wird gutgeheißen, weil deren Knechtung und Verwendung als Arbeitskräfte gerade nicht zweckmäßig wäre. Auch der Aufruf Trothas an die Nama kann deutlich machen, in welchem Zusammenhang der »Vernichtungskrieg« gegen die Herero erfolgt war, mit ihm sollte ein Exempel statuiert werden: den wenigen, welche sich nicht unterwerfen, werde es ebenso ergehen, wie es dem Volk der Herero ergangen ist, »das in seiner Verblendung auch geglaubt hat, es könne mit dem mächtigen deutschen Kaiser und dem großen deutschen Volk erfolgreich Krieg haben« (36). Wenn aber die »Konzentrationslager«, die für die Nama errichtet wurden, als ein »Instrument des Vernichtungskrieges« (Zimmerer) dienten, so war es kein Vernichtungskrieg im Sinn des Nationalsozialismus, hoffte man doch, wie Zimmerer selbst schreibt, die Gefangenen durch die Lager zur Arbeit zu erziehen, zu disziplinieren und auf ihre neue Rolle als Arbeitskräfte in der Nachkriegszeit vorbereiten zu können. Der Autor räumt zwar ein, daß sich die Ermordung der Juden »aufgrund des Motivs – die Vorstellung einer jüdischen Weltverschwörung – von anderen Genoziden abhebt« (48), aber er rückt dieses Motiv und diese Vorstellung an den Rand des NS-Vernichtungskriegs, sie erscheinen ihm offenkundig peripher, weil er den Zweiten Weltkrieg explizit »als Kolonialkrieg« begreifen will (45). Und er gelangt nur darum zu der verharmlosenden Klassifizierung der Shoah, die sie um keinen Preis als »annihilation for the sake of annihilation, murder for the sake of murder« (Fackenheim) erkennen möchte – eine Rationalisierung, die ganz dem heutigen Stand der antirassistischen Ideologie entspricht –, weil er vom Völkerrecht ausgeht: der Krieg gegen die Sowjetunion sei »durch die bewußte Aufhebung des Kriegsvölkerrechts seitens des Angreifers in seiner Form einem Kolonialkrieg ähnlicher geworden als den innerhalb Europas ›üblichen‹ Kriegen« (46).

So wird Auschwitz zur Chiffre »für den perversen Höhepunkt staatlicher Gewalt gegen die eigene und fremde Bevölkerung«. Auschwitz ist aber keine Chiffre für Völkermord; der Nationalsozialismus kein Anschauungsmaterial für Verstöße gegen das Völkerrecht. Auschwitz ist der Massenmord an den Juden und an den Roma und Sinti; und der Nationalsozialismus hat den Menschen im Stande ihrer Unfreiheit den kategorischen Imperativ aufgezwungen, alles zu tun, damit es sich nicht wiederhole. Dafür wäre das internationale Recht – wie beschränkt auch immer als bloß »gelten sollendes« – nur tauglich, wenn Auschwitz nicht zur Chiffre für Völkermord dient.

In Gesellschaft des Todestriebs

Religion als Zwangshandlung

Vielleicht war Sigmund Freud die geniale Erkenntnis zunächst als eine Art Aphorismus in den Sinn gekommen – in Gestalt etwa folgender Frage: ›Ist nicht die Zwangsneurose das pathologische Gegenstück zur Religionsbildung? So wäre die Neurose als eine individuelle Religiosität, die Religion als eine universelle Zwangsneurose zu bezeichnen.‹ Die knapp bemessenen Ausführungen jedenfalls, die Freud unter dem Titel »Zwangshandlungen und Religionsübungen« 1907 wirklich publizierte, erscheinen fast wie Präliminarien zu einem solchen Aphorismus, der dann am Ende selbst noch in der Möglichkeitsform formuliert wird, wie um die positive Wissenschaft nicht unnötig zu provozieren: »Nach diesen Übereinstimmungen und Analogien könnte man nun sich getrauen, die Zwangsneurose als pathologisches Gegenstück zur Religionsbildung aufzufassen, die Neurose als eine individuelle Religiosität, die Religion als eine universelle Zwangsneurose zu bezeichnen.« (FGW 7: 138)

Aber die Ausführungen sind mehr als nur Präliminarien eines vorsichtigen Revolutionärs der Geisteswissenschaften. Das Wagnis der Analogien geht Freud darum ein, weil er sich im selben Maß der unaufhebbaren Differenz bewußt werden möchte. In diesem Widerspruch, den er nicht aufhebt, ist nun gerade der kleine Text ein großes Paradigma für die Möglichkeit, psychoanalytische Kategorien außerhalb der Psychoanalyse anzuwenden; für die Fähigkeit, in der Form der Darstellung deren Grenzen sichtbar zu machen. Es zu studieren, erscheint umso wichtiger, als neben der üblichen Ignoranz den Freudschen Erkenntnissen gegenüber, wie sie im Wissenschaftsbetrieb seit jeher anzutreffen ist, auch eine gleichsam überschwengliche Rezeption praktiziert wird, die doch nur spezifische Methodenprobleme des eigenen Fachs umgehen möchte. In der Literaturwissenschaft etwa bedient man sich nicht selten psychoanalytischer Deutungen, um die Probleme ästhetischer Form auszublenden und gleich zum Inhalt zu kommen, der dann natürlich verfehlt wird; in der Geschichtswissenschaft wiederum erlaubt die direkte Übernahme einzelner Freudscher Kategorien vor allem der Frage auszuweichen, ob von einem Subjekt der Geschichte gesprochen werden kann und worin es denn zu erkennen wäre: im Staat, im »Volk«, in den Klassen, im Menschen? So spricht man in der Zeitgeschichte gerne von der »Verdrängung« der nationalsozialistischen Verbrechen in der Nachkriegszeit, setzt damit aber bereits ein Subjekt voraus, das doch erst durch einen Begriff jener Verbrechen bestimmt werden könnte.

Die bloß oberflächlichen Ähnlichkeiten zwischen Zwangshandlungen des einzelnen Individuums und Religionspraktiken von Kollektiven sind für Freud jedoch nur der Ausgangspunkt. Die Differenzen, die hier hervortreten, treiben den Vergleich voran: so stehe »die größere individuelle Mannigfaltigkeit der Zeremonialhandlungen im Gegensatze zur Stereotypie des Ritus (Gebet, Proskinesis usw.); der Privatcharakter derselben im Gegensatz zur Öffentlichkeit und Gemeinsamkeit der Religionsübung«. Vor allem aber betont Freud den »Unterschied, daß die kleinen Zutaten des religiösen Zeremoniells sinnvoll und symbolisch gemeint sind, während die des neurotischen läppisch und sinnlos erscheinen.« (132) Letzteres wird nun gerade im Fortgang der Untersuchung widerlegt: denn »das durch die Zwangshandlungen oder das Zeremoniell Dargestellte« leitet sich »aus dem intimsten, meist aus dem sexuellen Erleben der Betroffenen ab«, und ist darum mitnichten als läppisch oder sinnlos zu betrachten.

Wenn die Zwangshandlungen auf das sexuelle Erleben verweisen, so läßt sich darin, daß sie es nur als Verschobenes zum Ausdruck bringen, ein heimliches Schuldbewußtsein erkennen, welches eben in der Religion öffentlich vorzuliegen scheint: »Dem Schuldbewußtsein der Zwangsneurotiker entspricht die Beteuerung der Frommen, sie wüßten, daß sie im Herzen arge Sünder seien.« (136) Freud fixiert erneut eine Differenz: das sexuelle Moment, das sich in der Analyse der Verschiebung zeige, trete dabei objektiv – also die Verschiebung in Rechnung gestellt – zurück. Es verschwindet zwar nicht vollständig im Zusammenhang des religiösen Schuldbewußtseins, bildet jedoch hier nur ein Moment unter anderen: »Auch der Religionsbildung scheint die Unterdrückung, der Verzicht auf gewisse Triebregungen zugrunde zu liegen; es sind aber nicht wie bei der Neurose ausschließlich sexuelle Komponenten, sondern eigensüchtige, sozialschädliche Triebe, denen übrigens ein sexueller Beitrag meist nicht versagt ist.« (137) Die wesentliche Übereinstimmung liege in dem der Religionsübung wie der Zwangshandlung zugrunde liegenden »Verzicht auf die Betätigung von konstitutionell gegebenen Trieben«; der entscheidende Unterschied »in der Natur dieser Triebe, die bei der Neurose ausschließlich sexueller, bei der Religion egoistischer Herkunft sind.« (139)

Genau an dieser Stelle stößt psychoanalytische Begrifflichkeit an ihre Grenzen, und Freud bricht die Reflexion auch ab. Er bemerkt, daß ihn das Bestimmen der Triebe, auf die es die Religion abgesehen hat, selbst in die Religion zurückführt; daß er außerhalb der Analyse keine anderen Begriffe für ihre »Natur« hat, als die von der Religion selber stammenden: die Triebe seien »egoistisch« und »böse« (139); die Wörter sind nicht einmal unter Anführungszeichen gesetzt. Worin also das Konstituierende an diesen »konstitutionell gegebenen Trieben« zu sehen wäre, bleibt außerhalb der Untersuchung, die aber unmißverständlich festhält, daß sie sich konstitutiv von jenen unterscheiden, deren Verdrängung und Verschiebung durch die Analyse des einzelnen Individuums rekonstruiert werden können.

Zuletzt macht Freud jedoch eine Wendung in die »Kulturgeschichte«, die wie ein deus ex machina erscheint – in späteren Schriften wie *Zukunft einer Illusion* und *Unbehagen in der Kultur* erscheint sie allerdings zu einer ganzen Rahmenhandlung der Menschheitsgeschichte ausgebaut. Die Differenzen, die ihn bei den Analogien vorangetrieben haben, werden nun doch aufgehoben, die Entwicklungen des einzelnen Individuums unmittelbar mit denen der Gesellschaft identifiziert: als »menschliche Kulturentwicklung«. (Damit ist es übrigens auch kaum mehr möglich, zwischen den einzelnen Religionen selbst zu differenzieren, denn sie unterscheiden sich ja gerade darin, wie der Zusammenhang zwischen Individuum und gesellschaftlichem Ganzen, individuellem Bewußtsein und abstraktem Allgemeinen jeweils vermittelt ist: durchs Opfer, durchs Selbstopfer, durch den Glauben oder die Gesetze...). Diese Identifikation, die anthropologisch mit dem Begriff der Kultur – oder, wie etwa dann bei Norbert Elias, mit dem der Zivilisation – hergestellt wird und stets Gefahr läuft, vom Menschen zu reden, um sich nicht die Verhältnisse zwischen den Menschen bewußt zu machen, erweist sich als eine Art Religion der Aufgeklärten: werden die destruktiven Tendenzen einer Gesellschaft vom religiösen Bewußtsein in einem rächenden Gott oder im Satan verkörpert, personifiziert sie das aufgeklärte gerne in Gestalt einer anderen Konstruktion: in *der* des Menschen.

Vor einer negativen Anthropologie, die offen läßt, was »den Menschen« ausmacht, weicht Freud damit zurück – wie vor der Möglichkeit, daß die Verhältnisse zwischen den Menschen von ihnen selbst geändert werden könnten. Seltsam jedoch ist das Adjektiv »sozialschädlich«, das er zugleich verwendet, um die Triebe des Individuums zu bezeichnen, auf deren Befriedigung im Namen der Kulturentwicklung Verzicht geleistet werden müsse. Er verläßt darin die theologische Terminologie und nimmt kurzerhand Anleihen bei der Soziologie, ohne doch zu klären, was die Gesellschaft, der diese Triebe schaden können, denn konstituiere. Klarer als durch die moral-theologischen Termini, wie ironisch sie auch verwendet werden mögen, wird jedenfalls durch diesen nicht minder problematischen Begriff, daß es essentiell ums Verhältnis des einzelnen Individuums zu einer Gesellschaft geht, die mehr ist als die Summe der Individuen, zu einem Zusammenhang also, in denen Triebe und Triebverzicht in einer von den Individuen seltsam verselbständigten Form wiederkehren – einer Form ›selbstverschuldeter Unmündigkeit‹, für die Freud erst in »Massenpsychologie und Ich-Analyse« Begriffe der Kritik finden wird.

Keine Ringparabel

Religionskritik nach Freud und Schönberg

Für Diane Cohen

Der »Altersstil« von Freud könne gar nicht genug verehrt werden, meinte Walter Benjamin in einem Brief an Gretel Adorno, und bewunderte, wie dieser Autor im »Vorübergehen« oft die größten Gedanken aufnehme (Adorno/Benjamin 2005: 244). Das gilt insbesondere für die späte Studie über den *Mann Moses und die monotheistische Religion*. Die zentrale These, daß Moses ein Ägypter war, ist eigentlich nur ein kleiner, müßiger Gedanke für einen verträumten historischen Roman – weniger als eine Hilfskonstruktion –, ein Gedanke, der Freud jedoch en passant erörtern ließ, was ihn eigentlich beschäftigte: die Frage, wodurch allein die Idee des mosaischen Gottes »das Volk Israel alle Schicksalsschläge überstehen ließ und es bis in unsere Zeiten am Leben erhielt«. Dieser Gott verschmähe »Opfer und Zeremoniell« und fordere statt dessen ein »Leben in Wahrheit und Gerechtigkeit« auf der Grundlage der Gesetze und der heiligen

Texte (FGW 16: 152f.). In wenigen Worten ist damit die merkwürdige Antizipation des abstrakten Rechts umrissen, die für die jüdischen Traditionen maßgebend wurde. Gerade sie zeigt sich nirgendwo erstaunlicher als in Moses: die Gesetze selbst erscheinen durch seine Vermittlung als göttliche Setzung, buchstäblich von Gott konstituiert, um als solche ihre Unabhängigkeit von jedem real herrschenden Souverän zu behaupten. In dieser außergewöhnlichen Stellung der Halacha manifestierte sich die Befreiung aus der ägyptischen Knechtschaft, die in der Tora erzählt wird, sie läßt aber auch archaische Formen einer Gewaltenteilung im frühen Königreich Israel vermuten.[23] Während im Alten Orient gewöhnlich das Recht als unmittelbares Staatsrecht galt und mit Königen identifiziert wurde, versteht es sich im Judentum als vor dem Staat entstanden und über den Staat gesetzt, mit Gott und niemandem sonst identifizierbar.

Da Freud (in Anlehnung an andere religionsgeschichtliche Forschungen) die Hypothese formuliert, Moses sei von seinem Volk gestürzt worden, weil es noch nicht bereit war, die neue Religion wirklich anzunehmen, kann er auch behaupten, daß später ausgeprägte Züge des Judentums, vor allem die allgemeine Entfremdung vom Opferkult, die sich besonders bei den Propheten Amos und Hosea wie im Buch Jesus Sirach zeigt, schon die Einführung des monotheistischen Glaubens durch Moses kennzeichneten. Mit dem Sturz des historischen Religionsstifters wären sie demnach zunächst verdrängt worden, während ja die Moses-Figur, die von der Tora überliefert wird, umfangreiche Opferkulte verlangt. Jene Entfremdung dürfte aber das Judentum erst durch weitere »Schicksalsschläge« wirklich

---

[23] »Es hat wahrscheinlich in der Königszeit eine sich mosaisch legitimierende Institution gegeben, die einen entscheidenden Beitrag zur Entstehung eines von Staat und Königtum unabhängigen Rechts geleistet hat. Doch war das ein transitorischer Vorgang. In der nachexilischen Zeit ist dann ›Mose‹ Chiffre, allerdings eine höchst wirkungsvolle, für den Zusammenhang von Tradition und Autonomie. Er steht für Möglichkeit und Notwendigkeit, die divergierenden Gruppeninteressen und Traditionen besonders zwischen Priestern und Laien zusammenzuführen. Er ist damit keine in Israel aufweisbare Größe, aber er steht auch nicht wie Abraham für das Ganze. Mose ist also letztlich keine Institution, geht keinesfalls in denen auf, die sich auf ihn berufen. Er ist vielmehr die Bedingung der Möglichkeit, daß seine Tora alle Institutionen überleben wird und sich gerade darin bewährt. Mose steht ein für den Rechtswillen Gottes und seine Realisierung in der Ausgestaltung der Autonomie. Er ist die Tradition von der Erneuerung der Tradition und als solcher der nicht ›real existierende‹, aber gerade und nur so höchst wirksame Grund der Freiheit.« (Crüsemann 2005: 131)

nachhaltig geprägt haben: der Verlust des Tempels und die Erfahrung des Exils nötigten dazu, Opfer und Zeremoniell ganz zu entsagen. Die Rückprojektion, die sich bei Freud findet, folgt gleichwohl einer Logik, die im Gegenstand selber liegt, kann doch der Monotheismus als Voraussetzung gelten, die Opferpraxis generell zu überwinden und, mit Kant gesprochen, eine »reine moralische Religion« hervorzubringen. Beides – unsichtbare und singuläre Gottheit und Aufhebung von Opfer und Zeremoniell – faßt Freud jedenfalls als »Vergeistigung«, und davon ausgehend erscheint das Christentum notwendig als »eine kulturelle Regression«: »Die christliche Religion hielt die Höhe der Vergeistigung nicht ein, zu der sich das Judentum aufgeschwungen hatte« (194); sie übernahm wieder zahlreiche Riten, stellte die große Muttergottheit wieder her, verschloß sich nicht dem Eindringen abergläubischer, magischer und mystischer Elemente. Im Zentrum dieser im *Mann Moses* genannten Elemente des Christentums steht jedoch das von Jesus verkörperte und in dieser Personifizierung vergöttlichte Selbstopfer, das all jene Übernahmen ermöglichte. Es konstituierte schließlich auch das Verhältnis der Individuen zum Staat, das Freud allerdings kaum interessiert: in der Identifikation mit dem Gekreuzigten entwickelt das Subjekt ganz von sich aus und ohne Rücksicht auf die Gesetze jene unbedingte Opferbereitschaft, die der Souverän im Ausnahmezustand fordert. Die Aufwertung des reinen Glaubens gegenüber der Geltung der Gesetze schon im frühesten Christentum (»So halten wir denn dafür, daß der Mensch gerecht werde ohne des Gesetzes Werke, allein durch den Glauben«; Römer 3, 28 – »Christus aber hat uns erlöst vom Fluch des Gesetzes«; Galater 3, 13)[24] muß in diesem politischen Zusammenhang gesehen werden. Die besondere Bedeutung des Rechts als göttlicher Setzung, die durch Moses vermittelt ist, wird außer Kraft gesetzt durch die göttliche Setzung des Selbstopfers, das Jesus verkörpert – im offenen Widerspruch zur Tora, wo es heißt: »Es stand hinfort kein Prophet mehr auf in Israel so wie Mose, den sich Jhwh von Angesicht zu Angesicht vertraut gemacht hatte mit all den Zeichen und Wundern«. (Dtn 34,10f.)

Überraschender ist, daß Freud in der Darstellung christlicher Regression wie jüdischer Vergeistigung auch die sexuelle Komponente nicht so

---

[24]   Der Kern der Anklage gegen Jesus, so wie sie von den paulinisch geprägten Evangelien aufgefaßt wurde, war ja, »daß er das Gesetz nicht refomieren, sondern es gänzlich abschaffen und durch eine neue Art von Religion ersetzen wollte, die auf seiner eigenen Person als göttlichem Erlöser basiert« (Maccoby 1999: 164).

sehr zu interessieren scheint. Es handelt sich zwar wie bei den Neurosen um die Wiederkehr eines Verdrängten, wodurch die Religionen ihre Macht gewinnen. Darüber besteht für ihn kein Zweifel. Die Frage bleibt allerdings, ob im Fall der Religionen dasselbe verdrängt worden ist. In dem frühen Aufsatz über »Zwangshandlungen und Religionsübungen« hat Freud bereits klargelegt, daß die sexuelle Komponente bei der Bildung religiöser Vorstellungen und Zwänge lediglich einen »Beitrag«, wenn auch einen wesentlichen, darstellt – im Unterschied zur Entstehung von Neurosen, wo sie alles dominiert. Auch in der Schrift über Moses werden die einzelnen Religionen als verschieden geartete Antworten auf ein Schuldbewußtsein aufgefaßt, dessen Ursprünge eben nicht rein sexueller Natur sein können, fallen sie doch mit der Etablierung gesellschaftlicher Macht und der Entstehung materiellen Reichtums zusammen. Auf ihre Einheit zielte schon das Morphem, mit dem die Kantsche Aufklärung in der berühmten Formulierung über die »selbstver*schuld*ete Unmündigkeit« auf dem *Schuld*igsein beharrt und eigentlich den kategorischen Imperativ gegen seine Ableitung aus der Tauschgesellschaft wendet. Denn diese Schuld bedeutet zu Ende gedacht: das Individuum wirkt ebenso an der eigenen Erniedrigung, Ausbeutung und Verdummung mit, als es einen Vorteil von der des anderen erwartet. Daß es selbst mit Leib und Seele beteiligt wird, ist nur die Perfektibilität der Herrschaftsformen. Und perfekt sind sie, wenn jeder sich schuldig fühlen mag, ohne noch zu wissen, warum.

Für diese Einheit, die nur empfunden, aber nicht mehr gedacht werden kann, fand Freud in *Totem und Tabu* die Theorie vom Mord am Urvater der Urhorde, der in seinem Denken den Beginn der Zivilisation markiert. Die historische Konstellation wird zwar mit der rezenten Struktur der Familie verglichen, die Psychologie der »Naturvölker«, welche der historischen Konstellation entsprangen, mit der Psychologie des Neurotikers, der aus jener familiären Struktur hervorgeht, und daraus werden die schwerwiegenden Erkenntnisse über die geschichtliche Entwicklung gewonnen, aber die Analogie dient dem Vergleich und gerät nicht einfach zur Gleichsetzung. Es sind eben nicht allein »sexuelle Ansprüche«, sondern es ist ganz allgemein das »Machtbedürfnis« (FGW 9: 173), woraus die Gewalttat gegen den Urvater einmal resultierte; die frühe Untersuchung über »Zwangshandlungen und Religionsübungen« lehrt genau hier zu nuancieren und auf die Konjunktion zu achten, die nicht zum Gleichheitszeichen werden soll. Der Begriff des Todestriebs, den Freud später einführte, könnte sogar als Versuch gelten, jenes Machtbedürfnis unvermischt zu fassen; jedenfalls ist im *Unbehagen in der Kultur* von der »Ubiquität der nicht erotischen Aggression und Destruktion« die Rede (FGW 14: 479).[25]

Neuere psychoanalytische Arbeiten zur Religionskritik übergehen gerne jene Nuancen und Konjunktionen, die Freud zwischen Familie und Geschichte, sexuellen Ansprüchen und gesellschaftlichem Machtbedürfnis gewahrt sehen möchte, setzen beides widerspruchslos in eins, und die Pro-

---

[25] Bei Freud, schreibt Adorno, erscheine das gesellschaftliche Moment seiner monadologischen Kategorien wie Inzestverbot und Verinnerlichung der Vaterimago »nur einigermaßen abstrakt, als ein der Psychologie Äußerliches, die ›Lebensnot‹. Stillschweigend hat er erkannt, daß die Trieblehre allein soziales Verhalten nicht begründet, daß die Menschen für sich ein anderes sind denn die Menschen als gesellschaftliches Wesen.« (AGS 8: 88) Die Psychoanalyse gewinne »ihre Wahrheit als Bericht von den Mächten der Zerstörung, die inmitten des zerstörenden Allgemeinen im Besonderen wuchern. Unwahr an ihr bleibt, was sie doch selber dem geschichtlichen Zug abgelernt hat, ihr Totalitätsanspruch«. (83) Und in diesem Zusammenhang kritisiert Adorno das Diktum des späten Freud, die Soziologie sei »nichts anderes als angewandte Psychologie« (FGW 15: 194), wie er überhaupt meint, das Unwahre verstärkt in den Werken seit dem *Unbehagen in der Kultur* zu finden. Dabei wird jedoch übersehen, daß der »Totalitätsanspruch« gerade in Freuds späten Werken Aufklärung über die Voraussetzungen auch der frühen geben kann. Was Psychoanalyse von der *Traumdeutung* über *Jenseits des Lustprinzips* und *Massenpsychologie* bis zum *Mann Moses* von den Mächten der Zerstörung zu berichten weiß, ist nicht denkbar ohne jenen Anspruch, den sie nach und nach vom geschichtlichen Zug abgelernt und der ihr immer zwingender zu werden scheint: Totalität als Akkumulation der Schuldgefühle, deren ursprüngliche in einem Urvatermord vermutet wird. Nur darum konnte Freud seine »Einsicht in die Unentrinnbarkeit kultureller Konflikte, in die Dialektik des Fortschritts also« (AGS 8: 23) gewinnen und mit einer Kompromißlosigkeit artikulieren, die Adorno an anderer Stelle bewundert und als Voraussetzung kritischer Theorie begreift; nur darum war er imstande, wie wiederum Adorno erkannte, in der »atomistischen Existenz des Individuums« das »Wesen der Vergesellschaftung« zu gewahren (24); nur darum war es schließlich Adorno selber möglich, aus der total gewordenen »potentiellen Feindseligkeit«, die Freud in der Analyse der Neurosen bereits verallgemeinert hat, auf eine Gesellschaft zu schließen, welche letztlich »durch die wenn auch vielfach mittelbare Drohung körperlicher Gewalt« zusammengehalten werde (AGS 8: 32). Freud entwickelte zwar jenen Totalitätsanspruch, aber der Anspruch bleibt zutiefst gebrochen, als vom geschichtlichen Zug abgelernter wird er bis zuletzt nicht wirklich akzeptiert. Das zeigt sich an dem unermüdlichen Zweifel, mit dem der Begründer der Psychoanalyse ihn in Begriffe fassen möchte und der ihn nicht einmal beim Todestrieb zur Ruhe kommen ließ: Immer widerspricht die Wirklichkeit dann doch dem Begriff, der sich ihrer im Namen positiv verstandener Totalität zu bemächtigen sucht. Und auf diese Weise bilden sich bei Freud stets neu die Bedingungen der Möglichkeit radikaler Kritik heraus, die er als anständiger Bürger in der Theorie am liebsten begraben würde.

bleme, die sich durch die Einführung des Todestriebs stellen, will ohnehin kaum jemand zur Kenntnis nehmen. So werden religiöse und politische Bewegungen wie Christentum und Nationalsozialismus unmittelbar aus der »Vermeidung des Ödipus« (Grunberger/Dessuant 1997) deduziert – ganz als wäre »Menschheitsneurose« wirklich einfach nur Neurose. Dabei tritt zwar mit der nötigen Deutlichkeit hervor, daß es in signifikant judenfeindlichen Religionen und Ideologien eine Tendenz gibt, die Trennung von der Mutter zu revozieren, also die unabdingbare Voraussetzung ödipaler Entwicklung, die vom jüdischen Gesetz geradezu zwanghaft befestigt wurde, zu beseitigen; eine Tendenz, die der analsadistischen Entwicklungsphase gespenstische Macht über die Erwachsenen verleiht: narzißtische Identifikationen dichten das Bewußtsein gegen alle Realitäts-erfahrung ab und entgrenzen die Projektionen. Und genauer wäre darum die christliche Religion auch als Menschheitspsychose oder universelle Psychose (vgl. Maccoby 1999: 168f.) vom Judentum zu unterscheiden, das demgegenüber in einer Art Überhöhung des Ödipuskomplexes die universelle Neurose auf geradezu klassische Weise, d. h. verallgemeinert für die Menschheit, ausgeprägt hat.

In der Interpretation religiöser Phänomene wird die direkte Ableitung aber fast läppische Tautologie: eine Geschichte, wie die von der unbefleckten Empfängnis (die übrigens auch der Islam übernommen hat) muß schließlich gar nicht mehr gedeutet werden. Und statt die politische Regression selber aus der Vermeidung des Ödipus – wie die Marxisten den Überbau aus der Basis – abzuleiten, wäre eine Form vorauszusetzen, die sich psychoanalytischer Begrifflichkeit zwar nicht wirklich erschließt, aber durch die hindurch die narzißtischen Wahngebilde, die der Vermeidung des Ödipus entspringen, erst als total gewordene begriffen werden können. Diese Form bleibt bei Freud im Dunkeln, das auch der aufgeklärte Mord am Urvater nicht wirklich aufhellen kann; sie muß es auch, solange die Vorgeschichte der Moderne aus der Perspektive bloßer Geschichtsschreibung behandelt wird. Soweit jedoch hat Freud auch hier Selbstanalyse betrieben, als er im Unterschied zum gewöhnlichen Historiker sich dessen einigermaßen bewußt geworden ist, daß ursprüngliche Familie und Urhorde überhaupt nur unter dem Gesichtspunkt einer, historisch betrachtet, späteren Einheit gedacht, d. h. näher bestimmt, werden können – einer Einheit, die einen »notwendigen Entwicklungsgang von der Familie zur Menschheit« eben voraussetzt (FGW 14: 495). Worin die Notwendigkeit in diesem Entwicklungsgang besteht, darüber schweigt Freud, aber dessen Konsequenzen fürs Subjekt bringt er zur Sprache: Wenn es die Hauptsache des Kulturprozesses ist, eine »Einheit aus den menschlichen Individuen« herzustellen, bleibt »das Ziel der Beglückung« der einzelnen Individuen zwar noch irgendwie erkennbar, es wird jedoch »in den Hintergrund gedrängt; fast scheint es, die Schöpfung einer großen menschlichen Gemeinschaft würde am besten gelingen, wenn man sich um das Glück des Einzelnen nicht zu kümmern brauchte.« (FGW 14: 500) Das ist ein Begriff von Menschheit, der den Kulturfortschritt nur als Steigerung der Schuldgefühle, Verminderung des individuellen Glücks und damit bloße Verlagerung des Leids möglich erscheinen läßt – Einheit der Menschheit also, mit Marx gesprochen, in der Form von Rechts- und Kapitalverhältnis, von der Freud sich nur mit der vorsichtigen Formulierung »fast scheint es« distanziert, aber in dieser Distanznahme liegt natürlich mehr Kritik als in allen revolutionären Phrasen.

Mag sie psychoanalytisch auch nur als Verallgemeinerung des Ödipus-Konflikts denkbar sein, der eine nicht näher bestimmte gesellschaftliche Machtfrage kooptiert werden kann, so fungiert diese Einheit in den Arbeiten von Freud selber doch als Apriori, das erlaubt, in der Ödipus-Konstellation einen verallgemeinerbaren Konflikt zu erkennen: wie könnte sonst der Begründer der Psychoanalyse, die es ja mit der Sexualität der einzelnen Individuen zu tun hat, vom »Schuldbewußtsein der Menschheit« sprechen und von einer »Wiederkehr des Verdrängten« in diesem allumfassenden Bewußtsein, das die jüdische Religion unverstellt zum Ausdruck bringt (in der grundlegenden Idee, das erfahrene Leid sei Strafe Gottes: *mipnej chata'enu*: unserer Sünden wegen); wie könnte er in der »Erlösungstat« von Jesus zugleich die scheinbar »universelle« Lösung für dieses vom Judentum festgehaltene Problem erblicken, die allen Individuen der Menschheit zugute kommen soll. Dieses Apriori auszudrücken, ohne es zu begreifen, braucht Freud die Spekulation vom Urvatermord, worin sexueller Anspruch und gesellschaftliches Machtbedürfnis verschränkt, aber nicht identisch sind. Und so fragwürdig sie für Fachhistoriker klingt, der materialistischen Kritik kommt es desto näher, je mehr sie die unauflösbaren Widersprüche der zivilisatorischen Entwicklung im Bewußtsein der Individuen erschließen kann. Auf ihrer Basis erst erkennt Freud, was die putative Allgemeinheit des Christentums ausmacht: zum erstenmal für Individuen verschiedener »Völker«, d. h. unterschiedlicher, ökonomisch und politisch ungleich entwickelter Gesellschaftsformen, eine Antwort auf die Schuldgefühle zu bieten, deren Herkunft eben sexuelle Bedürfnisse und gesellschaftliche Machtansprüche auf mehr oder weniger undurchsichtige Weise vereint.

Im Sinne der universellen Lösung, die das Christentum für die Gegensätze des Zivilisationsprozesses bereithält, können aber selbst noch jene Übernahmen abergläubischer, magischer und mystischer Elemente als eine Art Fortschritt betrachtet werden, insoweit sie Vermittlungen anbahnten oder zuließen – zwischen den ungleich entwickelten Stufen der Vergesellschaftung, den differierenden Standards im Abstraktionsvermögen; insofern die christliche Religion also regressive Regungen institutionell und ideologisch integrieren und auf diese Weise neutralisieren konnte. Damit erscheint die christliche »Aufspaltung der Einheit Gottes in vermittelnde Instanzen« (Diner 2005: 100) gar als Voraussetzung für die Säkularisierung der bürgerlichen Gesellschaft und für die Gewaltenteilung moderner Politik – vom reinen Glaubensinhalt der Dreifaltigkeit und der geheiligten Rolle von Seliggesprochenen und Priestern bis zu den praktischen Erfordernissen des Kirchenapparats, der die antike Rechtstradition aufbewahrte.[26]

Aber da die Vermittlungen im Namen des Selbstopfers durchgesetzt werden, gerät die universell angelegte Lösung doch zur allgemein vorge-

---

[26] Die Kirche, so der Historiker Hans Maier, mobilisierte »in der Auseinandersetzung mit dem Kaiser eigene Rechtsressourcen von beträchtlicher Wirkungskraft. Geprägt durch das römische Recht, ihren Charakter als Stiftung, die Einbettung in Offenbarung und Geschichte, hob sie sich mit deutlich schärferer Kontur von den umgebenden weltlichen Herrschaftsformen und ihrer fließenden Rechtsgestaltung ab. Artikulierte sich bei der weltlichen Herrschaft das Recht vorwiegend, ja ausschließlich aus der Geschichtlichkeit der es tragenden Verbände, so floß es bei der Kirche aus einem die jeweilige geschichtliche Form übergreifenden Zweck. Es konnte daher viel energischer gesetzt, behauptet, aber auch verändert werden: nicht selten, wie im Investiturstreit, in einer Weise, die bewußt gegen die traditionelle Rechtsübung gerichtet war. Es gehört zu den Paradoxien des Investiturstreits, daß die geschärfte Schneide des Kirchenrechts am Ende auch dem Staat zugute kam. Das kanonische Recht trug wesentlich zur Verselbständigung der weltlichen Gewalten bei, indem es zum Modell des sich entwickelnden Staatsrechts wurde... In der einen Christenheit existierten nun zwei rechtlich selbständige Gebilde – Kirche und Staat –, die miteinander rivalisieren und kämpfen, aber auch verhandeln und Verträge schließen konnten.« (Hans Maier: Am König bilden sich zwei Zapfen. Mythos und Symbol Canossa: Der kalte Krieg von Kaisermacht und Papsttum führte die Trennung von Kirche und Staat herauf. *FAZ*, 15. 4. 2006, S. 39)

täuschten Erlösung, die allen aufgezwungen werden soll, reproduziert sie als Missionierungsdrang das Unheil und dieses Unheil manifestiert sich vollständig im Antisemitismus. Die Juden werden nicht bloß als diejenigen identifiziert, die das vergöttlichte Selbstopfer nicht anerkennen, sie werden selber noch als die Mörder des Gottessohns in die Enge getrieben und verfolgt. Ihnen wird also letztlich zur Last gelegt, worauf nach Freud alle Zivilisation gründe: der Mord am Urvater.

So registriert Freud zugleich die schwerste Hemmung der geistigen Entwicklung, die mit diesem religionsgeschichtlichen »Fortschritt« zur universellen Religion einhergeht. Es handle sich dabei um eine »Verschiebung«: Judenhaß wäre als Selbsthaß der Christen zu begreifen. Unter »einer dünnen Tünche von Christentum« seien »sie geblieben, was ihre Ahnen waren, die einem barbarischen Polytheismus huldigten. Sie haben ihren Groll gegen die neue, ihnen aufgedrängte Religion nicht überwunden, aber sie haben ihn auf die Quelle verschoben, von der das Christentum zu ihnen kam. Die Tatsache, daß die Evangelien eine Geschichte erzählen, die unter Juden und eigentlich nur von Juden handelt, hat ihnen eine solche Verschiebung erleichtert. Ihr Judenhaß ist im Grunde Christenhaß«. (198) Die dünne Tünche ist aber so verstanden allein das vom Judentum Angenommene. Wenn im göttlichen Selbstopfer des christlichen Heilands der »barbarische Polytheismus« schon einbezogen ist in die neue Religion und darin den Kern bildet – eben jene allgemeine Regression, von der Freud spricht –, dann kann, was das Christentum vom Judentum übernimmt, in der Tat nur Tünche sein: Verbot des Opferkults – aber zugunsten des einen großen Opfers; Nächstenliebe – aber als abgeleitete Form der Jesusliebe entwertet; »Aufforderungen zu Sublimierungen« (191) – aber ausgerichtet auf die Entsublimierung im Auskosten des eigenen Leidens und in der Gewalt gegen die Anderen. Die Regression, die das Christentum betreibt, sollte darum vielleicht besser als Verinnerlichung des Barbarischen begriffen werden: sie besteht gleicherweise darin, die Vergeistigung abzuwehren wie die ›ungeistigen‹ Bedürfnisse nicht wirklich zu befriedigen. Resultat ist der Haß auf die Juden, der immer doppeldeutig ist: sie stehen in den christlichen Mythen für den unversöhnten, gesellschaftlich reproduzierten Gegensatz von Geist und Körper, Über-Ich und Es, von dem sich die falsche Versöhnung im Christentum abheben muß, um als Versöhnung überhaupt zu erscheinen – und je größer der Haß auf sie, ob als Verkörperung des ›Geistes‹ oder des ›Fleisches‹, desto weiter geht die christliche Verinnerlichung, um die seelischen Gegensätze wie die eigene Physis, das Über-Ich ebenso wie das Es, schließlich ganz zu verleugnen. Indem sich also das Subjekt in seinem Innersten mit dem repräsentativen Selbstopfer des Erlösers identifiziert, droht immer wieder jede Vermittlung, die es doch von ihm unterscheidet, liquidiert zu werden: das wird im Pogrom demonstriert.

Die jüdische Religion hingegen kennt ein solches Ersatzobjekt so wenig wie es jenen Gegensatz leugnen würde. Hier ist die Vergeistigung der Kern, dessen Anziehungskraft aber das als unaufhebbares begriffene Verhältnis zur Physis. In der Frage, ob und wie dabei Versöhnung möglich wäre, unterscheiden sich die verschiedenen Phasen und Strömungen des Judentums, das geeint wird von dem Wissen, daß sie nach dem Stand der Dinge nirgendwo eingetreten ist. Die Juden sehen sich dazu auserwählt, nicht erlöst zu sein; genauer: das Bewußtsein davon zu haben und zu wahren. Darum gibt es auf der Seite des Judentums keine vergleichbare Einstellung zu den Christen: kein Missionierungszwang, keine Verschiebung, kein ›Antichristismus‹.

Exkurs: Moses und der Djihad

> R. Abba sagte im Namen Šemuéls: Drei Jahre stritten die Schule Šammajs und die Schule Hillels: eine sagte, die Halakha sei nach ihr zu entscheiden, und eine sagte, die Halakha sei nach ihr zu entscheiden. Da ertönte eine Hallstimme und sprach: [Die Worte] der einen und der anderen sind Worte des lebendigen Gottes; jedoch ist die Halakha nach der Schule Hillels zu entscheiden. – Wenn aber [die Worte] der einen und der anderen Worte des lebendigen Gottes sind, weshalb war es der Schule Hillels beschieden, daß die Halakha nach ihr entschieden wurde? – Weil sie verträglich und bescheiden war, und sowohl ihre eigene Ansicht als auch die der Schule Šammajs studierte; noch mehr, sie setzte sogar die Worte der Schule Šammajs vor ihre eigenen.
> Érubin 13b (Der Babylonische Talmud. 1996/2: 37)

Mit dem Islam sind die Grenzen der Universalisierbarkeit und der Integrationsleistung des Christentums markiert; anders gesagt: an diesen Grenzen bringt es selber die neue Religion hervor. Die Ansätze zu Vermittlungen, die von ihm entwickelt werden, soweit es mit der Staatsmacht nicht mehr wie frühere Religionen vollständig verschmolzen ist, sind nicht unbedingt erwünscht und können sich nicht überall behaupten. Wo sie der Herrschaft, die auf unmittelbare Despotie nicht verzichten will, im Weg stehen, wo die Kräfte zu schwach sind, die despotische Macht aufzuspalten, dort muß die Dissoziation der Einheit Gottes revidiert werden, und die Dreifaltigkeit wie die antike Rechtstradition sind dem Glauben auszutreiben, damit die unmittelbare Ausübung von Gewalt zu seinem Inhalt werden kann. Dem verstiegenen Rabbi, der fordert: liebet eure Feinde und gebt dem Kaiser, was des Kaisers ist, folgt der fanatische Prophet, der die Gläubigen in die permanente Schlacht gegen die Feinde führt. Es kehrt dabei nicht einfach die alte Barbarei zurück, vielmehr wird, als wollte man sich auf Moses besinnen, der Monotheismus beibehalten, die Wesensart der Gesetzesreligion wieder angenommen und auch das Menschenopfer scheinbar abgelehnt. Aber der Opfertod des Vergöttlichten wird zum Djihad für alle – und darin liegt die christliche Wurzel, die in der neuen Religion fortwest: die sich niederknien müssen noch mit dem Kopf auf den Boden und statt des einen großen stellvertretenden Selbstopfers, das kniend angebetet wird, weil in dessen Namen die Erlösung bereits eingetreten sei, wird jedem einzelnen Hingeworfenen der Tod für die Gemeinschaft der Gläubigen als lohnendes Ziel vor Augen geführt: kein passives Erleiden des notwendigen Opfers durch den prädestinierten Gottessohn, sondern freudiges Erreichen des vorherbestimmten Ziels einer ganzen Heerschar von Auserwählten im Krieg gegen die Ungläubigen. Die Freude besteht im endlos fortgesetzten Opfer: die für den Pfad Gottes getötet worden sind, empfangen sie von jenen, die auf diesem Pfad noch folgen (Koran, Sure 2, 163-165).[27] An die Stelle des christlichen Melancholikers, der sich mit Inbrunst ins Leid und Martyrium des sterbenden Jesus einfühlt, tritt unvermittelt der universelle Psychotiker, manisch drauflosschlagend, wo immer seine eigenen Wahngebilde die Realität verstellen. Während diese Realität den Individuen gesellschaftliche Widersprüche aufnötigt, die schon christliche Innerlichkeit nur

---

[27] Das prägt noch die vom Koran nacherzählte Bibelgeschichte von Abraham, der von Gott aufgefordert wird, seinen Sohn Isaak zu opfern: Der Sohn, der im Alten Testament über seine bevorstehende Tötung im Dunkeln gelassen wird, bestärkt in der Version des Koran geradezu den Vater, »so Gott will« zu tun, was ihm geboten ist und ihn zu opfern. (Sure 37, 97-113)

durch Identifikation mit dem Gottessohn loswird, sucht der islamische Märtyrer die Aufhebung aller Widersprüche in der offensiven Gewalttat; Maria Mutter Gottes, in deren Schoß der tote Christus zurückfällt, wird zur *umma*, der im Djihad konstituierten Gemeinschaft, die ihren Namen vom arabischen Wort für Mutter bekommen hat.

In der Schrift über den *Mann Moses* wird der Islam nicht weiter beachtet. Die »mahomedanische Religionsstiftung« erscheint darin eher »wie eine abgekürzte Entwicklung der jüdischen, als deren Nachahmung sie auftrat«; in ihrer Entwicklung sei sie aber »bald zum Stillstand« gekommen, »vielleicht weil es an der Vertiefung fehlte, die im jüdischen Falle der Mord am Religionsstifter verursacht hatte« (FGW 16: 199). Seltsamerweise klammert Freud genau hier die christliche Lösung aus, obwohl er sie doch als universell im Sinn eines unumkehrbaren weltgeschichtlichen Prozesses begreift und obwohl historisch gesehen das Christentum bereits jenen Raum erreicht hatte, dem der Islam entsprang. Es kennzeichnet ja gerade die islamische Welt, den Universalismus der christlichen Lösung zu übernehmen, ihn jedoch – dem repräsentierenden Sinn des christlichen Selbstopfers entgegengesetzt – zum unbedingten Verhängnis (*qisma*; Kismet) fürs einzelne Individuum zu machen, zur tyrannisch durchgesetzten Abstraktion, der es sich gleich machen muß: Abstraktion von jeglichen Bedürfnissen, die es von seinen Glaubensgenossen unterscheiden könnten. Vollendet wird sie im Tod des einzelnen für die universelle Gemeinschaft.

Unter diesem Gesichtspunkt wäre das Verhältnis der beiden Gesetzesreligionen Judentum und Islam zueinander und zum Staat überhaupt erst näher zu bestimmen. Der Islam hörte nicht auf, jenen Kriegspfad des Selbstopfers zu beschwören und den Koran, der nicht übersetzt werden durfte, wörtlich zu nehmen, weil er im Unterschied zum Judentum »Staatsreligion« blieb, seine Gebote mit denen der anerkannten politischen Gewalt identisch waren oder unbedingt sein sollten. Während im Judentum seit der ersten Vertreibung das eigene Gesetz der Tora in irgendeiner Weise vermittelt werden mußte mit dem fremden Gesetz der anderen, das hier nicht fremd bleiben soll, und den sich verändernden Bedingungen der Diaspora – als Bedingungen des Überlebens, wodurch die Ausnahme von der Regel gewissermaßen den Status einer eigenen Regel erhielt –, behauptete sich das islamische unmittelbar als das Gesetz der eigenen Herrschaft und der persistierenden Verhältnisse, indem die mit ihm identische Staatsmacht Ausnahmen nur als solche gelten oder auch noch dann verbieten ließ.

Dan Diner spricht sogar »von einer Art Präambel des jüdischen Religionsgesetzes« (2005: 243), die in aramäischer Sprache ausgedrückt lautet: *dina demalkhuta dina* – das Gesetz des jeweiligen Landes ist das Gesetz.[28] Aber dieses Gesetz entwertet dennoch nicht die Gesetze der Tora. Der Grundsatz berührt zwar alle Rechtsbelange und schließt die Identität des jüdischen Gesetzes mit politischer Herrschaft aus, es bleiben jedoch zwei selbständige ›Rechtssphären‹ bestehen, zwischen denen ständig zu vermitteln den Juden aufgegeben ist. Und die Vermittlung erst schafft immer neue Bedeutungen in der Auslegung des Rechts, sie nicht nur zuzulassen, sondern förmlich zu provozieren, gehört zur Eigenart der jüdischen Gesetzesreligion. So wurde der Kommentar, wie Gershom Scholem schreibt, »zur charakteristischen Ausdrucksform des jüdischen

---

[28] Die Gesetze, die nur für das jüdische Volk gelten, werden allerdings schon in der Tora durch eine Art Kraftfeld gebrochen, das man als ›Nähe Gottes‹ fassen kann. Sie scheint im Judentum an die Stelle der politischen Macht gesetzt: dadurch ist »Israel« zwar einerseits von allen Völkern gesondert, aber andererseits erfordert gerade jene Nähe zugleich die Integration der Fremden, die unter den Juden leben und für die eigentlich die jüdischen Gesetze nicht gelten. In ihrem ›Kraftfeld‹ ist es nicht möglich, die Fremden mit ihren anderen Gesetzen einfach als Ungläubige auszugrenzen: in dieser Nähe Gottes, der in der Mitte der Nachfahren Abrahams wohnen will, »sind Regeln einzuhalten, sie gelten so ›objektiv‹, wie das heute für eine Starkstromquelle zu gelten hätte. Und deshalb können sie für Fremde keine anderen sein als für Israel selbst. Nicht einmal die Frage der Beschneidung kann, wie für den Bereich, wo dieses Kraftfeld des Heiligen nicht gilt, dabei entscheidend sein. Es ist kein Zufall, daß dann beim Priesterpropheten Ezechiel die Fremden sogar einen Anteil am Land bekommen genau wie die Israeliten selbst (Ez 47, 22f.)… Im priesterlichen Denken hat Gott Israel, die Nachfahren Abrahams, sich zum Volk gemacht und will als ihr Gott in ihrer Mitte wohnen. Aber diese Präsenz Gottes wird in einer Theologie beschrieben, in der letztlich die Probleme der Nähe zu Gott alle rechtlichen Differenzen brechen, nicht nur die von Freien und Sklaven, sondern auch die zwischen Israeliten und Nichtisraeliten. Max Weber hat in der Abfolge der israelitischen Rechtssammlungen vom Bundesbuch über das Deuteronomium zum Heiligkeitsgesetz eine ›steigende *Theologisierung* des Rechts‹ beobachtet, und viele sind ihm darin gefolgt. Rechtsgeschichtlich allerdings wird man in dieser Theologisierung etwas höchst Bedeutsames sehen müssen. In ihr erwuchs ein Denken, mit dem die Gleichheit vor Gott und seinem Recht formuliert wurde. Unabhängig von ihrem Status gilt es für Grundbesitzer und Tagelöhner, Sklaven und Freie, Reiche und Arme, sogar Israeliten und Nichtisraeliten. Das war eine der Voraussetzungen, Gottes Willen auch für ein exiliertes und entrechtetes Volk festhalten zu können.« (Crüsemann 2005: 359f.)

Denkens über die Wahrheit, dessen, was man rabbinischen Genius nennen könnte… Es ist gerade der Reichtum an Widerspruch, der lautwerdenden Meinungen, der von der Tradition umfaßt und in unbefangenster Weise bejaht wird. Der Möglichkeiten, die Tora zu interpretieren, waren viele, und der Anspruch der Tradition war gerade, alle auszuschöpfen. Sie bewahrt die widersprüchlichsten Meinungen mit einem Ernst und einer Unerschrockenheit, die erstaunlich ist, gleichsam als ob man nie wissen könne, wo eine einmal verworfene Meinung doch noch zum Grundstein eines ganz neuen Gebäudes werden könne.« (1970: 101f.)

Der Dualismus der Rechtssphären, der solchermaßen das ständige Weiterspinnen der Deutungen erfordert und schon die argumentative Dynamik des Talmud ausmacht,[29] löst sich auch im modernen Israel nicht auf, das Gewicht der Geschichte und der Diaspora wiegt zu schwer. Er schlägt sich hier in einer Vielzahl offenkundiger Gegensätze zwischen religiösem Leben und zionistischem Staatswesen, rituellen Erfordernissen und administrativen Notwendigkeiten, aber auch zwischen patriarchaler Familienform und individueller Emanzipation nieder, die auf je verschiedene Weisen überbrückt werden müssen. In ihm könnte nicht zuletzt die Besonderheit des jüdischen Staats, das Spezifische seiner Verfassungswirklichkeit, gesehen werden – eines Staats im übrigen, der zwar eine Gründungsurkunde und eine Reihe grundlegender, die Rechte des einzelnen betreffender Gesetze hat, aber keine geschriebene Verfassung.

Während Juden »religionsgesetzlich legitimiert, unter nichtjüdischer Herrschaft zu leben« vermögen – ein Umstand, der ihrer diasporischen Existenz entspricht –, sind hingegen Muslime gehalten, »sich der Herrschaft des Islam in doppelter Hinsicht zu unterstellen: dem Gesetz des Islam im Alltagsleben wie der die Einhaltung des Gesetzes garantierenden muslimischen Herrschaft… Denn eigentlich sind Muslime nur unter muslimischer Herrschaft in der Lage, die Maßgaben der Scharia zu erfüllen.« (Diner 2005: 244) Eine Vermittlung des Gemeinschaft stiftenden

---

[29] Im *Schulchan Aruch* allerdings – einer Art halachischem Handbuch, das hauptsächlich im 16. und 17. Jahrhundert verfaßt wurde und bis heute als der maßgebende halachische Kodex gilt – wird diese Dynamik vorsätzlich gebremst. Den Hinweis auf diese historisch zu deutende, relative Verarmung verdanke ich Diane Cohen, die mir auch den lebendigsten Eindruck vom Gegenteil vermittelte, dem unabschließbar zu entfaltenden Denken des Judentums.

heiligen Textes mit Gegebenheiten, die außerhalb seines Einflußbereichs liegen und von anderen Mächten erzwungen sind, eine Vermittlung also verschiedener Rechtssphären, wird im Geiste Mohameds verschmäht. Es kann ja eine wirkliche Überschneidung mit Gesetzen anderer Gesellschaften gar nicht geben, denn entweder handelt es sich dabei um die Länder der Ungläubigen, die zu bekriegen sind, oder um die Enklaven der bereits Unterworfenen; in beiden Fällen ist eine eindeutige Abgrenzung möglich. Der Kommentar zum heiligen Text verkümmert zur Befehlsausgabe; ihn zu interpretieren, soll möglichst auf eine einzige Bedeutung zielen, andere werden unterdrückt und ein für alle Mal verteufelt. Diese Armut an Widerspruch erlaubt es schließlich, technologische und finanztechnische Verfahren zu übernehmen, ohne im Inneren der religiösen Lehre einer Verbürgerlichung der Verhältnisse, also der relativen Autonomie des Individuums, Rechnung zu tragen, wie sie doch jenen Verfahren ursprünglich zugrunde liegen. Die bürgerliche Moderne, mit der das Judentum – den Widerspruch integrierend – in unendlich vielen Abstufungen eine Balance herzustellen sucht, wird also vom Islam in toto ausgegrenzt: sie soll als Widerspruch nirgendwo eindringen, nur so wird das Bewußtsein des geschichtlichen Stillstands bewahrt, auf dem die Aura der »heiligen Schrift« beharrt.

Den Widerspruch abzuwehren, der in der Krisensituation nach dem Ende des Osmanischen Reichs unnachgiebig in Erscheinung tritt, bedarf es jedoch ersichtlich einer Projektion, die wie im Christentum auf die Juden zielt. Sie, die sich einerseits zu wenig bekehren lassen, vor allem aber selbst kaum jemanden bekehren wollen, andererseits umso mehr genötigt sind, ihre Schrift mit den Bedingungen fremder Herrschaft zu vermitteln, das heißt: in widersprüchlichen Einklang zu bringen; die also keine Versöhnung behaupten, aber die Vermittlung suchen, sie stehen auch innerhalb der Feindbilder des Islam wie keine andere Religionsgemeinschaft für den unversöhnten, gesellschaftlich reproduzierten Gegensatz von Geist und Natur, Über-Ich und Es, denn sie stellen die gewaltsame Versöhnung in Frage, die der Märtyrer verkörpert, der den eigenen Leib im Namen Allahs opfert. Erlaubt jedoch die Verinnerlichung im Christentum noch in der Verteufelung der Juden die Reflexion, dort wo die Nähe zum Judentum bewußt wird (die Bachschen *Passionen* sind dafür paradigmatisch), wird dem Islam die Nähe nicht wirklich zu einem Problem, das die eigene Subjektivität ins Spiel bringen könnte. Denn dazu wäre wiederum jene, wie auch immer prekäre, christliche Anerkennung von Vermittlung nötig, die der Djihad nicht zuläßt, weil er den stellvertretenden Charakter des Selbstopfers abgeschafft hat. So ist auch die subjektive Möglichkeit, innere Distanz zu sich selbst zu gewinnen, verschlossen. Das verteufelte Fremde darf immer nur als äußere Bedrohung der politischen Einheit Allahs wahrgenommen werden. Und gerade um sich von dieser inneren »Schwäche« des Christentums abzugrenzen, braucht es desto dringlicher der antijüdischen Projektion. Die Juden in »Affen« und »Schweine« zu verwandeln (Sure 5, 64-69) ist das Bild, das vom islamischen Bilderverbot ausgenommen wird.

Das Christentum hat das Seine zur politischen Form des Antisemitismus, zum entfesselten Vernichtungswahn im Nationalsozialismus, beigetragen; sein Agens zur Vermittlung war auch zu deren Abschaffung dienlich, weil es im Bann des Selbstopfers stand; würden die Christen sich dessen endlich bewußt, es gäbe kein Christentum mehr. Wo jüdische Traditionen aber nicht zwanghaft abgewehrt wurden und somit noch das Unwahre am Selbstopfer zu Bewußtsein kommt, bildete das Christentum zugleich Voraussetzungen einer westlich orientierten Aufklärung aus, die den Kampf gegen den Antisemitismus aufnehmen konnte. Die Resonanz, die jener deutsch-österreichische Vernichtungswahn im Islam hervorgerufen hat, ist heute umso bedrohlicher, je weniger sich dort solche Voraussetzungen zeigen.

»Seelische Konstruktion« des Judentums und Objektivität der Wissenschaft

> Ich würde mich für den glücklichsten Sterblichen halten, wenn ich Menschen von ihren Vorurteilen zu befreien vermöchte. Dabei verstehe ich unter Vorurteilen nicht das, auf Grund dessen man bestimmte Dinge nicht weiß, vielmehr das, auf Grund dessen man sich selbst nicht kennt.
> Montesquieu, Vom Geist der Gesetze (2003: 92)

Mit seiner späten Schrift über Moses und die monotheistische Religion geht Freud weit über eine seit der Aufklärung betriebene Religionskritik hinaus, die alle Religionen gleichsetzt (und der er selber eben noch in seinen Schriften über *Die Zukunft einer Illusion* und *Das Unbehagen in der*

Kultur Tribut gezollt hatte), da er nunmehr doch mit Bestimmtheit auf das historisch entwickelte Verhältnis der verschiedenen Religionen zueinander aufmerksam macht.[30] Die antisemitische Regression hat sich plötzlich als dessen negativer Inbegriff entpuppt, der alle Säkularisierung übersteht, ja aus ihr erst seine größte Stärke bezieht, und zur Bedingung der Möglichkeit von Religionskritik gehört darum, nach seinem Gesichtspunkt zwischen den Glaubensrichtungen kategorisch zu unterscheiden. So befindet sich auch Freud, der doch als Wissenschaftler Anspruch auf Objektivität erhebt, zugleich innerhalb des Zusammenhangs, den er untersucht: Er ergreift gewissermaßen Partei oder hebt die Äquidistanz zu den verschiedenen Religionen auf, insofern er explizit von der Vergeistigung des Judentums und der Regression des Christentums spricht. Er steht einerseits außerhalb beider Religionen, soweit er Religion ganz allgemein als Menschheits-neurose bezeichnet und von religionsgeschichtlichen Fortschritten spricht – seine Idée fixe, daß Moses kein Jude war, scheint ihm seltsamerweise diesen Status zu verbürgen –; andererseits jedoch nicht, wenn er die eigen-artige Vergeistigung im Judentum hervorhebt, die erstaunlicherweise von der Verdrängung des Materiellen, »Fleischlichen«, ein klares Bewußtsein zuläßt – bringt er doch derart die Voraussetzungen seiner eigenen analyti-schen Arbeit zur Sprache. In diesem Zwiespalt erst verhindert der Anspruch auf Objektivität nicht mehr die Kritik der Verhältnisse.

Es ist also beileibe kein Zufall, daß die Psychoanalyse von jemandem erfunden wurde, der weder christlicher noch gar islamischer Herkunft war (und sowenig zufällig ist auch der Umstand, daß Israel heute wohl das Land mit der »höchsten Analytikerdichte« ist[31]). In Briefen deutete Freud immer wieder den Stellenwert solcher Voraussetzungen in ganz persönlicher Hinsicht an, Yosef Hayim Yerushalmi hat nachdrücklich auf diese Passagen hingewiesen: Freud spricht hier von einer bestimmten »see-lischen Konstruktion«, die für ihn jenseits der Religion die Anziehung des

---

[30] Lessings *Nathan der Weise* läßt sich übrigens keineswegs auf diese Tendenz festlegen, die in der berühmten Ringparabel zum Ausdruck kommt; in den Dialogen des Stücks hört man vielmehr das Diktum heraus, das Lessing schon im frühen Stück *Die Juden* geprägt hat: »Wenn zwei Nationen redlich mit einander umgehen sollen, so müssen beide das ihre darzu beitragen. Wie aber wenn es bei der einen ein Religionspunkt und beinahe ein verdienstliches Werk wäre, die andre zu verfolgen?« (Lessing 1989: 454)

[31] Vgl. hierzu das Interview mit Gehad Mazarweh: Ödipus in Arabien, in: *Die Zeit*, 11. 5. 2006

Judentums und der Juden »unwiderstehlich« mache; er rät einem Vater ab, seinen Sohn »nicht als Juden aufwachsen« zu lassen, weil er ihn dadurch »derjenigen Energiequellen« berauben würde, »die durch nichts anderes zu ersetzen sind«; besteht auf dem »psychischen Vorteil ... als Jude geboren und in der Kindheit von dem atavistischen Blödsinn verschont geblieben zu sein«; und er stellt bereits vor dem Bruch mit C. G. Jung fest, daß dieser als Christ und Pastorssohn »nur gegen sehr große innere Widerstände« seinen Gedanken folgen könne. Im Vorwort zur hebräischen Ausgabe von *Totem und Tabu* aus dem Jahr 1930, wo Freud festhält, daß er die heilige Sprache nicht verstehe, der väterlichen Religion – wie jeder anderen – völlig entfremdet sei, an nationalistischen Idealen nicht teilnehmen könne und doch die Zugehörigkeit zu seinem Volk nie verleugnet habe, bekennt er zugleich, daß er »seine Eigenart als jüdisch empfindet und sie nicht anders wünscht«. Frage man ihn: »Was ist an dir noch jüdisch, wenn du alle diese Gemeinsamkeiten mit deinen Volksgenossen aufgegeben hast?« – so würde er antworten: »Noch sehr viel, wahrscheinlich die Hauptsache. Aber diese Wesentliche könnte er gegenwärtig nicht in klare Worte fassen.« Er spricht von diesen Voraussetzungen und weiß, daß sie die besten Grundlagen für die »voraussetzungslose Wissenschaft« sind, die also »dem Geist des neuen Judentums nicht fremd bleiben kann.« (FGW 14: 569)

Noch deutlicher tritt die Paradoxie dann in der späten Moses-Studie zutage. Freud selbst empfand die zwangsartige Bewegung seines Denkens darin und entschuldigte sich bei Lou Andreas-Salomé, daß er diese Bewegung nicht voll zu beherrschen vermöge. Das Problem gerade der neuen Arbeit habe ihn sein »ganzes Leben durch verfolgt« (Andreas-Salomé/Freud 1966: 222ff.). Ilse Grubrich-Simitis, die anhand der Entstehungsgeschichte und der verschiedenen Fassungen »das Getriebene, das Zwanghafte in Freuds damaliger Beschäftigung mit der biblischen Figur« hervorhebt, sieht im letzten großen Werk sogar ein Ergebnis von Freuds Selbstanalyse, ähnlich dem ersten, der *Traumdeutung*, aber nunmehr auf die jüdische Herkunft reflektierend. Auch der Umstand, daß er entgegen seiner sonstigen Gewohnheit in diesem Fall nicht nur die Reinschrift, sondern die verschiedene Manuskriptfassungen aufgehoben hat, legt diese Deutung nahe. »Moses-Manuskript und Moses-Drucktext sind gleichzeitig Zeugnisse für die Tiefe der Verstörung, in die der Nazi-Terror Freud gestürzt hatte – Spuren, die er offenbar nicht löschen wollte.« (1994: 59, 77)

> Manchmal könnte man zweifeln, ob die Drachen
> der Urzeit wirklich ausgestorben sind.
> Sigmund Freud (FGW 16: 73)

Mit Freud müßte man sagen, daß Arnold Schönberg nicht wenige seiner späten Werke als »Menschheitsneurotiker« geschrieben hat. Eine Oper wie *Moses und Aron* zeigt ihn im Bann des religiösen Bewußtseins. In keinem Moment scheint er außerhalb davon zu stehen, er schöpft unmittelbar aus der universellen Zwangsneurose – aber es ist eine ganz bestimmte.

Bekanntlich kehrte Schönberg – nachdem er 1898 zum Protestantismus übergetreten war – 1933 in Paris, auf der Flucht aus dem nationalsozialistischen Deutschland, zum Judentum zurück. Dieser Schritt kam nicht überraschend. Es war gleichsam der dritte und letzte Akt jener unvollendet gebliebenen Oper. Der Weg, den er bereits hinter sich hatte, als er sich die Jahre davor an die Komposition der ersten beiden Akte machte, reichte bis in die Habsburgische Monarchie zurück, und er war mit Erfahrungen gepflastert, denen jeder sich ausgesetzt sieht, der einer jüdischen Familie entstammt und in einer antisemitischen Gesellschaft lebt, zu welchem Glauben und welcher Weltanschauung er sich auch bekennen mag. Schon in den ersten Monaten des Dritten Reichs zeigen seine Äußerungen und Aktivitäten ihn als einen der wenigen, die sofort etwas vom Ausmaß der Gefahr begriffen, in der sich das Judentum angesichts des Nationalsozialismus befand. Er begriff es sozusagen mit religiöser Intuition – während ein rationalem Denken verpflichteter Forscher wie Freud sich manchmal noch Illusionen machen konnte und etwa im *Mann Moses* die »feindliche Behandlung« des Judentums und des Christentums in der »nationalsozialistischen Revolution« offenbar für durchaus vergleichbar hielt (FGW 16: 198).

Das selbstverfaßte Libretto von *Moses und Aron*, das der Komposition voraufging, sollte ursprünglich einer Kantate zugrunde liegen. Sein Thema ist – wie etwas später bei Freud – die Durchsetzung der mosaischen Lehre im Judentum, die Frage: warum sich gerade diese Gottheit behaupten konnte, um dem Judentum genügend Kraft zu geben, alle »Schicksalsschläge«, Vertreibung und Exil zu überstehen. So vernimmt es Moses von der Stimme aus dem Dornbusch: »Dieses Volk ist

auserwählt von allen Völkern, das Volk des einzigen Gottes zu sein, daß
es ihn erkenne und sich ihm allein ganz widme, daß es alle Prüfungen
bestehe, denen in Jahrtausenden der Gedanke ausgesetzt ist.« (Schoenberg 1984: 22f.)

Im Unterschied zu Freud zeigt Schönberg allerdings im I. Akt mit
größerer Bestimmtheit die revolutionäre Kraft dieser Idee, indem er den
Beginn des Exodus zur Darstellung bringt: erst der Glaube an diesen
Gott, der alle Götter verneint, ermutigt die Menschen, sich zu befreien.
Zunächst erwarteten sie einen, der wie die anderen wäre, denen sie bereits
geopfert haben: »Ein neuer Gott: Neue Opfer!« (66) Diese Erwartung läßt
sie bloß in der Knechtschaft ausharren: »Laßt uns in Frieden! Wir wollen
ihn lieben! Zurück zur Arbeit! Wir wollen ihm opfern! Sonst wird sie
noch schwerer!« (86) Den Göttern zu opfern, ihr Leben ihnen hinzugeben,
empfinden sie als »Wollust«, »Gern wollen wir ihm Geld, Gut und Leben
opfern! Nehmt, fragt nicht lange; Selbstliebe zwingt uns, drängt uns, uns
ihm zu geben, Aussicht nicht nur auf Gnade; Hingabe selbst ist Wollust, ist
höchste Gnade!« (99ff.) Damit gestehen die Opferbereiten nichts anderes
als ihren grenzenlos gewordenen Narzißmus ein, mit dem sie ihr Leid
ertragen wollen: noch das Selbstopfer wird als Erfüllung narzißtischen
Wahns kenntlich. Moses aber enttäuscht ihre Erwartungen vollkommen
– und hier zeigt sich, daß Schönberg, wie Freud, die spätere Entfremdung
vom Opferkult bereits auf den Exodus der Tora projiziert: »Der Einzige,
Ewige, Allmächtige, Allgegenwärtige, Unsichtbare, Unvorstellbare …
verlangt kein Opfer von Euch … er will nicht den Teil, er fordert das
Ganze.« (106) Dieses Ganze heißt: Auszug aus Ägypten, Befreiung aus
der Knechtschaft. Es ist eine wirkliche Revolution, das wird erst durch
Aron, den »Mund« von Moses, deutlich: die leibliche Lust soll durch das
Geistige gerade nicht verneint, sondern bejaht und vorbereitet werden:
»der Ewige läßt euch sehen ein Abbild eures leiblichen Glücks in jedem
geistigen Wunder… Er wird euch (uns) führen in das Land, wo Milch
und Honig fließt; und ihr sollt (wir sollen) genießen leiblich, was euren
(unsern) Vätern verheißen geistig.« (187-211)

Der II. Akt entfaltet dann den Gegensatz von Vergeistigung und
Regression bis zu jenem Punkt, der Freud auf die Idee brachte, Moses
selber sei einem »Vatermord« zum Opfer gefallen, welcher in der Bibel
aber verschwiegen werde. Weil das Judenvolk noch nicht wirklich imstande gewesen sei, »eine so hoch vergeistigte Religion zu ertragen«

(FGW 16: 148), habe es sich erhoben, die Last der ihm auferlegten Religion abgeworfen und den Tyrannen Moses beseitigt, also den Mord am Urvater wiederholt. Eine solche Deutung liegt Schönberg allerdings ganz fern, Moses erscheint bei ihm äußerlich so unangreifbar wie in der Tora. Umso mehr konzentriert sich das Interesse des Komponisten jedoch auf den inneren Zwiespalt der Figur, der im Dialog mit Aron hervortritt, und auf den Widerspruch der Masse, die von Moses durch die Wüste geführt wird, also auf »jene Kette von ernsthaften Empörungen« gegen seine Autorität, die Freud hervorhebt, um seine Hypothese zu begründen, darunter vor allem »die Geschichte vom goldenen Kalb« (FGW 16: 149). Wenn aber Schönberg sie dramatisiert, dann wird ungleich deutlicher als bei Freud, wohin die Empörung gegen die mosaische Religion die Individuen treibt, welches Potential also in jenem Narzißmus steckt, der im Selbstopfer Erfüllung findet. »Lasset die Ferne dem Ewigen! Euch gemäß sind Götter gegenwärtigen, alltagsnahen Inhalts ... Opfert! ... Ihr sollt glücklich werden« (265-271), so kreiert Aron das Goldene Kalb, versucht damit dem blindwütigen Verlangen der von Ängsten gequälten Masse Rechnung zu tragen, offenbar um es irgendwie in den Griff zu bekommen. Aber der Drang zum Opfer verselbständigt sich sofort, und Aron bleibt ihm gegenüber so machtlos wie stumm. Sehnsüchte nach Regression werden vorgeführt, die notwendig in Vernichtung münden. Da ihnen aber anders als den späteren christlichen und islamischen nicht die Möglichkeit antisemitischer Verschiebung und Projektion eigen ist, wie sie Freud am Christentum aufgedeckt hat, resultieren sie beim jüdischen Kollektiv in schierer Selbstzerstörung, was Schönberg im Text, vor allem aber mit den eigenen Mitteln der Musik kenntlich macht. Das regressive Bedürfnis kulminiert nicht im Pogrom, sondern im kollektiven Suizid. Was als harmloses, rituelles Fest ums Goldene Kalb einsetzt, führt schließlich über Brand- und Tieropfer, einzelne Gewalttaten der Stammesfürsten und rituelle Gewalt der Priester zum Kult des Menschenopfers: Priester beginnen Jungfrauen zu schlachten. Unmittelbar danach beginnt die Menge »mit Verwüstung und Selbstmord«. Es ist aber, als ob die ganze Szene nur die panische Auflösung der Masse vorführt: das Irrewerden an den Führerfiguren bei gleichbleibender Gefahr bringt, nach der Freudschen Auffassung (FGW 13: 106), die Panik zum Ausbruch. Dem Kollektiv, das Schönberg darstellt, wird ein wirklicher Führer vorenthalten: Moses ist abwesend, um das Gesetz von Gott zu empfangen; Aron erschafft das

Goldene Kalb und tritt völlig zurück; Stammesfürsten und Priester bleiben ephemere Gestalten, zur Identifikation nicht geeignet.

Das Entsetzen über die sinnlosen Taten findet sich durch keine harmonischen Klänge widerrufen, durch keine gleichmäßigen Rhythmen gebannt. Tauchen sie in dieser Reihenkomposition auf, dann nur als vermeintliche Lösung und falscher Trost. Ästhetisierung wird hintertrieben: die Grausamkeit des Opferkults kann zum unmittelbaren Genuß nicht werden – wie im bewußten Gegensatz zu Strawinskys *Sacre du Printemps*. Schönberg komponiert die kultischen Vorgänge als widersinnige gesellschaftliche Destruktion, Gegenteil einer positiven Beschwörung naturhafter Rituale: die Rhythmen sind nicht einfach oder stampfend, sondern komplex und irregulär. Das Einfache und Stampfende, das der Kult erzwingt, wird lediglich zitiert, um denunziert zu werden: die Musik bricht permanent aus der Repetition zugunsten exzentrischer Akzentuierung und störender Gegenrhythmen aus (Schalz 1992: 118) – und in diesen konsequenten Abweichungen ergreift die Musik Partei fürs Individuum und gegen das Opfer.

Dirigenten wissen, wie schwierig es für Interpreten und Hörer sein kann, durch die unablässig wirksamen kleinen Notenwerte und Synkopen, die Schönberg gesetzt hat, die Grundschläge des Taktes überhaupt noch auszumachen (und einzelne – wie Daniele Gatti – schrecken nicht davor zurück, die Partitur zu manipulieren, um die Grundschläge herauszupräparieren), während die Schwierigkeiten, Strawinskys *Sacre* zu dirigieren und zu spielen vor allem im fortlaufenden Taktwechsel bestehen, dessen Grundschläge jedoch jeweils, für die Episode weniger Takte, eingehämmert werden – und sei's durch die stur wiederkehrende Synkope. Der Schlußtanz, mit dem die Erwählte des *Frühlingsopfers* sich zu Tode tanzt, enthält gezählte 154 Taktwechsel in 275 Takten – als sollte es dem Opfer durch den raschen Wechsel unmöglich gemacht werden, zur Besinnung zu kommen. Schönberg hingegen zeigt die ganze, ebenso lächerliche wie furchterregende Barbarei im »Tanz der Schlächter«, ohne ein einziges Mal das Metrum zu ändern. Was er als Tanz komponiert hat, vermag eigentlich nicht getanzt zu werden, jedenfalls nicht im konventionellen Sinn des klassischen oder modernen Balletts, so sehr sind durch die Bedachtsamkeit, mit der die Grundschläge relativiert werden, die Voraussetzungen des schönen Tanzes – Revokation von Vergeistigung und Individualität – bloßgelegt und kritisiert, während Strawinskys *Frühlingsopfer* von beliebigen Dilettanten einstudiert werden kann – und umso besser, wenn es Jugendliche sind und mit den Ritualen von Bandenkollektiven vertraut.[32]

Schönbergs Oper gestaltet den psychotischen Vorgang von Zerstörung und Selbstzerstörung eben nicht vom berauschten Kollektiv aus wie Strawinskys Ballett, sondern durch das Individuierte hindurch, das ihm zum Opfer fällt, wie Mahlers Symphonien und Lieder (manches groteske Element scheint direkt von Mahler übernommen). Es ist, als könnten die Individuen, die auf der Bühne ja nicht mehr Individuen sein wollen, sondern blind agieren wie die Freudsche Massenpsychologie es beschreibt, in der Musik doch zur Besinnung darüber kommen, was sie wirklich tun und was mit ihnen leibhaftig geschieht – als wäre Moses weiterhin anwesend und würde durch die Vergeistigung, die er fordert, diese Reflexion erlauben, die in der Musik stattfindet. Aber in Wahrheit geht die Musik über Moses hinaus, denn sie bringt zur Sprache, wovon der religiöse Führer abstrahieren muß, um Führer zu sein. Sie hebt diese Verdrängung auf, indem sie an der ganzen Situation des jüdischen Volks Angst und Schrecken des einzelnen Individuums wiederentdeckt, die einmal im fis-moll-Quartett und in den frühen Einaktern Schönbergs zum Bruch mit der Tradition nötigten.

Indem die Musik die Ohnmacht des modernen Subjekts offenlegt, bleibt es, wie Adorno sagt, seiner selbst mächtig, aber in Schönbergs sakralem Fragment wird dieses individuell Erfahrene gerade auch dem Chor anvertraut. Wenn dessen Prädominanz im Zusammenhang mit den Rollen der beiden religiösen Führerfiguren etwas wie das Einverständnis einer Gemeinde und deren kollektives, der Einzelregung vorgeordnetes Bewußtsein vorzugeben scheint – allein in der Expressivität, die Schönberg dem sakralen Duktus eben nicht opfert und die der Reihenkonstruktion als deren eigenster Gegensatz immer neu entspringt, vermögen die kollektiven Stimmen nicht weniger als die einzelnen von Aron und Moses und der

---

[32] So realisierte der Choreograf Royston Maldoom 2002/2003 Strawinskys Ballett mit 250 Berliner »Durchschnittskids aus 25 Nationen«. Die in Zusammenarbeit mit den Berliner Philharmonikern unter Leitung von Sir Simon Rattle entstandene Produktion wurde schließlich in dem Film *Rhythm is it!* von Enrique Sánchez Lansch und Thomas Grube dokumentiert und erregte in dieser Form einiges Aufsehen. Musikalische Regression in raffinierter Verfeinerung, nicht primitiv pumpernd wie bei Carl Orff, der die Nazis bediente, ließ offenkundig die Herzen der deutschen Oberstudienräte aus der 68er Generation höherschlagen.

unendlich differenzierte Tonsatz des ganzen Orchesters den Vorrang des Individuierten zum Ausdruck zu bringen, die »apriorität des Individuellen über das Ganze«, wie Hölderlin einmal die Regel der Poesie bestimmte (1951: 339). Darum vermochte Schönberg den Moses-Stoff nicht als Oratorium zu gestalten: der Chor ist hier allein deshalb als sogenannter Bewegungschor ausgeführt (zur Entstehungszeit der Oper war er in Mode), um der inneren Bewegung der einzelnen, vereinzelten Individuen Ausdruck zu geben. Dies aber in ihrem Verlangen nach leiblichem Glück und in der Not ihres Verlassenseins; und beides verstrickt sie in die Regression des Tanzes ums Goldene Kalb, der ihr Verlangen nicht erfüllt, sondern verhöhnt und ihre Verlassenheit zur Vernichtung steigert.

So schrickt das einzelne, vereinzelte Individuum – ob in der Gestalt des Chors, einer Solostimme oder des Orchesterparts – vor seinem Schicksal zurück, sei's das von Moses verkündete oder das vom Goldenen Kalb verkörperte; sehnt sich aber auch nach einer sinnlich erfahrbaren Erfüllung, die im Grunde beide versagen, der mosaische Gott durch Vergeistigung aufschiebt und sublimiert, der heidnische Kult aber in der Einheit des Opfers, Vernichtung und Selbstmord, vollständig beseitigt. Die Sexualfeindschaft, auf die das Werk als sakrales doch angelegt ist, wenn es den Sexus scheinbar allein im Tanz ums Goldene Kalb, also in der »Orgie« der Selbstvernichtung, zur Darstellung bringt, wird im Musikalischen dementiert: Sie zeigt sich als das Falsche im ausdruckslosen Unisono-Gesang der »70 Ältesten«, der die Menschenopfer einleitet und von Wagners desexualisierten *Parsifal*-Rittern inspiriert sein könnte, und im Ritualmord an den Jungfrauen, dessen musikalische Gestaltung ein Äußerstes an innerer Abscheu zum Tönen bringt. Die Sehnsucht nach einer Sexualität, die nicht Destruktion der anderen im Sinn hat, sondern die eigene Lust durch die der anderen erwecken möchte, die nicht aus Erniedrigung Lust bezieht, es sei denn, sie ist so spielerisch, daß sie sich umkehren läßt wie eine raffiniert gewählte Tonfolge – solche Sehnsucht schlägt sich hingegen im durchgehenden Melos der Oper nieder, in jener »warm und weit sich auslebenden Melodik, strömender in Moses und Aron als je seit Schönbergs Jugend«, dabei überaus neuartig vom Sprachrhythmus und seiner Asymmetrie inspiriert: »in der Reihe dann werden jeweils sprachrhythmische Grundgestalten thematisch, voll von Energie zur melodischen Fortsetzung. Nie erlahmt die Linie nach der Formulierung der plastischen Eingangsmodelle. Sie trägt weiter, ohne daß doch der Unterschied von Setzung und Fortsetzung verschwände.« (AGS 16: 474) Wie ein Wunder erscheint es, daß auch Moses, der ja durch die Konzeption auf Sprechgesang festgelegt ist und in dieser eingeschränkten, betont unsinnlichen Form des Singens dem Bilderverbot Rechnung tragen soll, daß auch diese Stimme sich der melodischen Dynamik nicht entziehen kann und gerade dem ausdruckslosen Gesang, worin die Abstraktion dem Kollektiv verkündet wird, besonders intensiven Ausdruck von individueller Trauer und Schmerz, die von der Abstraktion herrühren, zu entlocken vermag.

»O Wort, du Wort, das mir fehlt!«, ruft Moses am Ende des II. Akts aus – und der zuvor so überaus vielfältig entwickelte Tonsatz findet sich einige Takte davor bereits auf eine einzige Geigenlinie zurückgenommen (Schoenberg 1984: 502), die nun alle Expressivität in sich aufgenommen hat; in der alle Angst und Einsamkeit, die im Ganzen die verfolgten Menschen quälten, letzten Ausdruck im Einzelnen, Isolierten gewinnt. Moses hatte mit den Gesetzestafeln in der Hand Aron vermitteln können, daß allein diese Gesetze das jüdische Volk überleben lassen, aber bei ihm selbst droht sich das Gesetz gegenüber den Menschen zu verselbständigen:. Über das jüdische Volk sagte er, es lebe »nur deshalb«; Aron vermag ihm klarzumachen, daß damit doch die Individuen sich wieder opfern müßten: »Ein beklagenswertes, ein Volk von Märtyrern wäre es dann!« (472f.) Diese Möglichkeit ist es, die Moses verzweifeln läßt: »So habe ich mir ein Bild gemacht, falsch wie ein Bild nur sein kann.« (501) Das abstrakte Gesetz darf kein eigenes Bild sein, das nur Ganzheit vortäuschen würde, wo alles zerfällt; und der Schmerz der Kreatur, den es nicht wahrhat, muß in den Bildern bewußt werden, die das Zerfallene aufsammeln.

Der abschließende III. Akt, dessen Text Schönberg bereits geschrieben hatte, ehe er mit der Komposition des Ganzen überhaupt begann, sollte davon handeln, daß Moses die Identität des jüdischen Volks gleichsam wiederherstellt, Aron stirbt. Aber Schönberg hat ihn nicht komponiert. Für die reine Identität, die ihm dafür vorschwebte, für das gefundene Wort, fand er offenbar keine Musik – so sehr er sich auch in den zwei Jahrzehnten bis zu seinem Tod darum bemühte. Die »Wunschlosigkeit der Wüste«, die Moses hier predigt, während Aron vergeht, verkennt eigentlich die jüdischen Traditionen und mißachtet die Tora selber: Vergeistigung schlägt in Regression um, nicht nur weil Asketismus um seiner selbst willen gefordert wird, sondern eben darin die Trennung zwischen Gott und den Menschen aufgehoben sein soll: »Aber in der Wüste seid ihr unüberwindlich und werdet das Ziel erreichen: Vereinigt mit Gott.« Was Schönberg zur Komposition herausgefordert hatte, war der Widerspruch zwischen der Rettung durch Vergeistigung und dem Bedürfnis nach Regression, die Darstellung der Gefahr für das Judentum, die von außen droht und im Inneren wiederkehrt. Was er mit seinem Fragment künstlerisch erreicht hat, ist mehr, als einem vollendeten Meisterwerk je gelingen könnte, und stimmt – im Gegensatz zum Text des III. Akts – mit den jüdischen Traditionen überein, fern davon, sie nur zu verherrlichen: dem Unversöhnten in allen kompositorischen Konsequenzen die Augen zu öffnen – in der Hoffnung auf Versöhnung, ohne sie anders als im Negativen auszudrücken.

Moses und der Messianismus

> Die Rabbanan lehrten: Zwei und ein halbes Jahr stritten die Schule Šammajs und die Schule Hillels: eine sagte, es wäre für den Menschen besser, nicht erschaffen worden zu sein, als daß er erschaffen worden ist, und eine sagte, es sei für den Menschen besser, daß er erschaffen worden ist, als daß er nicht erschaffen worden wäre. Darauf stimmten sie ab und kamen überein, daß es für den Menschen zwar besser wäre, nicht erschaffen worden zu sein, nachdem er aber erschaffen worden ist, untersuche er seine Handlungen; manche lesen: erwäge er seine Handlungen.
> Érubin 13b (Der Babylonische Talmud. 1996/2: 37f.)

Die Bedeutung, die Moses für Freud und Schönberg gewann, hängt nicht zuletzt damit zusammen, daß er innerhalb des Judentums eine Art Gegengewicht bildet zu Messias. Wie keine andere der biblischen Gestalten vermag er messianische Utopie zu binden, sodaß die Einheit der Gesetzesreligion gewahrt bleibt, denn: »Es stand hinfort kein Prophet mehr auf in Israel so wie Mose, den sich Jhwh von Angesicht zu Angesicht vertraut gemacht hatte mit all den Zeichen und Wundern«. (Dtn 34,10f.) Unter dem Eindruck, was aus dem Messianismus des Judentums in den Händen der christlichen und politischen Theologie geworden ist – eine Figur, mit der das Selbstopfer vergöttlicht wurde, wie geschaffen zur unbedingten Identifikation mit dem politischen Verbrechen; eine Waffe gegen das Judentum, die half, die schlimmste Verfolgung in der Gegenwart vorzubereiten – akzentuieren Freud wie Schönberg das mosaische Erbe: die einzigartige Bestimmung von Moses für eine Religion, die »das Volk Israel« alle Verfolgung überstehen ließ. Als Überbringer der Tora und Lehrer des gesamten Gesetzeskodex kam natürlich seine Stellung innerhalb der jüdischen Überlieferung den im unmittelbar Politischen eher konservativen Positionen Schönbergs und den weitgehend liberalen Freuds entgegen, während jüdische Denker, die auf der Seite der radikalen Linken standen, wie Ernst Bloch und Walter Benjamin, vor allem an den messianischen Traditionen sich orientierten. Nicht ihnen aber galt es Moses entgegenzustellen, sondern eigenen Schülern, die dem atavistischen Wahn ihrer christlichen Herkunft nachzugeben und ihren inneren Widerständen gegen die neuen Lehren bereits erlegen waren oder zu erliegen drohten: bei Freud war das Jung[33], bei Schönberg Berg.[34]

---

[33] »Sie werden als Joshua, wenn ich der Moses bin, das gelobte Land der Psychiatrie, das ich nur aus der Ferne erschauen darf, in Besitz nehmen«, schrieb Freud an Jung (1974: 218), aber Jung wollte schließlich ins Reich der »arischen« Psychologie und verteufelte den »zersetzenden Charakter« der »jüdischen Psychoanalyse« (zit. n. Regine Lockot 1994: 99). Diesen Wunsch mußte Freud bei Jung früh schon erkennen. Ilse Grubrich-Simitis hat darauf hingewiesen, daß der Bruch mit Jung in die Periode fiel, in der Freud seinen Essay über den »Moses des Michelangelo« verfaßte. Mehr noch als während dieser frühen Krise der psychoanalytischen Bewegung brauchte er dann in der Phase des Nazi-Terrors »die Moses-Identifizierung zur Stabilisierung seiner Widerstandskraft«; in einer Zeit totalen Unrechts wurde »die Identifizierung mit dem prototypischen Gesetzgeber« zum dringenden Bedürfnis (Grubrich-Simitis 1994: 57). Und wie um die Identifizierung noch reflektieren zu können, spekulierte Freud, daß Moses selbst kein Jude gewesen sei: »Eine *subjektive* Funktion der Ägypterhypothese könnte für Freud darin bestanden haben, ihm gegenüber der Übermacht seiner Identifizierung Distanz zu verschaffen, Moses, der gewissermaßen konkretistisch von ihm Besitz ergreifen wollte, von sich wegzurücken – sozusagen mittels der separierenden Logik des Konditionalsatzes: ›Wenn Moses ein Ägypter war...‹, dann bin ich *nicht* Moses.« (59)

[34] Schönberg komponierte die beiden ersten Akte von *Moses und Aron* zur selben Zeit, als Alban Berg an der Oper *Lulu* arbeitete, und gerade über die Szene mit dem Goldenen Kalb, »mit der ich sehr viel ›gemeint‹ habe« (zit. n. Häusler 1996: 43), wollte er die Meinung seines Schülers wissen. Vielleicht befürchtete er sogar in dessen neuem Opernprojekt eine Abkehr von seinen ästhetischen Prinzipien: bejahter Kult des lebenden Golds, einer Sexualität, die als Zerstörung und Selbstzerstörung die Menschen in ihren Bann zwinge. Später, nach Bergs Tod, als Schönberg gebeten wurde, *Lulu* fertigzustellen, entdeckte er in den Skizzen des Particells eine musikalische Judenkarikatur, die ihn schockierte, er lehnte ab mit den Worten: »Soll ich mich nun daran inspirieren, zur Instrumentation einer Musik, die eine besondere Art von Gemeinheit bereits durch

Denn unabhängig davon, wieweit Freud und Schönberg der jüdischen Vorstellung von Erlösung selbst noch folgen wollten, in der Konzentration auf den Exodus betonten sie immer auch das Besondere der Einheit des Judentums. Darin ist Moses Garant dafür, daß Messias sich nicht wie im Christentum zur Figur eines ebenso überirdischen wie nur im Inneren der Menschen wirksamen Erlösers verselbständigen kann: er verleiht dem jüdischen Messianismus gleichsam die Erdung, die er schließlich braucht, um sich gegenüber der christlichen Fixierung auf Innerlichkeit und Jenseits zu behaupten; im Unterschied zu ihr beharrt das Judentum, wie Hegel sagt, »vielmehr in der Realität und verlangt darin Versöhnung« (HW 12: 391). Der ständige Rekurs auf den Exodus, der das jüdische Bewußtsein noch in seinen messianischen Vorstellungen auszeichnet (und nur dort verloren geht, wo auch das Judentum verloren geht, wie etwa bei Sabbatai Zwi), erlaubt erst jenen »völlig anderen Begriff von Erlösung«, der nach Gershom Scholem alles Messianische der Juden bestimmt: »Das Judentum hat, in allen seinen Formen und Gestaltungen, stets auf einem Begriff von Erlösung bestanden, der sie als einen Vorgang auffaßte, welcher sich in

den Umstand gekennzeichnet findet, daß diese Person ein Jude ist, da sie mauschelt?« (Csampai/Holland 1985: 247) Schon 1934 war er »sehr aufgeregt und (ich muß sagen) nicht nur deprimiert, sondern geradezu verzweifelt«, weil er keine Stellungnahme von Berg und Webern zur Naziherrschaft in Deutschland erhalten hatte: »Und da wir Juden ja in dieser Zeit es hundertmal erlebt haben, daß Unglaubliches geschehen ist, daß heute plötzlich Nazi worden waren, die noch gestern Freunde waren, so konnte ich mir euer Schweigen ... gar nicht anders erklären, als daß auch Ihr dort euch angeschlossen habt... Nun ist vor einigen Tagen endlich ein Brief von Berg gekommen, der auf meine direkte Frage (scherzhaft) klar ›Nein‹ sagt.« (Nono-Schoenberg 1992: 304) In der antisemitischen Karikatur erblickte er dann »Zutaten Bergs, welche ihm leider bei den Nazis nicht genützt haben. Ob er sichs davon versprochen hatte?« Anders als in Freuds Beziehung zu Jung, die in geistiger wie persönlicher Hinsicht niemals so eng war wie die Schönbergs zu Berg, führte die Enttäuschung nicht zum Bruch – Schönberg wollte das Werk vor allem aus einem Grund nicht fertigstellen: »ich will die Möglichkeit haben, ihm das selbst zu vergessen« (Csampai/Holland 1985: 246). Daß diese Möglichkeit noch bestand, liegt aber daran, daß Bergs künstlerische Entfaltung und sein etwas unklares Verhältnis zu den Nazis eben keineswegs mit Jungs Theorieentwicklung und eindeutigen Nazisympathien vergleichbar sind. Schönberg erkannte in den Werken Bergs nach wie vor die Treue zu seiner kompositorischen Lehre, die nur an diesem einen Punkt des Particells versagte, so wie Berg und Webern ihren Lehrer und Mentor niemals wie Jung verraten haben. Es ist darum nicht ganz abwegig, in Arons Gestalt gewisse Momente von Schönbergs Verhältnis zu Berg wiederzuerkennen (vgl. Scheit 2006: 484).

der Öffentlichkeit vollzieht, auf dem Schauplatz der Geschichte und im Medium der Gemeinschaft, kurz, der sich entscheidend in der Welt des Sichtbaren vollzieht und ohne solche Erscheinung im Sichtbaren nicht gedacht werden kann. Demgegenüber steht im Christentum eine Auffassung, welche die Erlösung als einen Vorgang im ›geistlichen‹ Bereich und im Unsichtbaren ergreift, der sich in der Seele, in der Welt jedes einzelnen, abspielt, und der eine geheime Verwandlung bewirkt, der nichts Äußeres in der Welt entsprechen muß.« (1970: 121)

In gewisser Weise war der jüdische Messianismus die Idee eines zweiten Exodus, sie vermischte sich einerseits mit Elementen der royalistischen Ideologie des Hauses David, denn der künftige Führer wird häufiger mit königlichen als mit prophetischen Begriffen geschildert (Walzer 1998: 125), seine Nähe zu einem wirklichen, neuzuschaffenden Staat ist sogar ausgeprägter als bei Moses. Andererseits aber geht dieses Denken in seinen charakteristischen Zügen über den Staat gerade hinaus, beinhaltet sogar ein Ende der politischen Geschichte selbst und eine Verwandlung der Welt, die Erlösung der Menschen und sogar der Tiere vom Leid. Zugleich hat sich der messianische Anspruch, so sehr er den gegenwärtigen Zustand der Welt auch transzendiert, mit Bestimmtheit am Äußeren zu bewähren, in den »realsten Kategorien«: »Die Wiederherstellung aller Dinge an ihren rechten Ort, welche die Erlösung ist, stellt eben das Ganze wieder her, das nichts von einer solchen Scheidung von Innerlichkeit und Äußerlichkeit weiß. Das utopische Element im Messianismus, das die jüdische Überlieferung so weitgehend beherrscht, betraf dieses Ganze, und nur dieses Ganze.« (Scholem 2002: 34)

Im Zionismus wird nun die Erinnerung des Exodus unmittelbar politisch – revolutionär darin, daß diese Bewegung einen Staat hervorbringt, der in Hinkunft das Schlimmste, das von der politischen Theologie der Nationen droht, verhindern soll: die Verfolgung und Vernichtung der Juden. Im Verhältnis des Zionismus zu den messianischen Traditionen setzen sich darum der alte Gegensatz und die alte Einheit von Exodus und Erlösung, Moses und Messias unter sich wandelnden Bedingungen fort, wobei die Trennung zwischen zionistischem Engagement und messianischem Glauben geradezu als Voraussetzung begriffen werden kann, die Identität des Judentums zu wahren. Scholem bestritt »kategorisch, daß der Zionismus eine messianische Bewegung sei«: »Die Erlösung des jüdischen Volkes, die ich mir als Zionist wünsche, ist keineswegs identisch mit der religiösen

Erlösung, die ich für die Zukunft erhoffe… Das zionistische Ideal ist die eine Seite und das messianische Ideal die andere; die beiden stimmen nicht überein, es sei denn in der schwülstigen Phraseologie von Massendemonstrationen«.[35] Ein liberaler Linker wie Michael Walzer stützt sich zu Recht auf dieses Zitat und betont fast überrascht, daß ausgerechnet »die stärkste Opposition gegen den politischen Messianismus rechter Zionisten« von »dem größten Gelehrten des jüdischen Messianismus« ausging (1998: 148). Walzer wie Scholem befürchten den Verlust einer für den Zionismus entscheidenden Balance und ein gewisses Übergewicht oder unvermitteltes Eingreifen der messianisch orientierten Kräfte in zionistischer wie israelischer Politik. Während Scholem aber unabhängig davon sich die messianische Erlösung in der Zukunft erhofft, akzentuiert Walzer – wie einst Freud, nur mit ganz anderen Mitteln – die Traditionen des Exodus, um seinen Begriff von Revolution zu bestimmen.

Es spricht vieles dafür, daß revolutionäre Bewegungen und kritisches Denken immer erst mit dem christlichen Messianismus brechen mußten und zwar regelrecht im Geist des Exodus, um überhaupt ihrem Begriff gerecht zu werden. Selbst Marx dachte die Revolution zunächst eher in den Vorstellungen des christlichen Erlösers, seine politische Vergöttlichung des Proletariats geht ebenso darauf zurück wie der Versuch, bei antisemitischer Kapitalismuskritik Anleihen zu nehmen. Die Notwendigkeit des Bilderverbots wurde ihm jedoch umso bewußter, je konsequenter er die gesellschaftlichen Verhältnisse als Ganzes analysierte, worin nunmehr das Proletariat nur noch als ein spezifischer Teil des Kapitals firmiert; je genauer er bestimmen konnte, daß in der modernen Gesellschaft die Herrschaft der Abstraktion, die der Bilder spottet, an die Stelle persönlicher Herrschaft tritt, die sich noch mit Juden und Christen bebildern ließ; je mehr er begriff, warum die Wahrheit einer anderen Gesellschaft allein in der Kritik der unwahren erkannt werden muß. Damit war aber nun doch auch der Weg frei, der Revolution ein anderes, mit Benjamin gesprochen: ihr wahres messianisches Gesicht zurückzugeben.

---

[35] Im offiziellen Gebet des israelischen Oberrabbinats (»Geliebter Vater im Himmel … segne Du den Staat Israel, den Beginn des Morgenrotes unserer Erlösung«) oder in den Äußerungen eines Rabbiners im israelischen Fernsehen (»Der Staat Israel ist zweifelsohne Teil der Geburtswehen des Messias«, Yehuda Amital) finden sich die entsprechenden Kompromißformeln (vgl. Münz 1995: 299f.).

Wenige Jahre nach Freuds *Mann Moses* und Schönbergs *Moses und Aron*
schrieben Max Horkheimer und Theodor W. Adorno in der *Dialektik der
Aufklärung*, daß »zwischen Antisemitismus und Totalität ... der innigste
Zusammenhang« bestehe (AGS 3: 196) – und beriefen sich indirekt auf
einen Begriff vom Ganzen, der in der Zweiten Wiener Schule so unbe-
kannt scheint wie in der Psychoanalytischen Vereinigung: Reflexion einer
verkehrten, verrückten Form – der Wertform –, wie sie Marx im *Kapital*
entwickelt hat; verkehrt und verrückt darin, daß sie absolut leer ist, und
alles in sich begreifen kann; zu Ende gedacht aus nichts besteht und
doch alles determiniert – das Verhältnis der Menschen zueinander wie
zur äußeren und inneren Natur; von Menschen gemacht und von ihnen
zur Gänze verselbständigt, sodaß der Mensch selber »höchstens noch
die Verkörperung der Zeit« ist, der leeren Zeit, einer von den konkreten
Arbeiten im »realen Vollzug« eines »Abstraktionsprozesses« abgezoge-
nen, dadurch leer gewordenen Zeit – so Georg Lukács in jenem Aufsatz
über Verdinglichung, von dem die Kritische Theorie einmal ausging:
die Warenform sei das »Urbild aller Gegenständlichkeitsformen und
aller ihnen entsprechenden Formen der Subjektivität in der bürgerlichen
Gesellschaft« (1981: 170ff.) .

Der *Dialektik der Aufklärung* gelang auf solcher Grundlage philosophisch darzulegen, was Schönberg und Freud nicht aussprechen, aber
doch voraussetzen, indem sie sich jüdischer Traditionen vergewissern:
daß deren Monotheismus keineswegs als Ursache des Antisemitismus
gelten kann, jedoch das Apriori bereithält, ihm auf die Spur zu kommen;
die Entgrenzung aller Regressionswünsche nicht notwendige Folge der
Vergeistigung ist, sondern einem Zusammenhang entspringt, der darüber
hinausreicht, was als Regression und Vergeistigung sich noch fassen läßt,
aber den zu erkennen jenes Apriori nötig ist: dem falschen Ganzen.

Es ist dieser Begriff negativer Totalität, der Kritische Theorie nach
Auschwitz schließlich in die Nähe einer jüdischen Holocaust-Theologie
führt. Ihre Argumentationslinien treffen sich allerdings nur dort, wo nicht
mehr argumentiert werden kann; wo die Ermordeten vor der Sinngebung
des Leids sicher sind: »A Jew at Auschwitz was not a specimen of the
class ›victim of prejudice‹ or even ›victim of genocide.‹ He was singled out
by a demonic power which sought his death absolutely, i.e., as an end in

itself.« (Fackenheim 1970: 81) Nationalsozialismus ist nach Emil Ludwig
Fackenheim als »annihilation for the sake of annihilation, murder for
the sake of murder« aufzufassen: »For twelve long years Jews had been
singled out by a hate which was as groundless as it was implacable. For
twelve long years a power had held sway in the heart of Europe to which
the death of every Jewish man, woman, and child was the one and only
unshakable principle. For twelve long years the world had failed to oppose
this principle with an equally unshakable principle of its own.« (Ebd.) So
unerklärbar sie ist, so zwanghaft zielte die Vernichtung auf die Angehörigen einer bestimmten Religion und deren Nachfahren: »The more than
one million Jewish children murdered in the Nazi holocaust died neither
because of their faith, nor despite their faith, nor for reasons unrelated to the
Jewish faith.« (70) Es ist das eine Notwendigkeit, für die Kritischer Theorie
die Begriffe fehlen, fehlen müssen: genau davon gibt ihr Totalitätsbegriff
Auskunft; in diesem Negativen besteht ihre Gemeinsamkeit mit jüdischer
Theologie nach Auschwitz, soweit diese sich allerdings weigert – und das
ist der größte Bruch, der durch sie hindurchgehen kann – die Vernichtung
noch als Strafe Gottes zu betrachten. Darin allein stimmen der idiosyn-
kratische Existentialismus Jean Amérys, die zerspaltene Theologie Emil
L. Fackenheims und die negative Dialektik Theodor W. Adornos überein:
bloße Säkularisierung ist so wenig möglich wie ungebrochener Glaube
angesichts des Nichtmitteilbaren, das mitgeteilt werden muß.[36]

[36] Bei Fackenheim zeigt sich am deutlichsten eine Annäherung an die *Negative Dialektik*
Adornos: statt von einem kategorischen Imperativ nach Auschwitz spricht er vom »614.
Gebot«, das durch Auschwitz zu jenen 613 hinzugesetzt ist, die nach rabbinischer
Zählweise in der Tora niedergeschrieben sind. Dieser Rabbiner – der ursprünglich
in Deutschland gewirkt hatte, wo er mehrere Wochen im KZ Oranienburg inhaftiert
worden war; der 1940 nach Kanada flüchtete und 1983 nach Israel übersiedelte – hat
den kategorischen Imperativ nach Auschwitz in bestimmter Hinsicht sogar präziser
als Adorno formuliert, und nicht nur, soweit er sich ans Judentum wandte: »Jews are
forbidden to hand Hitler posthumous victories... A Jew may not respond to Hitler's
attempt to destroy Judaism by himself cooperating in its destruction. In ancient times,
the unthinkable Jewish sin was idolatry. Today, it is to respond to Hitler by doing his
work... The commanding Voice of Auschwitz bids Jews, religious and secularist, not to
abandon the world to the forces of Auschwitz«. (1970: 84, 87) Einen Sinn im Holocaust
zu finden sei für immer unmöglich, aber authentische Antworten ein Imperativ für Juden
und Nicht-Juden, der keinen Kompromiß vertrage. Das Herzstück jeder authentischen
Antwort auf den Holocaust – religiös wie nicht-religiös, jüdisch wie nicht-jüdisch – ist
eine Verpflichtung zur Sicherheit und Autonomie des Staates Israel (Fackenheim 1978:

Freuds historische Spekulation und Schönbergs kompositorische Kritik stehen an der Schwelle zu solcher Erkenntnis, denn sie wissen nur zu gut, daß jenes Bedürfnis nach Regression immer schon auf die Repräsentanten einer Vergeistigung zielte, die offen ausspricht, was sie verdrängt, weil Versöhnung nicht möglich ist, und indem sie es ausspricht, die Möglichkeit zur Sublimierung eröffnet. Wenn das Judentum die falsche Versöhnung verweigert, die Christentum und Islam im Selbstopfer vormachen, hält es zugleich die Möglichkeit für die wahre offen. Darin erkennen Adorno und Horkheimer schließlich den Unterschied dieser Religion zu allen anderen: Sie dulde »kein Wort, das der Verzweiflung alles Sterblichen Trost gewährte. Hoffnung knüpft sie einzig ans Verbot, das Falsche als Gott anzurufen, das Endliche als das Unendliche, die Lüge als Wahrheit. Das Unterpfand der Rettung liegt in der Abwendung von allem Glauben, der sich ihr unterschiebt, die Erkenntnis in der Denunziation des Wahns.« (AGS 3: 40f.) Lange ehe das Verhältnis überhaupt existierte, das den Wahn schlechterdings mit System hervorbringen sollte und das Marx unter dem Titel Kapital als total gewordene Form des unversöhnten Zustands analysiert, bildete das Judentum unter ganz bestimmten historischen Bedingungen eben jene Fähigkeit zur Abstraktion aus, die sich durch keine falsche Erlösung beeindrucken läßt, und ohne deren Intransigenz weder das *Kapital* und die *Dialektik der Aufklärung*, noch die *Traumdeutung* und

282). Sie wird so formuliert, daß sie in allem dem 614. Gebot Rechnung trägt und sich zugleich weigert, Auschwitz einen Sinn zu geben (vgl. Fackenheim 1987: 37). Zurecht bestreitet Fackenheim die Möglichkeit eines reinen, jüdischen Säkularismus, wie ihn Freud vielleicht am prononciertesten vertrat, nach Auschwitz: »A secular holiness, as it were, has forced itself into his vocabulary.« (Und diese »säkulare Heiligkeit« tritt, wie bei Améry zu sehen ist, gerade dort am deutlichsten zutage, wo ein explizit atheistischer Standpunkt eingenommen wird.) Aber ebensowenig ist ungebrochener Glaube an Gott noch möglich, kann es doch nur eine Offenbarung ohne Gott sein, die das 614. Gebot der Tora hinzufügt. Soweit an seine Präsenz unbewegt geglaubt wird, vermag dieses Gebot sich auch und gerade gegen das Individuum zu wenden – zum Dogma zu werden, das einerseits die einzige Freiheit verbietet, die dem Individuum angesichts des Äußersten bleibt: den Freitod; wie es andererseits unterschlägt, daß eine Gesellschaft möglich sein könnte, in der diese Freiheit für alle individuellen Handlungen verallgemeinerbar wäre und keine Verpflichtung *im Leben* mehr bestünde, ein Leid zu erdulden, das die totalitär gewordene Warenform den Menschen zumutet. Der Glaube an die Präsenz Gottes verleugnet mit einem Wort, daß der kategorische Imperativ »im Stande der Unfreiheit« (Adorno) aufgenötigt ist. Letztlich kommt alles darauf an, wie »the forces of Auschwitz« zu begreifen, d. h. zu bekämpfen sind.

das *2. Streichquartett op. 10* geschrieben worden wären. Die Bedingungen bestanden in dem Zwang, ohne eigenen Staat, im Exil, in der Diaspora, zu leben.

Die Figur von Moses jedoch, die Schönberg und Freud so sehr beschäftigte, als die große Vertreibung und Vernichtung in Deutschland eingeleitet wurde, kann als mythischer Versuch gelten, diese Erfahrung auszudrücken, ohne sie ins Positive zu wenden: Moses ist das Bild, das sein eigenes Verbot expliziert. Zu ihm führte Freuds rückhaltlose Suche nach Begriffen und Schönbergs leidenschaftliche Frage nach Darstellungsformen. Und im Negativen, im unreglementierten Zweifel der psychoanalytischen Erzählung wie in der klarsichtigen Verzweiflung des komponierten Dramas, die beide die Individuation noch in Begriff und Darstellung der falschen Kollektive bekräftigen, verbirgt sich auf je eigene, kaum zugängliche Weise das wahre messianische Gesicht der Revolution.

Psychoanalyse nach Auschwitz

Die deutsche Fähigkeit zu trauern und die französische Kur
für den Souverän (Mitscherlich, Lacan)

Nach Auschwitz eine Analyse zu machen ist barbarisch – das war die Erfahrung von Analytikern und Analysanden, die selbst der Vernichtung im Nationalsozialismus entgangen oder Kinder von Überlebenden waren. Elisabeth Brainin berichtete Anna Freud von ihren Schwierigkeiten mit Patienten, die antisemitische Phantasien in Analysen äußerten, und die Tochter Freuds ermahnte die Tochter von Überlebenden geradezu, solche nicht zu behandeln, dies sollten doch andere tun (Brainin 1993: 15). Der Ermahnung strikt zu folgen, das hieß allerdings im Nachkriegsösterreich, den Beruf des Analytikers gleich an den Nagel hängen. Sind aber die Analysanden selbst Überlebende oder Nachfahren von Überlebenden erliegt der Analytiker, so Brainin, der Gefahr, »aus einem eigenen Bedürfnis nach Wiedergutmachung und Ungeschehenmachen die gleichen Abwehren wie die Patienten zu benutzen« und trägt auch noch dazu bei, dessen aggressive Impulse und ödipale Wünsche zu unterdrücken. Widersteht der Analytiker dieser Gefahr, kann der Patient das Gefühl bekommen, er wolle »die Realität der Massenvernichtung nicht anerkennen« und wird sehr rasch

»in der Übertragung ein großes Maß an Mißtrauen entwickeln, das zu einem Stillstand der Analyse führen kann. Eine andere Möglichkeit wäre ein ununterbrochener Zweikampf zwischen Patient und Analytiker über Wahrheit, Realität und Phantasie. Jede Interpretation erlebt der Analysand als Angriff, der sich auch gegen seine Eltern richtet und inakzeptabel ist.« (Brainin 1993: 91) John S. Kafka, der aus Österreich nach Amerika geflüchtet war, beschreibt die psychische Erfahrung nationalsozialistischer Verfolgung als »Zerbrechen«, wodurch das implizite Ziel psychoanalytischer Behandlung, nämlich ein Gefühl der Kontinuität des eigenen Lebens herzustellen, nicht mehr möglich sei: »Diese Erfahrung ist durch Deutung nicht zu beeinflussen.« (Kafka 2005: 148ff.)

Die Realität der Massenvernichtung anerkennen, bedeutet die Beschränktheit der Analyse anerkennen – äußerste Konsequenz einer Analyse im Sinne Freuds, der von Anfang an über ihre Grenzen reflektierte. Schon in seiner frühen Religionskritik zeigte er sich zur Erkenntnis bereit, daß Religion als falsches Bewußtsein nicht vollständig aus der Analyse der sexuellen Komponenten der Schuldgefühle, also nicht allein mit psychoanalytischen Methoden, erschlossen werden kann, weil diese Schuldgefühle im Unterschied zu den individuellen, die den Neurosen zugrunde liegen, ebenso auch nichtsexuelle Komponenten besitzen; er deutete indirekt an, daß es eben auch anderer Methoden bedarf, die Widersprüche der zivilisatorischen Entwicklung aufzuklären, und das ließe sich sogar als Hinweis auf die Kritik der politischen Ökonomie lesen, von der Freud doch so wenig wußte (FGW 7: 139).

Aber Auschwitz stellt in Frage, daß auch die Erkenntnis sämtlicher Komponenten dieser Taten etwas von deren Motiven verständlich machen könnte; vielmehr das Barbarische zuletzt noch darin besteht, sie verständlich zu machen, rückblickend ihnen Sinn zu geben – einen Sinn wie ihn Psychoanalyse etwa noch der Triebunterdrückung im Namen der Kultur geben konnte. Im Antisemitismus jedoch und angesichts des heranreifenden Vernichtungsstaats stieß auch Freud schon auf den Widersinn solcher Sinngebung – und an diesen Stellen bekommen seine Äußerungen unverhohlen misanthropischen Charakter: »In der Frage des Antisemitismus«, so Freud an Arnold Zweig (2. 12. 1927), »habe ich wenig Lust, Erklärungen zu suchen, verspüre eine starke Neigung, mich meinen Affekten zu überlassen, und fühle mich in der ganzen unwissenschaftlichen Einstellung bestärkt, daß die Menschen so durchschnittlich und im großen ganzen doch elendes Gesindel sind.« (Freud/Zweig 1980: 11) Aber alle affektive Misanthropie konnte die substantielle Erfahrung nicht auslöschen, daß bei diesem elenden Gesindel eben doch noch zu unterscheiden wäre: »hätte ich aus den Erfahrungen vor Verdun die richtigen Schlüsse gezogen«, schrieb Freud in einem anderen Brief an Zweig (23. 9. 1935), »so hätte ich wissen müssen, daß man unter dem Volk nicht leben kann. Wir dachten alle, es sei der Krieg und nicht die Menschen, aber die anderen Völker haben auch Krieg gehabt und sich doch anders benommen.« (Ebd. 121)

Herbert Marcuse nannte einmal, gegen die Revisionisten gewandt, die Therapie, die der Psychoanalyse möglich sei, einen »Kurs in Resignation«: es ist »viel erreicht, wenn es uns gelingt, ›das hysterische Elend in gemeines Unglück‹ zu verwandeln, das das übliche Los der Menschheit ist. Dieses Ziel soll nun gewiß nicht bedeuten, daß der Patient fähig wird, sich völlig einer Umgebung anzupassen, die seine reifen Bestrebungen und Fähigkeiten unterdrückt. Trotzdem muß der Analytiker als Arzt, das soziale Gerüst der Tatsachen, in dem der Patient zu leben hat und das er nicht ändern kann, akzeptieren. Dieser nicht weiter zu reduzierende Kern notwendiger Übereinstimmung wird noch durch Freuds Überzeugung verstärkt, daß die repressive Grundlage der Kultur überhaupt nicht geändert werden kann«. (MS 5: 210)

Auschwitz ist jedoch nicht das übliche Los der Menschheit; keine Umgebung, die reife Bestrebungen und Fähigkeiten unterdrückt; nicht die allgemeine repressive Grundlage der Kultur: hier muß der Kurs in Resignation versagen, und es kann nicht gelingen, das hysterische Elend in gemeines Unglück zu verwandeln; das soziale Gerüst dieser Tatsachen soll nicht akzeptiert werden, wieviel auch immer die Analyse im einzelnen dazu beitragen kann, daß die Überlebenden und ihre Nachkommen weiter überleben können. Seltsamerweise sprechen gerade die Arbeiten der Kritischen Theorie, die sich im einzelnen um das mögliche »Veralten der Psychoanalyse« drehen, kaum irgendwo aus, daß genau darin ihr wirklicher Anachronismus besteht und sonach die Nötigung, mit der Psychoanalyse und zugleich gegen sie zu denken. Adorno berührt diesen Punkt, wenn er, eigentlich in anderen Zusammenhängen und ganz allgemein, die Möglichkeit, dieses Vergangene aufzuarbeiten, in Frage stellt. Eine Vergangenheit, die nicht historisiert werden kann, läßt umso mehr die Therapie historisch erscheinen: da in der nationalsozialistischen Phase »die kollektiven Machtphantasien« derer sich erfüllten, »die als Einzelne

ohnmächtig waren und nur als eine solche Kollektivmacht überhaupt als
etwas sich dünkten«, werde keine »noch so einleuchtende Analyse ...
die Realität dieser Erfüllung hinterher aus der Welt schaffen und die
Triebenergien, die in sie investiert sind« (AGS 10/2: 563). So west in den
Menschen die Bereitschaft zum Unsäglichen fort – und zwar über die
Generationen hinweg, wie sich heute mit den Mitteln der Psychoanalyse
erkennen läßt.

Habermas als Psychoanalytiker

Die starke Neigung, sich seinen Affekten zu überlassen – damit markierte
Freud selbst die Grenzen der Psychoanalyse im Zeitalter der Vernichtung.
Diese Neigung gilt es – in der Reflexion solcher Grenzen – zu stärken,
andernfalls endet die Freudsche Lehre bei der Unfähigkeit zu denken, bei
Alexander und Margarete Mitscherlich; oder, darüber noch hinaus, bei der
Bereitschaft zum Opfer, bei Jacques Lacan.

Dabei war doch jenes weithin bekannte, deutsche Forscherehepaar
offenkundig von den besten Erkenntnissen der Freudschen Massenpsychologie ausgegangen und hatte die umfangreichsten Erklärungen für die
psychischen Motivationen der fatalsten politischen Entwicklung im 20.
Jahrhundert gefunden. Mitscherlichs registrierten, daß bei den Deutschen
»alle Libido« dem Führer zugeflossen war: Die Führerfigur hatte »mehr
oder weniger alle Zugänge zum Verhalten« besetzt und war über »die
Einsprüche des alten Über-Ichs und die Realitätsorientierung des Ichs«
spurlos hinweggegangen. »Nach dem Erlöschen dieses symbiotischen
Zustandes können sich Millionen aus der Faszination entlassene Subjekte
um so weniger erinnern, als sie den Führer eben nicht ihrem Ich assimiliert
hatten, wie man sich etwa das Vorbild eines Lehrers einverleibt, sondern ihr
Ich zugunsten des Objektes, des Führers, aufgegeben hatten. So verschwin-
det, der narzißtischen Objektbesetzung entsprechend, der Führer wie ein
›Fremdkörper‹ aus dem psychischen Haushalt. Es bleibt keine Erinnerung
an ihn selbst zurück, und auch die Verbrechen, die in seinem Namen begangen wurden, entwirklichen sich hinter einem Schleier der Verleugnung...
Der Tod des Führers brachte für die Massen eine Entblößung von Schutz.
Vom Führer verlachte Mächte konnten ihn vernichten. Da seine Imago das
Ich-Ideal seiner Anhänger ersetzt hatte, waren sie in seinen Untergang mit

hineingezogen, der Schande preisgegeben. Mit diesem Zusammenbruch des Ich-Ideals hörte notwendigerweise die Möglichkeit der gegenseitigen Identifizierung im Führerglauben auf.« (1994: 77)

Alexander und Margarete Mitscherlich erkennen hierin die Ursache für die »Derealisation« jener Verbrechen, die im Namen des Führers begangen wurden, den Grund also, warum die Realität der Massenvernichtung nicht anerkannt werden konnte. Dabei tritt aber nun hervor, daß sie selber die individuellen Beziehungen zwischen Menschen mit der Beziehung der Individuen zum Führer vollkommen gleichsetzen, Liebe und Massenpsychologie identifizieren, sobald sie die Möglichkeit zu trauern ins Spiel bringen: »In der Trauer um ein verlorenes Objekt versuchen wir, auch den Idealen dieses Menschen, der uns genommen wurde, nachzueifern. Erst langsam, mit dem Ende der Trauerarbeit, werden Kräfte für neue Objektbesetzungen, neue Identifizierungen, neue Liebes- und Interessenzuwendungen frei. Anders in der Trauer, wenn das Objekt auf narzißtischer Basis geliebt wurde. Mit seinem Verlust ist stets ein Verlust an Selbstwert verbunden. Der Objektverlust bewirkt einen psychischen Energieverlust, führt zu einer ›großartigen Ich-Verarmung‹. Es kommt nicht zum Schmerz in der Trauer um das verlorene Objekt, sondern zur Trauer über einen selbst und in der Verbindung mit ausgeprägter Gefühlsambivalenz zum Selbsthaß der Melancholie. Immer aber ist der Schmerz dadurch charakterisiert, daß er nicht das Ende einer Beziehung meint, sondern daß er einen Teilverlust des Selbst betrifft, als sei es amputiert worden. Der Trauerklage um das verlorene Objekt steht die melancholische Selbstanklage gegenüber. Die Selbstzerfleischung der Melancholie ist im Grunde eine Anklage gegen das Objekt, das dem eigenen Selbst einen solchen Verlust zugefügt hat.« (79)

Nur zum Schein können sich die Mitscherlichs mit dieser Gleichsetzung auf Freud berufen. In dessen Massenpsychologie ist die individuelle Verliebtheit lediglich eine Analogie für die Beziehung des Individuums zum Führer: Freud betont für die Liebe im eigentlichen Sinn, daß bei ihr das Ich immer anspruchsloser, bescheidener werden kann, das Objekt immer großartiger, wertvoller: »es gelangt schließlich in den Besitz der gesamten Selbstliebe des Ichs, so daß dessen Selbstaufopferung zur natürlichen Konsequenz wird. Das Objekt hat das Ich sozusagen aufgezehrt. Züge von Demut, Einschränkung des Narzißmus, Selbstschädigung sind in jedem Fall von Verliebtheit vorhanden, im extremen Falle werden sie nur gesteigert und durch das Zurücktreten der sinnlichen Ansprüche bleiben sie allein herrschend.« (FGW 13: 124) Dieser Zustand der Verliebtheit eines Individuums ist für Freud allein deshalb ein guter Vergleichsgegenstand für die Untersuchung der Massenbildung, weil er mit dieser eben nicht identisch ist, nicht einmal wie die Hypnose eng verwandt. Die Masse besteht nämlich aus »Individuen, die ein und dasselbe Objekt an die Stelle ihres Ichideals gesetzt und sich infolgedessen in ihrem Ich miteinander identifiziert haben« (128). Indem sie sich miteinander identifizieren, stellen sich Selbstschädigung und Selbstaufopferung, die doch in der individuellen Liebe noch bei größtem Zurücktreten der sinnlichen Ansprüche darauf zielen, den Trieb durch die sexuelle Vereinigung mit dem anderen zu befriedigen, als mächtiger Sog dar, worin alle Befriedigung des Triebs, soweit sie weiterhin möglich ist, den Ansprüchen auf Identifikation mit dem Kollektiv unterworfen wird. Der ›Selbstaufopferungstrieb‹, der das politische Kollektiv konstituiert, behauptet sich in letzter Instanz gegenüber allen Trieben, in denen das einzelne Individuum seine ihm allein mögliche Befriedigung finden könnte – umso mehr nimmt er selber in seinen Erscheinungsformen sexuelle Züge an (die Parteitagsfilme Leni Riefenstahls bieten dafür etwa Anschauungsmaterial). Und das Zurückdrängen der sinnlichen Ansprüche, das in der individuellen Liebe den besonderen Reiz des Begehrens ausmacht, ist im Kollektiv die haßerfüllte Phantasie der Volksgenossen, die sich gegen die Juden richtet.

Mitscherlichs nun sind in ihrem Denken dieser Volksgemeinschaft verbunden, ohne es zu merken – so sehr, daß sie die individuelle Liebe selbst noch aus der kollektiven zum Führer verstehen. Das heißt, sie haben einen revisionistischen Liebesbegriff anderer Herkunft als etwa Erich Fromm und die amerikanischen Revisionisten der Psychoanalyse: Indem sie nämlich Liebe ohne Trieb denken, können sie Individuum und Masse identifizieren. Beiden verordnen sie im Namen trauter Zweisamkeit und demokratischer Fügsamkeit ihre Kuschel-Liebesform, in der das Ich immer kritisch bleibt und seine Funktionen aufrechterhält: »Diese Form der hörigen Liebe unterscheidet sich wesentlich von einer reiferen, in der das kritische Ich seine Funktionen aufrechterhält. In dieser identifiziert sich der Liebende nur teilweise mit dem Liebesobjekt, sein Ich wird zwar um bestimmte Eigenschaften des Objektes bereichert, verändert sich partiell nach seinem Vorbild, setzt aber nicht, wie in der Hörigkeit oder auch vielen Formen der Verliebtheit, ein fremdes Objekt geradezu an die Stelle des Ichs oder Ich-Ideals. Im Unterschied zur einfühlenden, sich teilweise identifizierenden Liebe muß das Ich im Zustand solcher Verliebtheit verarmen. Zum Wesen der Hörigkeit gehört also, daß das Ich sich blindlings überantwortet. Die Möglichkeit der Distanzierung zum Objekt geht verloren.« (1994: 76)

Wenn Freud von Verliebtheit im Zusammenhang der Massenpsychologie spricht, setzt er damit die Liebe zwischen zwei Individuen keineswegs der Identifizierung mit dem Führer gleich. Es ist gerade der Trieb in der Perspektive seiner Sättigung, der in phallischem Führerkult und Märtyrergeilheit degradiert wird, verführt sie doch das Individuum dazu, sich zu vereinzeln. Alle ›positiven‹ Manifestationen der Volksgemeinschaft beruhen in dieser Hinsicht auf desexualisierter Sexualität; jede faschistische Ästhetik strebt danach, sie zu verkörpern. Mitscherlichs jedoch wollen eine desexualisierte Liebe zwischen den Geschlechtern wie zwischen Massen und Führern. Daß die individuelle Verliebtheit Hörigkeit beinhaltet, wird geleugnet, damit die Macht des Triebes beim Individuum. Sie müssen es leugnen, da sie das Individuum nur als Ausdruck der Masse denken können und sie wollen doch eine demokratisch umerzogene Masse. So fordern sie überall, bei den einzelnen wie bei den Massen, eine andere Art zu lieben, dann werde alles gut: »Der Unfähigkeit zu trauern ist also unsere weniger einfühlende als auf Selbstwertbestätigung erpichte Art zu lieben vorangegangen. Die Anfälligkeit für diese Liebesform ist ein kollektives Merkmal unseres Charakters.« (79)

Das kommt heraus, wenn Deutsche sich selbst aufklären: eine Liebesform ohne Trieb, eine Politik ohne Individuation. Politik der Liebe und Einfühlung, die schließlich das Appeasement der rot-grünen Regierung vorbereiten half. Das spätere Engagement Margarete Mitscherlichs in der deutschen Frauen- und Friedensbewegung war nur ein weiterer Schritt auf dem Weg, die Unfähigkeit zu trauern in die Fähigkeit zur Verständigung mit Massenmördern zu verwandeln. Schon 1967 hieß es: »Auf die weltpolitischen Situationen angewandt, gilt ebenso das Postulat des geduldigen einfühlenden Verständnisses – auch meiner Gegner. Erst wenn ich im politischen Konflikt die Situation auch vom anderen her sehe, ihn als dialektischen Partner begreifen kann, habe ich die Chance eines volleren Verständnisses der Geschichte, an der ich mitwirke.« (224) Daß Mitscherlichs gar nicht in Erwägung ziehen, es könnten wieder politische Gegner vom Schlage der Nationalsozialisten auf der weltpolitischen

Szene auftauchen, und also die Frage gar nicht stellen, ob auch diese als »dialektische Partner« zu behandeln wären, zeigt weniger den engen Horizont des politischen Bewußtseins im Kalten Krieg als ihr Bestreben, die Vergangenheit der Deutschen als Lehrveranstaltung für Dialektik zu betrachten. Sie spüren nichts von der Nötigung, die Adorno benannt hat, und die essentiell zum kategorischen Imperativ nach Auschwitz gehört: dialektisch zugleich und undialektisch zu denken (AGS 4: 173).

Alles, was Adorno und Marcuse über die revisionistische Wendung in der Psychoanalyse, etwa bei Erich Fromm, geschrieben haben, gilt ebenso für die Mitscherlichs: auch hier handelt es sich um eine »Kombination von Psychoanalyse und idealistischer Ethik« (MS 5: 221) und um die »Verstümmelung der Freudschen Triebtheorie«. (227) Nicht zufällig spricht Fromm in der berühmten *Kunst des Liebens* mit derselben Emphase von der »reifen Liebe« als Ideal; und er sah sich übrigens von den Ausführungen Alexander Mitscherlichs (beim 27. Kongreß der Internationalen Psychoanalytischen Gesellschaft 1971 in Wien) bestätigt, die im Grunde die Bedeutung der Freudschen Massenpsychologie in Abrede stellten (vgl. Fromm 1989: 188). Auch bei den Mitscherlichs mögen es »therapeutische Überlegungen gewesen sein, die den Anlaß zur theoretischen Verkleinerung der Rolle der Sexualität gaben« (MS 5: 228). Der Unterschied ist nur, daß es ihnen nicht um die Therapie der Individuen, sondern des Volks geht, der Individuen nur soweit, als sie Ausdruck des Volks sind und bleiben. Wird bei Fromm und den amerikanischen Revisionisten in der therapeutischen Behandlung der Patienten »optimale Entwicklung der inneren Fähigkeiten und die Verwirklichung ihrer Individualität« angestrebt (zit. n. Marcuse MS 5: 219), so gilt dieses Ziel bei den Mitscherlichs für den einzelnen nur als Teil des nationalen Patientenkollektivs: Gesprochen wird in der Ersten Person Plural, und darin tragen die beiden Autoren weniger die empfohlene Liebesform als Ehepaar zur Schau, als daß sie offen ihre Liebe zum Volk praktizieren, mit dem zu brechen sie offenkundig auch nach Auschwitz nicht bereit sind: Mitscherlichs haben die Gedenk- und Einfühlungskultur von heute vorweggenommen, auch wenn man sich mittlerweile scheut, so unverhohlen den verletzten Narziß hervorzukehren.[37] Wir müßten, sagen sie

---

[37] Ein neueres psychoanalytisches Buch über die Schüler der Napola und ihre Kinder und Kindeskinder (Leineweber/Schneider/Stillke 1996) ist dafür charakteristisch: das Wir wird aufgelöst in eine Generationenfolge, in die Familiengeschichte der deutschen Nachkriegsära, und dabei kommen erstaunliche Erkenntnisse über die Kontinuitäten

noch ohne Skrupel, »die Einfühlung in uns selbst erweitern«, so daß wir uns in Szenen wiedererkennen, in denen »100, 500 oder 1000 Leichen vor uns lagen – Leichen von uns Getöteter. Das würde eine einfühlende, nachfühlende Anerkennung der Opfer lange nach den Schreckenszeiten bedeuten. Psychologisch wäre es keine Unmöglichkeit, nach der Tat einzusehen, was wir im Dritten Reich taten, uns also von der narzißtischen Liebesform zur Anerkennung von Mitmenschen als Lebewesen mit gleichen Rechten weiterzuentwickeln. Diese Korrektur unseres falschen und eingeengten Bewußtseins ... würde uns die Fähigkeit zu trauern zurückgeben.« (83) Offenkundig wird hier einer Modernisierung des kollektiven Narzißmus das Wort geredet: Mit der Fähigkeit zu trauern nach der Tat gewinnt das Wir der Deutschen erst seine aktuelle weltpolitische Bedeutung: Einfühlung in die Massenmörder von heute.

Heidegger als Psychoanalytiker

Während also Fromm die Triebtheorie verstümmelt, um – wie er glaubt – dem einzelnen Menschen »Sicherheit, Urteilskraft und Objektivität« zu ermöglichen, die ihn viel weniger verletzlich gegenüber dem wechselnden Glück und den Meinungen anderer machen und auf vielen Gebieten seine Fähigkeit zu konstruktiver Arbeit fördern würden, betreiben die Mitscherlichs diese Selbstverstümmelung der Psychoanalyse im Namen der deutschen Nation. Und dabei ist die Erste Person Plural, mit der sie sprechen, nicht unmittelbar erlogen – schließlich war Margarete einmal Mitglied im Bund Deutscher Mädchen und Alexander kam aus den Kreisen von Ernst Jünger und Ernst Niekisch, ehe er im Dritten Reich als Neurologe an der Universität Heidelberg Karriere machte. Die Verlogenheit besteht darin, daß sie Wir zugleich im Namen Sigmund Freuds sagen, und darin kaum anderes als deutsche Mobilmachung, nur in demokratisierten Formen, zum Ausdruck bringen. Aber ein Deutscher ist eben »ein Mensch, der keine Lüge aussprechen kann, ohne sie selbst zu glauben« (AGS 4: 124). Fromm und die amerikanischen Revisionisten waren keine Deutschen: sie machten ihren Bruch mit der Freudschen Lehre zum Thema der Theorie.

deutscher Ideologie und Identifikation zustande. Und dennoch bleibt das Wir letztlich erhalten, insofern die Studie auf der Hypothese beruht, daß eine erfolgreiche Aufarbeitung der Vergangenheit, eine Therapie fürs Volk, möglich gewesen wäre.

Jacques Lacan hingegen erscheint unter dem Gesichtspunkt des Adornoschen Diktums als Wahldeutscher besonderer Prägung, forderte er doch unablässig, zu Freud zurückzukehren, und unternahm nur die Heideggersche Kehre in der Psychoanalyse. Dazu bedurfte es allerdings bestimmter Voraussetzungen, die ersten schuf Lacan sehr früh mit seinem Aufsatz über »Das Spiegelstadium als Bildner der Ichfunktion«. Indem er hier die visuelle Struktur der Wahrnehmung strikt von allen anderen Wahrnehmungsformen trennt und der späteren sprachlichen Vermittlung gegenüberstellt, abstrahiert er bereits in gewisser Weise von den Trieben, löst die Opposition von Partialtrieben und genitaler Organisation im Dualismus von Imaginärem und Symbolischem auf – Bedingung dafür, daß er wenig später alles Sexuelle nach Maßgabe des linguistischen Strukturalismus begreifen konnte. Anders gesagt: Lacan faßt die Sprache auf wie Freud das Unbewußte – es gibt darin keine Negation. Die Signifikanten bilden Ketten: sie werden zueinander nicht dadurch ins Verhältnis gesetzt, daß sie auf ein Signifikat, eine bestimmte Bedeutung, verweisen und darin andere Bedeutungen ausschließen, wodurch es dem Bewußtsein überhaupt erst möglich wird, Widersprüche zu artikulieren. Lacan versteht die Sprache jedoch nicht nur als das Unbewußte, er denkt sie zugleich wie das Verhältnis aller Verhältnisse, das in seinen eigenen Widersprüchen eben nicht zu Bewußtsein kommen darf – das Kapitalverhältnis: »Wie dieses sich gleichgültig verhält gegen seine stoffliche Gestalt W (=Ware) und sie nur als Moment der eigenen Bewegung duldet, produziert bei Lacan jeder Signifikant statt eines Signifikats nur neue Signifikanten. Daß aus der einfachen Aneinanderreihung vereinzelter Tauschakte die von jeder subjektiven Sinnsetzung unabhängige kapitalistische Akkumulation wird, erscheint dem Poststrukturalismus als Vorstellung der endlosen, sich selbst bedeutungsoffen bis bedeutungsresistent produzierenden ›Kette der Signifikanten‹ (Lacan).« (Krug/Kunstreich 1998: 39) Während Freud seit der *Traumdeutung* im Unbewußten das Verdrängte, Verschobene zu entdecken sucht, als das, was in Bewußtsein und Kultur bei Strafe des Untergangs vom Individuum negiert werden muß, verhindert Lacans Strukturalismus, den Zusammenhang zwischen Verdrängtem und Verdrängung erst herzustellen. Das Unbewußte sei strukturiert wie eine Sprache, sagt er selbst, aber die Sprache ist für ihn so strukturiert, daß darin die Form jeden Inhalt durchstreicht. Sie tritt an die Stelle der Triebmanifestation, sei selbst »ein subtiler Körper« (Lacan 1996a: 144). Darin liegt überhaupt das

Rezept strukturalistischen Denkens: durch eine bestimmte Auffassung von Sprache die Natur auszulöschen, im Fall der Psychoanalyse die innerste Natur, die Triebe.

Gerade diese Vernichtung des leiblichen Inhalts, der konkreten Bedürfnisse, erscheint als Aufgabe des Analytikers: das Subjekt soll sich davon befreien, um der symbolischen Ordnung zu willfahren, und doch nicht an deren Verboten leiden. So wird auch der Trieb aufgespalten in Genuß (jouissance) und Begehren (désire): der Genuß entspringt nicht so sehr der Befriedigung des Triebs, als dem Übertreten eines Verbots, das dem Trieb gilt; er klebt an den Signifikanten der symbolischen Ordnung, und in dem spürbaren Ekel vor dem Genuß kommt indirekt doch die Körperlichkeit ins Spiel: Genuß haftet bei Lacan wie ein Schleim an den Signifikanten. Das Begehren hingegen, das der Lacansche Analytiker anstrebt, vermag sich offenbar ohne festzukleben zwischen den Signifikanten frei zu bewegen, eine von allen leiblichen Rückständen gereinigte Lust, die auch die symbolische Ordnung nicht sprengt.

Wie dieses Begehren sich inmitten der Herrschaftsformen so flexibel regen und so vollkommen reinigen kann, das hat Lacan von Heidegger gelernt. Denn die Suprematie des Symbolischen meint nicht nur eine Gesellschaft, in der die Individuen zugunsten des Tauschwerts ihre Bedürfnisse zügeln müssen, es wird vielmehr wie das Sein der deutschen Existentialontologie beschworen: als Bereitschaft, von der eigenen Leiblichkeit überhaupt abzusehen, sie hinzugeben für einen Zweck, der selbst im Dunkeln bleiben muß, weil er eben als Symbolisches nur benannt wird. Lacan prägte also den Begriff, um über das Gesellschaftliche, die alltäglich herrschende Realität, den normalen Zwang der bürgerlichen Gesellschaft, hinauszugelangen und dem Bewußtsein den politischen Ausnahmezustand einzuschärfen: das ist das Begehren. Setzt die Psychoanalyse sonst das Reale dem Imaginären entgegen, weil sie einerseits die Anpassung der Individuen fördern, sie andererseits dabei jedoch stärken möchte – auch gegen die Gesellschaft selbst, an die sie sich anpassen –, ist bei Lacan das Reale gegen das Symbolische ausgewechselt, weil Anpassung an die Realität, die noch Leben und damit Individuation ermöglicht, zurückgenommen werden soll: Es ist der Tod, oder besser: der Herr über den Tod, der Souverän, der im Symbolischen symbolisiert wird. Durch die Fixierung auf ihn enthüllt der Analytiker das von Familie und Gesellschaft versprochene Glück als bloß imaginär. Hier liegt der Ursprung des wahren

Begehrens, von dem aus das Ganze erst seinen Sinn erhält: Freud habe »das Leben unerschrocken abgefragt nach seinem Sinn, und das nicht um zu sagen, daß es keinen hat, was bequem wäre, wollte man sich die Hände in Unschuld waschen, sondern nur einen, wo das Begehren getragen ist vom Tod« (Lacan 1996b: 236). Zurück zu Freud heißt also bei Lacan vorwärts zur deutschen Ideologie. An anderer, zentraler Stelle zitiert er eine Fußnote Freuds über den Tod eines ehemaligen zwangsneurotischen Patienten im Ersten Weltkrieg – eine lakonische Nachricht, die nichts mit dem lange zurückliegenden, spezifischen Fall selbst zu tun hat: »Der Patient, dem die mitgeteilte Analyse seine psychische Gesundheit wiedergegeben hatte, ist wie soviele andere wertvolle und hoffnungsvolle Männer im großen Krieg umgekommen.« (FGW 7: 463) Aus dem Tod, dessen Sinnlosigkeit Freud hervorheben wollte, macht Lacan nun den Sinn der Analyse – die volle Anerkennung des Selbstopfers: »Die als Epitaph fungierende Notiz, die Freud 1923 diesem jungen Mann gewidmet hat, der, ›wie soviele andere wertvolle und hoffnungsvolle junge Männer‹, in einem Krieg umgekommen ist, der seinen Fall mit der Härte des Schicksals beendet hat, diese Notiz also erhebt den Fall zur Schönheit des Tragischen.« (Lacan 1996a: 147) Es darf nicht fehlen, daß noch Freuds eigener Tod als Erfüllung der psychoanalytischen Lehre präsentiert wird: auf dem »letzten Gipfel eines Werkes von den Dimensionen des Seins«, gemeint ist »Die Ichspaltung im Abwehrvorgang«, habe Freud uns die Lösung der »unendlichen« Analyse gegeben, »als sein Tod das Wort Nichts darunter setzte« (1996b: 236).

Das Theoriegebäude Lacans stützt sich ersichtlich mehr auf die Resultate des Gaumenkrebses als auf die des Freudschen Verstandes. Bemerkenswert daran ist nur, daß solcher offene Irrationalismus den versteckten des Realitätsprinzips zutage fördert, das sich so gerne auf Rationalität beruft. Jede Therapie sucht im Namen dieses Prinzips den einzelnen mit einer Gesellschaft zu versöhnen, die ja nur im besten Fall (mit Marcuse gesprochen:) das »gemeine Unglück«, das »übliche Los der Menschheit« und die »repressive Grundlage der Kultur« bieten kann, statt ihre allgemeinen Glücksversprechen zu halten. Im schlechtesten Fall jedoch, in der Krise, wird dieser Leviathan zu Behemoth, das gemeine Unglück der Gesellschaft zum hysterischen Glück der Gemeinschaft, die auf Vernichtung geht und ihre eigene einschließt, nur damit jene Glücksversprechen für den einzelnen niemals erfüllt werden sollen: »Einverständnis mit dem Opfer seines Lebens aus Gründen, die dem menschlichen Leben sein Maß geben« (Lacan 1996a: 166). Das ist wortwörtlich das Ziel der Kur, die Lacan verschreibt. Der Analysand soll gerade nicht mehr im »gemeinen Unglück«, mit dem »üblichen Los der Menschheit« und der »repressiven Grundlage der Kultur« das Auslangen finden, sondern in der »Vermählung mit dem Tod« (Lacan 1996a: 147) seinen eigensten Wunsch erkennen, der ihn über diese Realität endlich auch hinausführt. Das »Seinsverfehlen des Subjekts« (Lacan 1996b: 203) bestehe nämlich in der Verdrängung dieses Begehrens, das dem Analysanden durch gezieltes Schweigen des Analytikers bewußt werden soll – psychoanalytisches Pendant zur philosophischen Bedeutung der »Stille« bei Heidegger (vgl. Bösch 1998: 182). Alle Veränderungen, die Lacan am Setting vornimmt, haben damit zu tun: wenn er sich über die Grundregel der festgelegten Dauer der Analysestunde hinwegsetzt und es vollständig dem Analytiker überläßt, den Abbruch und die Dauer der Sitzung jeweils zu bestimmen, so liegt in dieser Willkür Methode, die Methode von *Sein und Zeit*. Soll der Analysand inhaltlich dazu gelangen, die Suprematie des Todes gegenüber dem Ich zu bejahen, muß er von Beginn an formal akzeptieren, daß der Analytiker allein über das Ende der Stunde verfügen kann: er ist der Stellvertreter des Herrn, der über den Tod zu bestimmen hat, der Stellvertreter des Souveräns.

Hätte es die strukturalistische Methode nicht schon gegeben, Lacan hätte sie erfinden müssen: Anders als in ihrem Jargon wäre es kaum möglich gewesen, der Freudschen Gedankenwelt das Einverständnis mit dem Opfer anzudichten. Mit diesem Rückgriff auf Freudsche Termini, die aber nunmehr einen anderen, entgegengesetzten Sinn bekommen können, entspricht die strukturalistische Psychoanalyse einer Gesellschaft, die nach dem Ende des Nationalsozialismus auf formal-demokratische Vermittlungen zurückgreift – da sie aber mit dem Nationalsozialismus nicht wirklich bricht, können auch die Vermittlungen nicht mehr sein, was sie einmal waren. Lacans Freudrezeption erscheint darin längerfristig als die einzig zeitgemäße – im Unterschied zur anti-ödipalen Dummdreistigkeit von Deleuze und Guattari, die aber das ganze regressive Potential im Zwischenspiel der 68er Bewegung zum Ausdruck brachte. Wenn Lacan die »Vermählung mit dem Tod« visiert, tritt er auch keineswegs als Theoretiker des Anti-Ödipus auf, der die Trennung von der Mutter in Frage stellen, die polymorph-perverse Sexualität gegen die genitale Organisation ins Treffen führen und das Chaos, das in dieser Sexualität herrscht, gegen das Gesetz, das der Vater schafft, gutheißen würde. Genau umgekehrt, und das hat die Feministinnen so enttäuscht und verbittert: Lacan betont den Primat des Phallus, indem er die Suprematie des Symbolischen übers Imaginäre anstrebt, er schlägt sich bedingungslos auf die Seite der genitalen Organisation gegenüber den polymorph-perversen Trieben, auf die Seite des Gesetzes und also des Vaters. Vermutlich deshalb fällt es Psychoanalytikern wie Janine Chasseguet-Smirgel und Béla Grunberger, die für die Kritik am reaktionären Kern des *Anti-Ödipus* von Deleuze und Guattari Erhebliches leisten, einigermaßen schwer, auch Lacan fundamental zu kritisieren (vgl. hierzu die Bemerkung von Chasseguet-Smirgel 1978: 10). Seine Theorie ist auf demselben Fundament wie ihre eigene aufgebaut; sie paßt nicht in das Schema, mit dem sie reaktionäre, regressive Konzeptionen kritisieren, und wonach Gesetz und Anarchie, genitale Organisation und polymorph-perverse Triebe, mechanisch und feinsäuberlich zu trennen wären – wie in der Ideologie des Liberalismus zivilisatorischer Fortschritt und politische Reaktion –, und somit die Perversion der Inbegriff des Bösen, auch des politisch Bösen, sei. Ein Schema, das den Positionen einer Aufklärung entspricht, die nichts wissen will von ihrem eigenen Widerspruch. Aber in der genitalen Sexualität, so wie sie aus dem ödipalen Konflikt hervorgeht: unversöhnt mit den polymorph-perversen Trieben, gewaltsam befestigt durch die Kastrationsdrohung, ist Regression immer schon angelegt: die Drohung mit Gewalt, die bis in die zärtlichsten Formen der Erniedrigung hineinspielt, vereinigt das zivilisatorisch Notwendige mit dem perennierenden Unrecht: sie gibt der Empfindung der Liebe Raum und prägt den heterosexuellen Zwang aus; verhindert den Inzest und bestätigt zugleich den Primat des Phallus, erzwingt die Latenz und brennt den Individuen patriarchalische Herrschaft ein – sodaß nach dem Ende der Latenz, mit der Pubertät, die endlosen Versuche beginnen, der Wiederkehr des Verdrängten Herr zu werden.

Lacans Theorie, die gewiß als denkbar schlimmster Mißbrauch der Freudschen Psychoanalyse im Geiste Heideggers bewertet werden muß, macht gerade in diesem Mißbrauch wie keine andere kenntlich, daß der reale Primat des Phallus und die tendenzielle Regression auf die anale Phase einander keineswegs ausschließen, im Ausnahmezustand der seelischen Konstitution die falsche Integration der Triebe durch den »Genitalcharakter« (Adorno) vielmehr ihre regressive Desintegration hervortreibt. Daher rührt die Einheit von phallischer Führerfigur und anal-sadistischer Praxis, die man von den Manifestationen der Volksgemeinschaft kennt:

Leni Riefenstahls Triumph des Phallus, der Massen und Führer auf dem Parteitagsgelände formiert, und der Eintopf des Winterhilfswerks, den die tumultuarisch vereinigten Volksgenossen wie Fäkalien hinunterschlingen; die gepanzerten und gefrorenen Körper der NS-Ästhetik in Propaganda und Kunst und das Wühlen der »Herrenmenschen« im Dreck der »Untermenschen« aus den Wehrmachtsberichten. Von allen polymorph-perversen Trieben gesäubert, erzeugt die desexualisierte Führergestalt – Freud spricht von ihrer »Herrennatur ... absolut narzißtisch, aber selbstsicher und selbständig« (FGW 13: 138) – den Sog der Analität: »keine Perversion des Instinktes«, sondern »jene verzweifelte Affirmation des Lebens, die die reinste Form darstellt, in der wir den Todestrieb erkennen« (Lacan 1996a: 167).

Lacan kann die Einheit von genitaler Organisation und anal-sadistischer Regression nur bejahen, weil er einen bestimmten Begriff des Phallus stipuliert: er ist der »Gipfel des Symbolischen«; Körper der Sprache, der alle Körperlichkeit auslöscht. Mit ihm identifiziert Lacan Tod und Gesetz, mit ihm hebt er den Widerspruch auf zwischen dem Souverän und dem Recht. Von Anfang an sei das Kind – darin folgt Lacan Melanie Klein – der Auffassung, die Mutter ›enthalte‹ den Phallus. Davon ausgehend, daß es in dieser Annahme enttäuscht wird, macht Lacan ihn zum Symbolischen schlechthin; zum Symbol für den Mangel, für das Opfer, zu dem das Subjekt in seiner Freiheit bereit sein muß (Lacan 1991: 129f.). Die Sehnsucht, mit der Mutter eins zu werden, wird zum Gebot, sich zu opfern: Regrediert also das Individuum, den Ödipus-Konflikt vermeidend, auf die anal-sadistische Phase und versucht die Trennung von der Mutter zurückzunehmen, gerät es nur umso mehr in den Bann des Phallus. Dessen Primat erweist sich bei Lacan als Umdeutung der Kastrationsdrohung in den Todeswunsch: »Vermählung mit dem Tod«, »Einverständnis mit dem Opfer«.

In dieser Umdeutung wird jedoch auf etwas bizarre Weise vorgeführt, wie es ums Gesetz des Vaters wirklich bestellt ist. Durch die Gewalt der Kastrationsdrohung etabliert, bleibt es prekär und wird nicht wirklich anerkannt: in der Krise ist daher mit allem zu rechnen. Die Weisheit des Judentums gründet darauf, sich hierüber keinen Illusionen hinzugeben und das Gesetz lieber mit zwangsneurotisch anmutenden Regeln abzusichern als der Regression Vorschub zu leisten. Sie ist darin den entgrenzten Wahnvorstellungen vom Phallus genau entgegengesetzt, womit Lacan die

Menschen aufs Opfer einschwört: »Wenn wir im Subjekt an das heranrei-
chen wollen, was vor den seriellen Spielen des Sprechens da war und was
für die Geburt von Symbolen von größter Bedeutung ist, so finden wir es
im Tode, aus dem seine Existenz allen Sinn gewinnt, den sie besitzt ...
alles Seiende wird von ihm niemals anders als unter dem Schatten des
Todes evoziert.« (Lacan 1996a: 167)

Eine Theorie aber, die diesen »Schatten des Todes« gänzlich wegden-
ken möchte; die das Krisenhafte subjektiver Identität leugnet, das mit der
Konnexion von Phallus-Primat, Kastrationsdrohung und Penisneid gesetzt
ist und von Lacan hypostasiert wird, eine solche Theorie muß letztlich
selbst revisionistisch werden und Freuds Erkenntnisse zurücknehmen: so
leugnet Béla Grunberger seinerseits die Kastrationsdrohung, er begreift
sie als eine vom Kind selbst erschaffene Vorstellung, um »seine Ehre
(seinen Narzißmus) zu retten« angesichts der eigenen phallischen Im-
potenz (Grunberger/Dessuant 2000: 57). Obwohl sie doch dauernd vom
Ödipus-Konflikt redet, geht diese revidierte Psychoanalyse nicht vom
Konflikt selber aus wie noch Freud, der eben darum an der Kastrationsdrohung als Frage der Gewalt, von Macht und Ohnmacht, festhielt und so
»in den innersten psychologischen Zellen« Gesellschaftliches aufdecken
konnte (AGS 8: 88).[38] Stattdessen wird die bloße Diskrepanz zwischen
dem narzißtischen Wunsch des Kindes und dessen Wahrnehmung eigener
biologischer Insuffizienz zum isolierten Ursprung des Konflikts erklärt.
Das erinnert nicht von ungefähr an gewisse liberale Vorstellungen über
die Souveränität des Staats, die nicht den gesellschaftlichen Gegensätzen
entspringt, sondern dem Wesen des Menschen. Auf solche Weise will
Theorie offenkundig dem Gesetz die fraglose, vollständige Anerkennung
sichern, die vollständige Rationalität garantieren, beraubt sich aber zugleich der einzigen Möglichkeit, ihren Gegenstand als gesellschaftliches
Verhältnis zu denken.

Lacan nimmt demnach in der Psychoanalyse die Position von Carl
Schmitt und Martin Heidegger ein: seine Kur verhält sich zu den Theorien Grunbergers und Chasseguet-Smirgels wie politische Theologie und
Existentialontologie zu den liberalen Vorstellungen vom Rechtsstaat und
den anthropologischen Auffassungen vom Menschen. Ihr gegenüber ist

---

38 Freud blieb, so Adorno, »bei jedem Schritt der Theorie dessen eingedenk«, daß »es
    Gewalt ist, was vom Individuum verinnerlicht wird« (AGS 8: 32).

Grunberger oder Chasseguet-Smirgel in allem recht zu geben, soweit sie sich aufs väterliche Gesetz berufen – nur nicht in dem Vertrauen, das sie darauf gründen und das ihre Erkenntnisse auch beschädigt. Nicht zuletzt in diesem Vertrauensvorschuß, der hinter Freud zurückfällt, unterscheiden sich solche Theorien von radikaler Kritik, wie sie Adorno, Horkheimer und Marcuse formulierten, die nach den Maßgaben von Chasseguet-Smirgel oder Grunberger vermutlich der anti-ödipalen Regression zugeschlagen werden müßten, weil sie die Möglichkeit der Versöhnung festhalten. Ein Begriff von Versöhnung, die nicht Regression wäre, die also die Gegensätze nicht aufhebt, sondern zwanglos vermittelt, darin jedoch von den Verhältnissen der Produktion bis ins Innerste der psychischen Entwicklung – zum Verhältnis von genitaler und polymorph-perverser Sexualität – reicht, geht über die Freudsche Analyse auch wirklich hinaus. Aber es ist gerade diese in der Kritik bewahrte Möglichkeit einer anderen Gesellschaft, die umso schärfer das destruktive Potential der unversöhnten zu erkennen gibt und damit dem intransigenten Zweifeln von Freud, was die Chancen von Kultur und Zivilisation betrifft, erst Rechnung tragen kann, nachdem auch noch dieses finsterste Mißtrauen als viel zu optimistisch sich erwiesen hat.

Für Chasseguet-Smirgel hingegen ist der Damm, »den das Gesetz und die Vernunft den mütterlich-chthonischen Mächten entgegenstellen« scheinbar verläßlich genug: er bremse »die Maßlosigkeit, die Hybris des Menschen« (1988: 184). Dieses »Bollwerk gegen die Barbarei« (ebd. 177) zeigt allerdings dort seine ganze Brüchigkeit, wo die Erbauer, von der Hybris ihrer eigenen Methode geblendet, Gesellschaft aus dem Wesen des Menschen, den politischen Wahn aus der Sehnsucht nach dem vorgeburtlichen Zustand und die Eigenart der Vernichtungslager aus Hitlers Perversion[39] deduzieren. Freud wußte um diese Brüchigkeit, weil er die

---

[39] »Die Struktur des Konzentrationslagers war aufgebaut wie eine gigantische Kolon-Struktur, deren Anus an den Mund Hitlers erinnert, der die Exkremente seiner Sexualpartnerinnen verschluckt... Die Verbindung zwischen den spezifischen Modalitäten der ›Endlösung‹ und der Aktivität des Verdauungstraktes haben wir mit der Hypothese hergestellt, daß es sich dabei um die Projektion einer inneren Organfunktion nach außen handle. Und was Hitler betrifft, so verfügen wir über hinreichende biographische Daten, die uns über seine hypochondrischen Besorgnisse um seine Verdauungsfunktion (insbesondere des Magen-Darm-Traktes) Auskunft geben.« (Grunberger/Dessuant 2000: 475ff.)

Grenzen der Psychoanalyse reflektierte. Mit jedem Gedanken, den er niederschrieb, entfaltete er auch sein Mißtrauen darüber, was Zivilisation vermag, die auf Gewalt und Verdrängung beruht (vgl. hierzu auch seine Auseinandersetzung mit Albert Einstein, FGW 16: 20) und rechnete deshalb in wachsendem Maß mit jenem Schlimmsten, das dann wirklich eintrat – aber so, wie es selbst Freud nicht erwarten konnte.

Der Triebwert des Todes

Die letzten Entwicklungsstufen seiner Theorie vermochten Sigmund Freud im Grunde nur in der ganz unwissenschaftlichen Einstellung zu bestärken, die er angesichts des Antisemitismus formulierte, daß nämlich »die Menschen so durchschnittlich und im großen ganzen doch elendes Gesindel sind«. Wie unwissenschaftlich er diese Einstellung auch empfand, er weigerte sich selbst hier noch, vom Menschen in der Einzahl, von dessen Wesen also, zu sprechen, und verwendet lieber den wissenschaftlichen Ausdruck der Durchschnittlichkeit. Der Begriff des Todestriebs, den er in seiner Schrift *Jenseits des Lustprinzips* eingeführt hat, kann bereits als spekulativer Versuch gelten, solche Durchschnittlichkeit auf den Begriff zu bringen – beispiellose Suche nach einer theoretischen Möglichkeit, Regression zu totalisieren. Todestrieb erscheint dabei als Überbegriff im emphatischen Verstand; durch ihn finden sich mit einem Schlag all jene psychischen Phänomene zusammengefaßt, subsumiert oder ersetzt, die sonst als Vermeidung des ödipalen Konflikts zu bestimmen sind: ungebrochener Narzißmus, fortgesetzte Herrschaft infantiler Komplexe, Rücknahme der Trennung von der Mutter, entfesselter Sadomasochismus. Das Bedürfnis, eine solche Totalisierung zu denken, kann nur aus dem gesteigerten Mißtrauen erklärt werden, das Freud der Kultur und Zivilisation gegenüber entwickelte, je prekärer sich für ihn das Integrationspotential des Ichs, anders gesagt: die Bewältigung des ödipalen Konflikts, darstellte. Die Erfahrungen bei der täglichen Analyse seiner Patienten wie das Erlebnis des Ersten Weltkriegs als Zivilisationskatastrophe haben ihm offensichtlich die Spekulation über eine Totalität im Negativen – darüber, daß die Zerstörung aus dem Ganzen kommen muß – aufgenötigt: »Ubiquität der nicht erotischen Aggression und Destruktion« (FGW 14: 478). Es erscheint geradezu zwingend, daß für Freud selber die sogenannte

Kriegsneurose – jenes massenhaft auftauchende Phänomen, bei dem praktische analytische Arbeit und allgemeine politische Katastrophe plötzlich koinzidierten – zum Ausgangspunkt wurde, ein Jenseits des Lustprinzips anzunehmen.

Problematisch klingt die unvermittelte Rede vom Todestrieb vor allem, weil Freud darin von den eigenen Erkenntnissen plötzlich absieht, von all dem abstrahiert, was sie doch eigentlich voraussetzt, und diesen Trieb als das Primäre setzen möchte, das allem anderen erst Zweck gibt – fast als würde er die Herrschaft toter Arbeit über die lebendige im Wertgesetz oder das innerste Prinzip des Souveräns, der diese Herrschaft verkörpert, zum Ausdruck bringen wollen: »Das Ziel alles Lebens ist der Tod« (FGW 13: 40). Angesichts der ersten Phase eines 31jährigen Kriegs, den der deutsche Souverän jener Herrschaft zuliebe entfesselt hat, tastet Psychoanalyse schon nach dem Begriff für ein Ganzes, dem die Katastrophe entspringe: allein aus seiner Kenntnis der psychischen Konstellationen im Individuum konnte Freud schließen, daß die Bereitschaft zur Vernichtung sich weder aus einer isolierbaren Ursache noch aus der Summe aller isolierbaren Ursachen ableiten läßt, sondern nur aus einer übergreifenden Einheit, die anders als analytisch gefaßt werden müßte, und die ihn darum notwendig auch »weit von der Beobachtung entfernt« (63). Alle Traditionen des dialektischen Denkens souverän ignorierend, was in Wien zum guten Ton gehörte, sucht Freud diese Einheit auf die Natur zu übertragen, nur sie verbürgt ihm einen wissenschaftlichen Begriff vom Ganzen. Er projiziert auf sie die gesellschaftlichen Zerstörungsprozesse – Keimzellen opfern sich für den Organismus gleich den tapferen Soldaten des deutschen oder österreichischen Kaisers: »Somit könnte man den Versuch machen, die in der Psychoanalyse gewonnene Libidotheorie auf das Verhältnis der Zellen zu einander zu übertragen und sich vorzustellen, daß es die in jeder Zelle tätigen Lebens- oder Sexualtriebe sind, welche die anderen Zellen zum Objekt nehmen, deren Todestriebe, das ist die von diesen angeregten Prozesse, teilweise neutralisieren und sie so am Leben erhalten, während andere Zellen dasselbe für sie besorgen und noch andere in der Ausübung dieser libidinösen Funktion sich selbst aufopfern. Die Keimzellen selbst würden sich absolut ›narzißtisch‹ benehmen, wie wir es in der Neurosenlehre zu bezeichnen gewohnt sind, wenn ein ganzes Individuum seine Libido im Ich behält und nichts von ihr für Objektbesetzungen verausgabt. Die Keimzellen brauchen ihre Libido, die Tätigkeit ihrer Lebenstriebe, für sich selbst als Vorrat für ihre spätere, großartig aufbauende Tätigkeit. Vielleicht darf man auch die Zellen der bösartigen Neugebilde, die den Organismus zerstören, für narzißtisch in demselben Sinne erklären... So würde also die Libido unserer Sexualtriebe mit dem Eros der Dichter und Philosophen zusammenfallen, der alles Lebende zusammenhält.« (54) Aber über die Einheit des Lebens hinauszugehen, bedeutet von der Einheit des Todes zu sprechen, die das Tote und das Lebende, das Anorganische und das Organische zusammenhält. Darin hat Freud die Metapher für die negative Totalität gefunden. Er sucht nach dem Ursprung aller Dinge und findet nicht ihn, sondern ihre Einheit – die falsche Einheit, die er aber auf die Natur projiziert als wahre anerkennen kann. Als solche zerfällt sie in einen Gegensatz, zwei Urtriebe, beide möchte Freud gleichermaßen als Ursprung sehen, und in dieser Gleichsetzung streicht er die Gesellschaft erst wirklich durch. Denn der Todestrieb könnte, seine eigene frühere Trieblehre beim Wort genommen, doch niemals als Ursprung, sondern immer nur als Resultat begriffen werden – als Resultat, das für die eigentlichen Triebe, das ursprünglich Naturhafte im Menschen, zuletzt herauskommt und worin die Gesellschaft die große Variable bildet.

Anders gesagt: Freud weigert sich standhaft, den Widerspruch innerhalb dieser Einheit des Todes preiszugeben, er kämpft förmlich mit ihm gegen die Identität und den Sog des Ursprungsdenkens, das den Widerspruch eliminieren möchte. Darum ist es mehr als bloße Projektion gesellschaftlicher Prozesse auf die Natur, was er betreibt: die falsche Einheit, die als die richtige des naturwissenschaftlichen Denkens dargestellt wird, impliziert nämlich die Erkenntnis, daß jeder gesellschaftliche Prozeß auch ein biologischer ist, keiner von dessen Kausalität sich befreien kann – daß mithin Freiheit darin liegen müßte, ein anderes Verhältnis zwischen beiden herzustellen. Aber diese letzte Konsequenz auszusprechen ist Freud weit entfernt, sie bleibt ihm ungefähr so fremd wie die Hoffnung auf den Messias. Sein eigentümliches Vermögen besteht darin, bei der unermüdlichen wissenschaftlichen Suche nach dem einen einzigen Ursprung dennoch auf dem Widerspruch zu beharren: Darum begriff er schon die Libido in ihrem Gegensatz zum Ich und Objekttriebe im Gegensatz zu Ichtrieben, unterschied grundsätzlich zwischen Ich und Über-Ich, Lust- und Realitätsprinzip, Bewußtem und Unbewußtem. Darum bleibt er trotz aller ernsthaften Kritik aus den Reihen der Psychoanalyse bei seiner einmal ausgesprochenen »Annahme« der »beiden von Uranfang an miteinander ringenden Triebe« (FGW 13: 66); er weiß inzwischen, welche Gefahr es für die Vernunft bedeutet, den Gegensatz – wie C. G. Jung in seiner monistischen Libidotheorie – aufzugeben: »Unsere Auffassung war von Anfang an eine *dualistische* und sie ist es heute schärfer denn zuvor, seitdem wir die Gegensätze nicht mehr Ich- und Sexualtriebe, sondern Lebens- und Todestriebe benennen« (57); er weiß es mit derselben Klarheit, mit der er 1935 urteilte, daß man unter dem deutschen Volk nicht leben kann, in dessen politischem Wahn er fernerhin kein Indiz zu entdecken vermochte, wie andere Menschen sich unter gleichen Bedingungen verhalten würden.

Ein solches Urteil schließt allerdings nicht aus, sondern setzt geradezu voraus, diese Bedingungen selbst so umfassend und präzise wie möglich herauszuarbeiten. Das heißt jedoch: Aus dem Todestrieb kann unmittelbar gar nichts abgeleitet werden, er selbst ist nur in äußerster Allgemeinheit faßbar und als Hypothese sinnvoll, nicht aber unmittelbar bezogen auf die einzelne Tat, das Handeln eines Individuums oder die politische Aktion einer Gruppe. Mit Thanatos bewegt man sich auf einem Niveau der Abstraktion, das noch weniger Bestimmungen zuzulassen scheint als eine Religionskritik, die vom »Seufzer der bedrängten Kreatur« redet, doch erlaubt es immerhin, die Betonung auf »Kreatur«, die naturhafte Seite des Leides, zu legen. Aber weder Auschwitz noch das einzelne Selbstmordattentat kann aus ihm erklärt werden – es doch zu tun, darin liegt der Abgrund des gesunden Menschenverstands, der nicht davon läßt, das Wesen des Menschen als Passepartout für jedes gesellschaftlich produzierte Leid zu verwenden. Freud selbst legt jedoch dar, daß scheitern muß, wer auch nur den Sadismus umstandslos aus dem Todestrieb deduzieren möchte: die sadistische Komponente des sexuellen Verhaltens als Abkömmling des Todestriebs verstehen, heißt vielmehr untersuchen, worin sie von diesem Trieb abweicht; heißt verstehen, daß er im Sadismus »durch den Einfluß der narzißtischen Libido vom Ich abgedrängt wurde, so daß er erst am Objekt zum Vorschein kommt« (FGW 13: 58).

Es kommt alles darauf an, die Abdrängung zu begreifen, nichts aber wird erkannt, ist vom Todestrieb ohne diese Abweichung, ist vom Wesen ohne Erscheinung, die Rede. Das wäre so, als würde Marx vom Wert sprechen und von der Warenform schweigen (und manche Marxforscher machen das wirklich, wenn sie sich darüber streiten, wo denn nun der Wert wirklich entstehe), dann aber käme Marx ernsthaft nur noch als Vorläufer

Heideggers in Frage, der gewissermaßen das Sein im Wertbegriff schon gedacht hätte. Wer also im Zusammenhang nationalsozialistischer oder islamistischer Vernichtungsaktionen den Todestrieb auch nur erwähnt, hat im selben Atemzug von den pathischen Projektionen, vom kollektiven Narzißmus, von der massenpsychologischen Identifikation derer zu sprechen, die ihn realisieren, oder er wird zu seinem Apologeten.

Herbert Marcuse war vielleicht der einzige, der den Begriff des Todestriebs in diesem Widerspruch entwickeln konnte[40] – bei der Abstraktion noch festhielt, wovon abstrahiert wird: der ödipalen Konstellation. Ohne dabei wie Lacan den Phallus zu fetischisieren oder wie Grunberger das Gesetz, zeigt er, warum der »aggressive Impuls gegen den Vater (und seinen sozialen Nachfolger)« als »ein Abkömmling des Todestriebes« gelten kann: »indem er das Kind von der Mutter ›trennt‹, unterbindet der Vater auch den Todestrieb... Damit leistet er die Arbeit des Eros; auch die Liebe wirkt an der Bildung des Über-Ichs mit. Der strenge Vater, der als verbietender Vertreter des Eros im Ödipuskonflikt den Todestrieb unterwirft, erzwingt damit die erste ›gemeinsame‹ (soziale) Beziehung: seine Verbote schaffen die Identifizierung unter den Söhnen, führen zur zielgehemmten Liebe (Zuneigung), zur Exogamie, zur Sublimierung.« (73) Marcuse beharrt aber umso mehr auf der Todestrieb-Hypothese, denn sie allein bietet Gewähr dafür, die gesellschaftlichen Widersprüche, die jene Regressionen hervortreiben, in ihrer Schrankenlosigkeit zu erfassen. In seinen Überlegungen gibt endlich der negative Begriff von Totalität, der durch Marx, Lukács und Kritische Theorie gewonnen wurde, den tastenden Spekulationen Freuds ihren gesellschaftlichen Sinn, ohne darum die Natur, wie es die Revisionisten tun, auszustreichen.

Béla Grunberger hingegen folgt wie viele andere Analytiker nach Freud auch darin der inneren Logik einer um ihren Widerspruch betrogenen Aufklärung, daß er den Todestrieb einfach durch das Problem des Narzißmus ersetzt. Während Freud der metaphorische Charakter seiner Formulierungen über die Keimzellen, die »sich absolut ›narzißtisch‹ benehmen«, durchaus bewußt bleibt, macht Grunberger daraus ein natur-

---

40 Florian Markl und Ljiljana Radonic haben darauf in den Diskussionen rund um die Vorbereitung der Konferenz von Café Critique zum 150. Geburtstag Sigmund Freuds – ›Why live, if you can be buried for ten Dollars?‹ Mit Freud. Gesellschaftskritik und Psychoanalyse, 13./14. 10. 2006 – aufmerksam gemacht.

philosophisches System: »Der Narzißmus gehört zum inneren Wesen dieser biologischen Materie, aus der er besteht.« (24) Das Potential an Destruktion, das in der modernen Gesellschaft lauert, wird als individuelle Sehnsucht nach dem embryonalen Zustand eingegrenzt und zugleich als ein in der Materie selbst liegendes Schicksal besiegelt. Die Eingrenzung erlaubt es, vom Narzißmus als einem »Abkömmling der vorgeburtlichen Koenästhesie« (Grunberger/Dessuant 2000: 93) sogleich auf den politischen Vernichtungswahn zu schließen, diesen eben damit zu verharmlosen und gleichzeitig als Narzißmus der Materie zu verewigen. Statt ihre eigenen Grenzen zu reflektieren, schwingt sich psychoanalytische Theorie dazu auf, die Kritik der politischen Ökonomie und des Staats schlechterdings überflüssig zu machen, das automatische Subjekt des Kapitals und das Staatssubjekt, mit dem sich der kollektive Narzißmus der Nation identifiziert, als bloße Emanationen des individuellen Narzißmus oder gar der narzißtischen Materie abzutun. Freud hingegen konnte mit dem auf Totalität zielenden Trieb zum Tode die elementare Bedrohung erkennen, die, dem Zusammenhang des Ganzen entsprungen, sowenig von der Kultur bewältigt als von der Theorie, einerlei ob Kritik der politischen Ökonomie oder Psychoanalyse, je erfaßt zu werden vermag – und darum real existierende Hypothese bleibt. Gerade die Einsicht in die Unmöglichkeit, dem Destruktionspotential gerecht zu werden, sichert der Kritik die Möglichkeit, es nicht zu verharmlosen.

Jacques Lacan ist der eigentliche Apologet des Todestriebs. Seine Theorie entlarvt die »reife Liebesform«, mit der die Mitscherlichs der Nation das Trauern lehren, als verschämten Versuch, den Todestrieb abzudrängen, um ihm doch noch zum Durchbruch zu verhelfen. Denn was ist eine Liebe, die mit der Liebe zum Führer identisch gesetzt wird, anderes als der in etwas verklemmter Gestalt verherrlichte Todestrieb? Lacan, der seine Pilgerfahrten zu Heidegger und Jung nicht umsonst unternahm, führte Heideggers »Sein zum Tod« in die Psychologie ein und entstellte damit die monistische Triebtheorie von Jung zur Kenntlichkeit. Was der Zürcher Nazisympathisant in der einen allumfassenden Libido so sorgsam versteckt hat wie nur die Schweizer Banken das Nazigold, zahlt der Pariser Bewunderer der deutschen Ideologie dem Souverän nach dem Krieg bereitwillig wieder aus: Heißt es bei Jung bereits, das »Sichopfernkönnen« beweise »das Sichhaben« (2001b: 191), wodurch »die Sonderexistenz«, »die jeweilige Ichhaftigkeit« aufgehoben und die »Konfliktquellen zum

Versiegen gebracht« werden (198), dann lüftet Lacan das Bankgeheimnis, indem er im Opfer den Todestrieb wiedererkennt, den es zu bejahen gilt, und in den Konflikten des Ichs den Anspruch auf Erfüllung, der zu überwinden wäre. Er macht den Analytiker zum Hüter der enthaltsamen Konstitution und Hirten des unstillbaren Todestriebs – solange jedenfalls die Individuen in ihrer Sonderexistenz nicht von allein bereit sind, ohne Zögern mit dem Souverän sich zu identifizieren, der im Ausnahmezustand losschlägt. Er braucht dazu im Unterschied zu Heidegger, Jung und Mitscherlich nicht das Ganze des Volks, dieses Ganze wird vielmehr vom Phallus verkörpert: dessen Primat, wie Lacan es versteht, zwingt das Individuum in die politische Einheit des Souveräns; das Kollektiv, das in Wirklichkeit dazu nötig ist, die massenpsychologische Identifikation mit dem Führer, wird nicht einmal angedeutet: es ist inkognito vorhanden im »Einverständnis« des Individuums »mit dem Opfer seines Lebens aus Gründen, die dem menschlichen Leben sein Maß geben«. Wenn also der Psychoanalytiker Gehad Mazarweh (in der *Zeit* vom 11. 5. 2006) überzeugend vor Augen führt, daß »in den nächsten zwanzig, dreißig Jahren die arabische Welt ohne Tausende von Psychotherapeuten und -analytikern eine soziale Katastrophe erleben wird«, dann wäre hier hinzuzufügen: sollten diese Psychotherapeuten und -analytiker aber echte Lacanianer sein, ist mit Tausenden von ihnen nichts getan oder noch Schlimmeres.

Jeder Revisionismus, ob er nun den Todestrieb einfach leugnet oder ihn im Gegenteil verabsolutiert und an die Stelle des sexuellen Triebs setzt, zerreißt den Zusammenhang, in dem allein sinnvoll von zwei entgegengesetzten Trieben gesprochen werden kann. Zu vage formuliert erscheint er selbst bei Freud, wenn es im *Unbehagen in der Kultur* heißt, daß »die beiden Triebarten selten – vielleicht niemals – voneinander isoliert auftreten, sondern sich in verschiedenen, sehr wechselnden Mengungsverhältnissen miteinander legieren und dadurch unserem Urteil unkenntlich machen« (FGW 14: 478). Umso bemerkenswerter, wie es Herbert Marcuse gelingt, diesen Zusammenhang zu vergegenwärtigen und über die Mengungsverhältnisse aufzuklären: er zeigt, warum zum einen wirklich von einem Trieb auszugehen wäre, indem er die innere biologische, freilich nur ganz abstrakt bestimmbare Notwendigkeit von Regression wahrnimmt, welche die Menschen mit den Tieren durchaus teilen – im Sinne der allgemeinsten Definition jedes Triebs als »ein dem belebten Organischen innewohnender Drang zur Wiederherstellung eines früheren Zustandes« (FGW 13: 38); und warum zum anderen allein bei diesem Trieb und hier im Gegensatz zur Tierwelt das Gesellschaftliche in ein verändertes Verhältnis zur Natur tritt, eines, das die Konstitution des Triebs selber betrifft: während bei den übrigen Trieben die Gesellschaft ›nur‹ festlegt, inwieweit das entsprechende Bedürfnis befriedigt wird oder nicht, und die Formen vorgibt, in denen der Mangel sich niederschlägt, bestimmt sie bei Thanatos die Kraft und Größe des Triebs, oder besser: legt fest, ob er total wird oder partikulär bleibt. Der ›Regressionszwang‹ strebt zwar »in allen organischen Lebensäußerungen nach völliger Ruhe«, und darin ist der Todestrieb eins mit dem Lustprinzip, daß er den Zustand des Gleichgewichts anpeilt. Er ist also »nicht um seiner selbst willen destruktiv, sondern um der Behebung von Spannung willen. Der Abstieg zum Tode ist eine unbewußte Flucht vor Schmerz und Mangel. Er ist ein Ausdruck des ewigen Kampfes gegen Leiden und Unterdrückung. Und der Todestrieb selbst scheint von den historischen Veränderungen ergriffen zu sein, welche diesen Kampf beeinflussen.« (MS 5: 33) Soweit das Leiden sozial produziert wird und soweit der Kampf gegen dieses Leid wie gegen alles Leid mit den Mitteln der gesellschaftlichen Produktivkräfte geführt wird, ist der Todestrieb die biologische Verlaufsform der Niederlagen in diesem Kampf. Das trennt ihn von den anderen Trieben, bei denen sich gesellschaftlich immer nur entscheidet, ob und in welchem Maß sie gestillt werden können. Eben die Antwort auf diese Entscheidung fällt Thanatos zu, und somit verkörpert er realiter die gesellschaftliche Totalität in der Natur. Er ist das, was der Gesellschaft blüht, wenn die Triebe unbefriedigt bleiben, das Leid maßlos wird. Worauf er sich jedoch konkret richtet, worin er kulminiert, ist mit seinem Begriff nicht zu fassen: in einer Revolution, die ihre eigenen Kinder frißt, oder in einem Vernichtungskrieg gegen das Judentum; im Freitod oder im Selbstmordattentat. Hier zu unterscheiden vermag man weder mit dem Denken Heideggers noch mit der Analyse Lacans, die stets das eine durch das andere bestimmen – in dem Bestreben nämlich, den Todestrieb durchzusetzen als das, was er an sich gerade nicht ist: destruktiv um seiner selbst willen. Das Subjekt nicht nur auf die Krise einzustimmen, deren drohende Möglichkeit in der bürgerlichen Gesellschaft jeder spürt, indem er unbarmherzig mit jedem anderen konkurrieren muß, sondern es auch noch für eine Gemeinschaft ohne Konkurrenz zuzurichten, die nur als Vernichtung realisiert werden kann – in diesem Erlösungsversprechen, das dem Glücksversprechen genau entgegengesetzt ist, liegt bis heute die ungebrochene Anziehungskraft sowohl Heideggers als auch Lacans.[41]

So lehrt die Kritik an Lacan doch mehr als die an anderen Revisionisten. Sie lehrt, daß aus der bloßen Existenz des Todestriebs für den einzelnen in einer bestimmten Gesellschaft unmittelbar nichts gefolgert werden kann und auch nichts folgt. Wird jedoch die Gesellschaft jenseits des einzelnen betrachtet (*Jenseits des Lustprinzips* könnte ebenso den Titel *Jenseits des Individuums* haben), dann ergibt der Begriff einen Sinn, einen einzigen: er beschreibt eben die letzte Konsequenz einer von jeder Sinngebung der einzelnen verselbständigten Gesellschaft – die Konsequenz nämlich, die nur durch die Natur hindurch wahrgenommen werden kann und nichts anderes mehr als Tod beinhaltet. Die Annahme, daß er wirklich existiert – wie sie sogar der Freudschen, aller Opferbereitschaft und allem Todeskult entgegengesetzten Theorie aufgezwungen wurde: Freud selbst

---

[41] Der erste, der sich explizit auf Heidegger berief, um psychoanalytisches Denken gleichsam von innen her aufzulösen, war vermutlich Viktor E. Frankl, der dabei allerdings von Alfred Adlers Positionen ausging (vgl. Renate Göllners Beitrag »Gemeinschaftsgefühl als Ende der Psychoanalyse. Alfred Adler und die Folgen« bei der Konferenz ›Why live, if you can be buried for ten Dollars?‹ Mit Freud. Gesellschaftskritik und Psychoanalyse, 13. 10. 2006). Dem »Sein zum Tode« im Heideggerschen Sinn entsprach Frankls schlechthin zwanghafter Kampf gegen den Suizid , den er wie im Wahn seiner Verfolger befangen auch noch unter der Naziherrschaft, als Jude nach Theresienstadt deportiert, fortsetzte: er versuchte, die Menschen vor der Selbstbestimmung im Freitod zu erretten und zwar für die Vernichtung durch Führer und Volksgemeinschaft. Die Sinngebung des Leidens, die er als einzelnes Naziopfer später für sich in Anspruch nahm, hat niemand das Recht ihm zu bestreiten. Wo sie jedoch zur Rechtfertigung der politischen Verbrechen dient und die Täter exkulpiert, sind die Grundlagen dieser Sinngebung in der Heideggerschen Todesontologie offenzulegen, so in Frankls populärem Buch ».. trotzdem Ja zum Leben sagen« (Wien 1946) wie in seinem öffentlichen Wirken in der postnazistischen Gesellschaft (vgl. hierzu Pytell 2005). In dieser Hinsicht treten die Lacanianer mittlerweile wirklich die Nachfolge Frankls an, wenn sie etwa die Negativität der Kritischen Theorie bekämpfen und – wie August Ruhs und die sogenannte Neue Wiener Gruppe – in der Kulturindustrie auf Sinnsuche gehen, nach »Alltagsmythen« Ausschau halten, »die in gemeinschaftsstiftender Weise Hilfen anbieten können, um sich in einer unüberschaubar gewordenen Konsumwelt einigermaßen zurechtzufinden, um aufgebrochene und auseinandergebrochene Identitäten zu reparieren und verunsicherte und verunsichernde Lebensformen zu festigen und zu entschärfen, so daß wir jene Ruhe finden, die wir brauchen, um wieder träumen zu können.« (Ruhs 2006: 116) Über den Inhalt dieser Träume kann man zum Glück nur spekulieren. Folgt man Lacan, müßten es Tagträume sein, die vom Tod des einzelnen im Namen des Souveräns handeln.

wußte nicht anzugeben, »wie weit« er an sie glaube (FGW 13: 63)[42] –, kann jedoch niemals ausschließen, daß in einer anderen Gesellschaft auch der »Triebwert des Todes« ein anderer werden könnte, ja seine Veränderung wäre geradezu Gradmesser aller wirklichen gesellschaftlichen Veränderung, an deren Möglichkeit Kritische Theorie im Widerspruch zu Freuds Realität des Realitätsprinzips festhält: Würden »die Triebe ihre Erfüllung in einer unterdrückungsfreien Ordnung verfolgen und erreichen«, müßte, so Marcuse, »der Wiederholungszwang viel von seiner biologischen Begründung« verlieren. »Wenn Leid und Mangel abnehmen, könnte sich das Nirwanaprinzip mit dem Realitätsprinzip versöhnen. Wäre der erreichte Lebenszustand erfreulich und wünschenswert, so würde das der unbewußten Anziehung, die die Triebe auf einen ›früheren Zustand‹ zurückzieht, erfolgreich entgegenwirken. Die ›konservative Natur‹ der Triebe käme in einer erfüllten Gegenwart zur Ruhe. Der Tod hörte auf, ein Triebziel zu sein. Er bleibt eine Tatsache, vielleicht sogar eine letzte Notwendigkeit – aber eine Notwendigkeit, gegen die die unterdrückte Energie der Menschheit protestieren wird, gegen die sie den entschiedensten Kampf aufnehmen wird.« (MS 5: 200) Nur dadurch könnte der Todestrieb widerlegt werden, wie Tjark Kunstreich in Erinnerung gerufen hat[43]. Solange das nicht geschieht, existiert das Jenseits des Lustprinzips; gilt die Freudsche Hypothese, daß dieses Prinzip »geradezu im Dienste der Todestriebe zu stehen« scheint, wie es am Ende der Schrift von 1920 heißt – deren Autor dann aber vollends unsicher wird und fordert, einen Weg auch »wieder zu verlassen, den man eine Weile verfolgt hat, wenn

---

[42] In einem Brief an Pfister schreibt er 1930: »Der Todestrieb ist mir kein Herzensbedürfnis, er erscheint nur als unvermeidliche Annahme aus biologischen wie aus psychologischen Gründen.« Kurz davor aber spricht er von der »rätselhaften Wirklichkeit« und daß ihm der »Ausgang« im Kampf von Eros und Todestrieb »unbestimmbar« erscheint (zit. n. Schur 1982: 494). Daß dieser Ausgang aber mit den gesellschaftlichen Konflikten zu tun hat, findet sich am deutlichsten am Ende des *Unbehagens in der Kultur* ausgedrückt: »Die Schicksalsfrage der Menschenart scheint mir zu sein, ob und in welchem Maße es ihrer Kulturentwicklung gelingen wird, der Störung des Zusammenlebens durch den menschlichen Aggressions- und Selbstvernichtungstrieb Herr zu werden. In diesem Bezug verdient vielleicht gerade die gegenwärtige Zeit ein besonderes Interesse.« (FGW 14: 506)

[43] Von ihm stammt der Vorschlag, den Todestrieb zum Thema der Wiener Tagung: ›Why live, if you can be buried for ten Dollars?‹ Mit Freud. Gesellschaftskritik und Psychoanalyse, 13./14. 10. 2006, zu machen.

er zu nichts Gutem zu führen scheint.« (FGW 13: 69) Zu nichts Gutem führt dieser Weg ganz gewiß, aber die Frage ist in jedem Fall, ob ihn die Menschheit weiter verfolgen wird.

Engagement und Pogrom

Hochzeit mit den Larven

Thesen zur Kritik des Engagements

Der Zwang der ökonomischen Verhältnisse, wie er bürgerliche Herrschaft besiegelt, bleibt stumm, sagt Marx im *Kapital*, nachdem er die gewaltsame, ganz und gar nicht stumme, aber verdrängte Genesis dieser Herrschaft dargestellt hat.

Wenn der Zwang stumm bleibt, dann versucht die engagierte Literatur ihn beredt zu machen. Um ihm eine Stimme zu verleihen, muß sie ihn aber personifizieren. Sie imaginiert das real Abstrakte der bürgerlich gewordenen Herrschaft, die Anonymität der Ausbeutung, die unabsehbare Vermittlung von Unterdrückung als persönliche Beziehungen, individuelle Konstellationen und politisch handhabbare Probleme; ersetzt das Kapitalverhältnis durch den Kapitalisten, die abstrakte Arbeit durch den Arbeiter, den Staat durch den Staatsmann.

Das Problem der engagierten Literatur ist nicht, daß sie Personen erfindet oder nachempfindet, sondern daß sie nicht deutlich macht, inwiefern diese Personen nur noch als Personifikationen abstrakter Verhältnisse in Frage kommen, wenn das Ganze als das unwahre dargestellt werden soll; inwiefern es sich im Hinblick auf dieses Ganze nicht um Charaktere, sondern um Charaktermasken handelt. Sie verfehlt das Ganze, das eben nicht die Summe von bewußten freien Individuen ist, sondern deren unbewußter Zwangszusammenhang. Denn die engagierte Literatur erzeugt ihr Engagement durch Identifikation: durch Einfühlung und Mitleid und durch Haß und Abscheu. Sie lebt davon, daß sie behauptet, das Ich sei Herr im eigenen Haus. Vom Christentum hat sie den Manichäismus von Gut und Böse ererbt: Gäbe es diesen einen Bösen nicht, diesen Spekulanten oder Tyrannen, dann ginge es den Guten gut. Sie plädiert nicht für die Abschaffung von Staat und Geld, sondern für einen besseren Umgang mit ihnen. Sie ist so demokratisch wie der gleichnamige Jargon.

163

Literatur reicht nur dort über die für Staat und Kapital engagierte Gesellschaft hinaus, wo ihr Engagement scheitert; wo sie nicht den stummen Zwang beredt, sondern die Stummheit des Zwangs kenntlich machen kann. Sie bricht mit der Gesellschaft, in der sie sich engagieren möchte, wenn sie die Ohnmacht der Charaktere gegenüber ihrer Funktion als Charaktermasken hervortreten läßt; sich also selbst kritisiert und darin ihrer eigenen Voraussetzungen als Form des falschen Bewußtseins sich bewußt wird.

Engagiert ist sie dann aber umso mehr in der Kritik jener Identifikation, die von Freuds Massenpsychologie analysiert wurde und worin das größte Unheil der Gesellschaft droht: Identifikation mit politischer Führerfigur und repressivem Kollektiv. Und die »libidinösen Bindungen« aufzulösen, die das Wesen staatlich formierter Massen, ihren inneren Zusammenhalt, ausmachen – in dieser unendlich vielschichtigen Arbeit, die politische Identität des Subjekts zu stören, vermag sie zugleich wieder ihren Selbstzweck als Kunst der Moderne zu entdecken. Wenn eine derartige Masse – nach Freud – aus Individuen besteht, die »ein und dasselbe Objekt an die Stelle ihres Ichideals gesetzt und sich infolgedessen in ihrem Ich miteinander identifiziert haben« (FGW 13: 128), so bleibt es der modernen Kunst vorbehalten, jenes Objekt zu zerschlagen – es sei denn, sie selbst mündet wie die Gesellschaft in Regression und ästhetisiert ihrerseits den Staat, wovon Futurismus und Surrealismus einige Beispiele gaben.

Aus der Zerschlagung des Objekts der Identifikation läßt sich jedenfalls der Schockzustand erklären, den sie auszulösen vermag. Die Zersetzung der Masse, schrieb Freud, führe zur Panik: »Der Verlust des Führers in irgendeinem Sinne, das Irrewerden an ihm, bringt die Panik bei gleichbleibender Gefahr zum Ausbruch; mit der Bindung an den Führer schwinden – in der Regel – auch die gegenseitigen Bindungen der Massenindividuen.« (106) Diese Panik planvoll zum Ausbruch zu bringen, kann als das Geheimnis aller geglückten Werke der Moderne begriffen werden. Der wütendste Haß jedes Volksgenossen ist ihnen darum sicher.

Das unterscheidet diese Werke auch von der Kunst des bürgerlichen Zeitalters, die noch eine individuelle Integration des gesellschaftlichen Konfliktpotentials – durch die Perspektive in der Malerei, den Dramenschluß und die symphonische Reprise – verhieß und damit Tribut ans gesellschaftliche Unwahre leistete. Ihr eigentlich Modernes bewähren sie daran, in den Individuen, an deren Verhältnis zur Gesellschaft, einen

Widerspruch – jene »gleichbleibende Gefahr« von der Freud spricht – auf-
zudecken, der in dieser Gesellschaft, die Krisen systematisch hervorbringt,
sich nicht individuell versöhnen läßt, ja auf der Grundlage dieser Gesellschaft nur durch den Vernichtungswahn, wenn er die Massen ergreift,
ausgelöscht werden kann.

Moderne bedeutet demnach, die Individuen in ihrem kollektiven Narzißmus zu kränken: Du bist gar nicht Herr im Haus, wer immer dieser
Herr sein mag, Du bist es nicht; mit welchen Mächten auch immer Du
Dich identifizierst, Du wirst damit nicht zum Herrn. Eine solche Kunst
und Literatur kann die Massen gar nicht erreichen, denn sie setzt dort
an, wo die Individuen von der Masse noch nicht oder nicht mehr erreicht
werden. Was Adorno über Mahlers Musik schrieb, gilt für alle solchermaßen engagierte Kunst: in ihr werden die Märsche, in deren Rhythmus der
Staat die Massen mobil macht, »von dem vernommen und reflektiert, den
sie verschleppen«; sie ist »Traum des Individuums vom unaufhaltsamen
Kollektiv. Zugleich aber drückt sie objektiv aus, daß Identifikation mit
ihm unmöglich sei.« (AGS 13: 309, 282)

Einfühlung ins Warensubjekt

Die engagierte Literatur entsprang jedoch einer Konstellation, da der
Zwang noch nicht ganz verstummt war. Sie stammt aus einer Zeit, als
das Bürgertum glaubte, Herr im Haus des Souveräns werden zu können,
und einige ihrer intellektuellen Vertreter dachten sogar, damit noch den
Zwang selber abzuschaffen. Sie übte die Identifikation mit dem vereinzelten bürgerlichen Subjekt ein, um gegen den absolutistischen Staat und
dessen autoritären Umgang mit den Warenbesitzern und Familienvätern zu
mobilisieren. Insofern war die engagierte Literatur immer eine bürgerliche
Literatur – eine Literatur von engagierten Warenbesitzern bzw. besorgten
Hausvätern, die sich gegen jene außerökonomische Gewalt zur Wehr
setzten, der sie doch letztlich ihre Existenz verdankten. Und nur dort, wo
die Autoren ihre eigenen Voraussetzungen reflektieren konnten und dem
Staat an sich, als Institutionalisierung der Gewalt, mit skeptischer Distanz
gegenüberstanden, also nur ausnahmsweise, wie etwa bei Lessing, wurde
das Engagement selbstreflexiv: so wenn im *Nathan* der Schatzmeister des
Souveräns seinen Posten aufgibt, weil er das Wohltun mit den Mitteln

des Staates als »Geckerei« durchschaut, wie der Warentausch gestützt auf Ausbeutung.

Den aufregenden Heldentaten der Warenhüter gegen die augenscheinliche Tyrannenwillkür folgte jedoch der Katzenjammer der ungreifbaren Tyrannei des Tauschwerts auf dem Fuß, die nunmehr als ein trübes Verhängnis außer ihnen existierte (Ibsen!). An diesem eingehandelten Verhängnis änderte sich auch nichts, als die rebellierenden Söhne der deprimierten Bürger das Interesse auf jene Warenbesitzer hefteten, die nur eine einzige Ware besitzen, ihre Arbeitskraft: das bürgerliche Trauerspiel wiederholte sich im proletarischen Milieu.

Erst Brecht machte den entscheidenden Schritt zur Selbstkritik der engagierten Literatur, indem er die Identifikation, die Einfühlung und das Mitleiden als solche in Frage stellte. Die Wiedererkennung des Subjekts, wodurch das Engagement vermittelt werden soll, wird gebrochen: das Subjekt empfindet die Person, mit der es sich zu identifizieren gewohnt ist, als etwas Unbekanntes, Erstaunliches – und soll damit auch sein eigenes gesellschaftliches Dasein als ein von seinem Bewußtsein Unterschiedenes, im Alltag Unbewußtes wahrnehmen können. Nichts anderes meint die berühmte »Verfremdung« in der Brechtschen Ästhetik.

Die Verfremdung kann allerdings zur Pädagogik fürs autoritäre Gemeinweisen verkommen, und es wird mitunter schwierig darüber zu urteilen, ob sie bürgerliches Subjektbewußtsein noch in Frage stellt, um die Identifikation mit dem Staat zu hintertreiben oder um es zur barbarischen Aufhebung des Staats anzustacheln. Auch Adorno legt sich hier in seiner Brecht-Kritik nicht unbedingt fest. Die nachgelassene *Ästhetische Theorie* konzediert, daß in den Stücken des Stückeschreibers die Thesen »eine ganz andere Funktion« gewinnen konnte, »als die, welche sie inhaltlich meinten. Sie wurden konstitutiv, prägten das Drama zu einem Anti-Illusionären, trugen bei zum Zerfall der Einheit des Sinnzusammenhangs. Das macht ihre Qualität aus, nicht das Engagement, aber sie haftet am Engagement, es wird zu ihrem mimetischen Element. Brechts Engagement tut dem Kunstwerk nochmals gleichsam an, wohin es geschichtlich von sich aus gravitiert: zerrüttet es.« (AGS 7: 366) In seiner älteren Polemik gegen Brecht – in dem Aufsatz übers »Engagement« – konnte Adorno diese Ironie der Literaturgeschichte noch nicht wahrnehmen und stellte engagierte und hermetische Kunst einander ausschließend und eher unhistorisch modellhaft gegenüber. Im dialektischen Blick der *Ästhetischen Theorie* wird Brechts Engagement mit einem Mal zum Vorspiel von Becketts *Endspiel*. Das kann aber nichts daran ändern, die *Maßnahme* immer zugleich auch als ein Vorspiel der Moskauer Prozesse zu betrachten – was gerade Adorno nicht müde wurde an verschiedensten Stellen seiner Schriften und Vorlesungen hervorzuheben.

»Irgend etwas geht seinen Gang.« Brecht vermochte dieses etwas noch in der Warenproduktion zu fassen, worin die kämpfenden Klassen sich ihrer antagonistischen Interessen relativ sicher sein konnten; bei Beckett ist es zur abstrakten Zeit geworden, die Herr und Knecht nicht einmal mehr Charaktermasken konfligierender Interessen sein läßt, sondern sie als zwei Seiten derselben Münze ausstellt.

Engagement nach Auschwitz: Die Ästhetik des Widerstands

Aber die engagierte Literatur beginnt stets von neuem. Sie kann das *Endspiel* scheinbar nicht als ihr eigenes begreifen – besonders nicht in Deutschland. Dabei ist, oder vielmehr war es nicht ganz unwichtig, auf welchen deutschen Staat sie sich bezog. Abseits der dumpfen Propagandaliteratur gab es in der DDR in der Nachfolge Brechts auch etwas wie ein reflektiertes Engagement – negativ bei Heiner Müller, der Becketts *Endspiel* in den sozialistischen Realismus einschleuste; positiv bei Peter Hacks, der das genaue Gegenteil tat und Goethe imitierte. Beides war absurdes Theater; beides benötigte den sozialistischen Staat eigentlich nicht als Adressaten, sondern als Gewährsmann. Der Zwang dieser schmählich scheiternden Erziehungsdiktatur für Deutsche war alles andere als stumm.

Mit dem sozialistischen Souverän schien jedenfalls der archimedische Punkt gefunden, von dem aus wieder tragisch oder komisch gestaltet werden konnte. Wenn Heiner Müller sich in diesem Laboratorium den düsteren Seiten jener durch den Staat verkörperten Totalität widmete, so Hacks den hellen: »Offenkundige Mißstände verlangen politische Lösungen, nicht poetische. Bloße Schweinereien wollen beseitigt, nicht bedichtet werden. Kunst, um Kunst zu sein, braucht, außer Widersprüchen, auch eine sinnlich faßbare Einheit derselben, wie das die griechische Polis war, der englische Absolutismus oder – in Gottes Namen – die deutsche Hoffnung auf einen bürgerlich-feudalen Klassenkompromiß. Eine solche Einheit hebt die Kunst über die Armut naiver Parteilichkeit hinaus und befähigt sie zur Idee der Totalität.« (1977: 47) Und es genügt, daß diese Einheit in der Erinnerung, als bloße Vorstellung, existiert, wie die späten Stücke beider Autoren zeigen: die »Wiedervereinigung« hat keinerlei Spuren in ihrer ästhetischen Form hinterlassen.

Im Westen hingegen mündet ein positiver Bezug auf den Souverän mit einiger Notwendigkeit in postfaschistische Heimatliteratur. Das hat Martin Walser vorgeführt. Seine alten engagierten Texte hatten als Adressaten all ihrer sozialistischen Wünsche den Staat und zielten im Grunde schon immer auf Volksgemeinschaft. Was sie an ihm kritisierten, war, daß er noch nicht »heimatlich« genug wäre – dies zeige sich in »seiner Züchtung einer Gewissenlosigkeit gegenüber dem Gemeinwohl... Da wir Arbeiter in der Meinungsproduktion sind, also Abhängige, also ›Heimatlose‹, haben wir die Aufgabe, andauernd das demokratische Manko auszurufen.« (1973: 95) Darin besteht also das Engagement nach Auschwitz: verhindern, was nicht fürs Gemeinwohl der Deutschen gezüchtet ist – ein Gemeinwohl, das niemand anderer als der engagierte Schriftsteller zu verkörpern hat.

Im übrigen hatte sich engagierte Literatur jedoch über ihr Verhältnis zum Staat souverän hinweggetäuscht, wie etwa die berühmte *Kursbuch*-Debatte zwischen Peter Weiss und Hans Magnus Enzensberger von 1966 demonstrierte – sie bewegte sich ausschließlich auf dem Boden der Moral: »Auf wessen Seite stellen wir uns?«, fragte Weiss: »Stehen wir auf der Seite derer, deren Kräfte heute einem Verschleiß bis zur Vernichtung ausgesetzt werden (so wie die Wehrlosen in den faschistischen Konzentrationslagern), denen die Güter und Ausbildungsmöglichkeiten, die uns zur Verfügung stehen, versagt sind ... und die ihr aufgespeichertes Unglück in gewaltsamen Ausbrüchen entladen, oder stehen wir auf der Seite derer, die diese Ausbrüche Pöbelrevolten nennen oder Terroristentaten, und die zur Besonnenheit raten, weil sie die geltende Ordnung nicht gefährdet sehen wollen?« (Bewegung 1985: 105)

Enzensberger konnte auf die schwerfällige Suggestivfrage umso eleganter replizieren: »Peter Weiss ist gegen den Mord, gegen die Ausbeutung, gegen den Hunger, gegen die Unterdrückung. Er sagt es sich selber, und er sagt es allen anderen vor. Das ist ein begreifliches Bedürfnis. Ihm nachzugeben, schadet niemandem, nützt niemandem.« Was Enzensberger nicht kümmerte: warum das so ist. Denn er war bereits ganz einverstanden damit, daß es so ist. »Bekenntnissen ziehe ich Argumente vor«, sagt er (Bewegung 1985: 109) und hat damit auch schon den Gegensatz von Kritik und Affirmation zum Verschwinden gebracht. Die Antwort fiel ihm so leicht, weil Weiss die Frage nicht berührte, in welcher Form sich jemand überhaupt auf eine Seite stellen kann.

Diese Frage hat den linken Autor jedoch in der *Ästhetik des Widerstands*, dem großen Romanprojekt über den antifaschistischen Widerstand, eingeholt. Die Reflexion darüber, in welchen Formen Engagement nach Auschwitz möglich ist, verschafft sich fast gewaltsam Eingang ins monumentale Werk: sie geschieht in Form gespenstischer Einbrüche in die große proletarische Erzählung, in Gestalten des Wahnsinns inmitten der Rationalität klassenkämpferischer Interessen.

Die Eltern des Erzähler-Ichs sind nicht-jüdischer Herkunft; nicht die Nürnberger Gesetze haben sie ins Exil getrieben, es ist ihnen vielmehr unmöglich, als engagierte Sozialdemokraten in einem nationalsozialistischen Staat zu leben: »Produkt einer Sehnsucht des Autors Peter Weiss, der selbst einen jüdischen Vater hatte … nach einer deutschen Arbeiterbewegung, die sich mit den verfolgten Juden solidarisch erklärt und auch danach handelt« (Scheit 1998). Das Mitgefühl der Mutter mit den vertriebenen und verfolgten Juden ist so stark, daß sie wahnsinnig wird. »Nachdem man sie ihres dunklen Haars wegen einige Male als Jüdin bezeichnet hatte«, habe sie »sich nun selbst zur Jüdin erklärt« (1975/1: 189); auf der Flucht vor den Nazis Richtung Osten wandern Vater und Mutter »zusammen mit Gruppen tschechischer und slowakischer Juden«, von den Nazis gestellt, hätten sie »sich den Angehörigen des deutschen Volkstums zurechnen können, meine Mutter aber wollte zwischen den Vertriebnen bleiben… Meine Mutter wäre geblieben, hätte mein Vater sie nicht, als sie hinaus in den Hof getrieben und in Reihen aufgestellt worden waren, um in ein Lager transportiert zu werden, mit sich gezerrt, hinüber zur Schar derer, die sich als deutschstämmig ausweisen konnten.« (1981/3: 12) Wahnsinn und Krankheit stehen für den Widerstand, den es in Deutschland hätte geben müssen, und sie machen zugleich deutlich, warum das, was nicht verhindert wurde, auch nicht dargestellt werden kann. Während der Verfall der Mutter die Physis erfaßt, spricht der Erzähler es aus: »jegliche Form, mit der sich das, was sich jetzt ereignete, mitteilen ließe«, werde »undenkbar«. »Mein Vater warf sich vor, daß er sich am letzten Abend ihres Aufseins hatte hinreißen lassen zu jenem Geständnis unsrer Mitschuld an dem Verderben. Du kannst doch nicht geglaubt haben, daß ich meine, auch du seist verantwortlich für das, was uns getroffen hat, wach auf, rief er, sich über sie beugend, um dann nur erstarrt in die kühle Abwesenheit ihres Gesichts zu blicken. Fortan lebten wir mit ihr, während der Schnee an den Fensterscheiben hochstieg, in einer Realität, in der es noch keine Begriffe gab für die Veränderung, die sich in unserem Bewußtsein vollzog.« (131) Die Begriffe für die Realität der Vernichtung, die der Roman aufbietet, erweisen sich als falsch angesichts der Wunsch-Mutter, die sie nicht erträgt: »Immer wurde behauptet, daß diese Seuche, die alle drei, vier Jahrzehnte Konvulsionen verursachte, aus dem Nichts, dem Unerklärlichen komme, doch war sie stets in allen Einzelheiten geplant«, heißt es am Beginn des dritten Bandes (1981/3: 15f.), aber es findet sich keiner, der den Plan entworfen hat. Am aufschlußreichsten darum die Passage, da den kommunistischen Parteiführern Nachrichten über die Shoah mitgeteilt werden, die sie nicht ernst nehmen. Die abgründige Form, in der hier über das »deutsche Volk« berichtet wird, geht weit darüber hinaus, dem Widerstand wie üblich bloß Ignoranz gegenüber dem Massenmord an den Juden vorzuwerfen. Sie stellt die nationalen, am staatlichen Zwangszusammenhang fixierten Kategorien dieses Widerstands überhaupt in Frage, soweit er sich das andere Deutschland weiterhin auf die Fahnen schrieb, nachdem die Deutschen jenen Zusammenhang auf nie geahnte Weise verwirklicht hatten. Über deren Taten heißt es hier: »So konnte nur handeln, wer seit langem von dem, was er einmal war, abgebracht und zu jemandem gemacht worden war, der nicht mehr er selbst, sondern ein Wahnsinniger war, zu dem er sich, ohne es zu wissen, bekannt hatte. Von diesen Menschen, die zum Vergleich mit einem andern Leben nicht mehr fähig waren, ließe sich keine Veränderung erwarten, nicht gewöhnliche, arbeitende, hinters Licht geführte Menschen konnte man in ihnen sehen, müde des Kriegs, überdrüssig der Schande, sie seien, sagte er, als Volk nicht belangbar, seien ohne Einsicht… Gleichgültig hatten die Einheimischen sich abgewandt von ihren Opfern, die mit Gewehrkolben auf die Lastwagen getrieben wurden … und die Gleichgültigkeit sei ihm nie als Apathie vorgekommen, sondern nur als Zeichen einer allgemeinen Übereinkunft.« (1981/3: 117f.)

Mit dieser Übereinkunft hat die engagierte Literatur ihren Adressaten verloren. So sehr sich Weiss auch müht, auf den letzten Seiten ihn zu rekonstruieren, und Parteilichkeit demonstriert für den sozialistischen Staat und die »Völker« – gegen die »Herrschaft des Geldes«, »die spekulative Betriebsamkeit« und ihre »Armee von Agenten«: die Instanz, an die er sich wendet, hat keine Adresse mehr und darum schließt das Buch mit einem Satz, in dem die Worte stehen: »es würde kein Kenntlicher kommen, den leeren Platz zu füllen«.

Nachsatz: Engagement in Österreich

Im dritten Nachfolgestaat Nazideutschlands gehen die Uhren anders. Literatur und Kunst der jüngeren Generation waren zunächst vollständig davon in Anspruch genommen, jener postfaschistischen Intimität zu entkommen, die alles in diesem Land so eng werden ließ. Von der Konkreten Poesie im Kaffeehaus über den Aktionismus auf der Straße bis zum Defäkieren im Hörsaal – überall ist das Bedürfnis spürbar, die Elterngeneration zu provozieren, die als Tätergeneration nicht erkannt werden wollte und gerade darum ihren Kindern ganz nahe rückte; überall der Versuch, mit allen drastischen Mitteln dieser Intimität zu entgehen, der sie dann doch auf andere Weise reproduziert.

Die kleinfamiliale Enge, die hier die ganze Öffentlichkeit beherrscht und jede reflektiertere Form der Auseinandersetzung verhindert hat, beruht wie die sekundäre Volksgemeinschaft in allen Nachfolgestaaten des Dritten Reichs auf dem gemeinsam begangenen Massenmord im Dritten Reich, genauer: darauf, daß diese Taten nach 1945 als eine Art Geheimnis gemeinsam gehütet worden sind – in den Familien ebenso wie an den Universitäten und in den Medien. Anders als in Westdeutschland war man jedoch durch das von den Alliierten gewährte Privileg des Staatsvertrags, durch die Ideologie, das erste Opfer der Hitlerschen Aggression zu sein, vollständig davor gefeit, sich in irgendeiner Weise mit der Vergangenheit beschäftigen und davon distanzieren zu müssen. Österreichische Identität hieß nach 1945: sich »klein machen« (Jean Améry), um sich vom Dritten Reich zu unterscheiden, dessen Ergebnisse man jedoch für sich bejahte. Solcherart entstand eine sekundäre Volksgemeinschaft in komprimierter Form, so komprimiert, daß sie wirklich von einem einzigen, allerdings genialen Mann verkörpert werden konnte: Helmut Qualtingers *Herr Karl*.

Wenn es also etwas wie engagierte Literatur in Österreich gegeben hat, dann war es satirische Verkörperung: statt engagierter Einfühlung identifizierender Haß. Der Ton ist immer schneidend, dem Gedanken aber fehlt der Raum, den inneren Widerspruch zuzulassen. Der große

Intimfeind des Landes, Karl Kraus, der noch in jeden deutschösterreichischen Bürger hineinkriechen konnte, um ihn preiszugeben dem Haß, ist hier der Referenzpunkt. Er hat alles vorausgewußt:»Mit einem frohgemuten ›Wir kennen uns ja eh'‹ stellen sich die Wiener Persönlichkeiten vor«, und es braucht lange Zeit, bis es gelingt,»sie verkennen zu lernen.« (KS 8: 198)

Solche satirische Verkörperung kann paradoxerweise ein besonders ausgeprägtes Subjektbewußtsein erzeugen: die Illusion, der Gesellschaft ausschließend gegenüberzustehen, ihr nicht selbst, mit keiner Faser seines Wesens, anzugehören. Dennoch trifft die Bezeichnung Moralist den Sachverhalt keineswegs: Kraus, der sich selbst als ein solches absolutes Subjekt in seinen Texten aufgebaut hat, treibt zugleich seinem Publikum diese Illusion beständig aus: er wirft – wie Benjamin schreibt – einen »Kupplerblick« in die Masse vor ihm, der sie einlädt zur »verwünschten Hochzeit mit den Larven« (BGS II/1: 357). Von diesen Charaktermasken sich zu distanzieren, wird zur eigentlichen Anstrengung, ihm zu folgen, und darin kann der einzelne gewahr werden, daß er ein Teil dieser Gesellschaft ist, über die der gewöhnliche Moralist sich glaubt hinwegsetzen zu können.

Dieser bedrohlich zweideutige böse Kupplerblick sticht immer wieder aus den Werken von Elfriede Jelinek – und Michael Scharang ist es, der aufpaßt, daß keiner, der sich selbst entlarvt hat, entkommt. Die meisten anderen Autorinnen und Autoren sind dagegen um eine Atmosphäre gemütlicher Opposition bemüht: das Publikum kann sich in Sicherheit wiegen, daß es zu dieser Regierung und zu diesem Volk gewiß nicht gehöre. Sie berufen sich auf Thomas Bernhard: bei ihm kehrt zwar das allmächtige Subjekt des Satirikers wieder, aber es lädt nicht ein zur verwünschten Hochzeit mit den Larven, sondern zur wohlfeilen Verbrüderung der Intellektuellen mit ihresgleichen. Nichts leichter angesichts der Heldenplatz-Larven, als sich von den Österreichern zu distanzieren und sich heimlich einzureden: wir sind das andere Österreich. Während Kraus jeden einzelnen bedroht, indem er ihm die Möglichkeit vor Augen führt, er selber könne so verächtlich sein wie die Figur, die er eben sieht und hört, eröffnet Bernhard ein antinationales Marionettentheater – in einem Artikel über »Die Kleinbürger auf der Heuchelleiter« beschreibt er eine Dramaturgie, die niemanden bedroht, aber allen Freude macht, die am bloßen Skandal ihren Genuß haben:»Wenn der Vorhang des Staates aufgeht, sehen wir an jedem österreichischen Tag ... ein Lustspiel für Marionetten... Die Marionetten sind das schwachsinnig unbelehrbare Volk, und die daran ziehen (die Drahtzieher), die das Volk für dumm verkaufende Regierung.« (*Die Zeit*, 17. 2. 1978)

Einerseits war Thomas Bernhard wirklich ein Prophet, und es ist vollkommen richtig: seine »angenehm pauschalen und vernichtenden Österreich-Tiraden sind noch nie so wahr gewesen wie heute« (Rayk Wieland). Andererseits gibt es keine Wahrheit ohne Selbstreflexion – und sie fehlt im Engagement der österreichischen Literatur, das sich auf ihn beruft – Signum dafür, daß es zu spät gekommen ist. Je mehr es über Österreich spricht, desto weniger möchte es über sich selbst wissen, seine Herkunft und sein Verhältnis zu Staat und Kapital. Wer aber davon nicht reden will, sollte besser auch von Österreich schweigen.

Realismus zum Tode

Über Martin Walser, Peter Handke und Rainer Werner Fassbinder

> »Es war eine sinnvolle Handlung, als Hugo Bettauer 1925 seines schmutzigen Handwerks wegen von einem jungen Mann erschossen wurde.«
> Josef Nadler, Literaturgeschichte des deutschen Volkes

Das Leitmotiv von Martin Walsers Roman *Tod eines Kritikers* (2002) lautet:»Eine Figur, deren Tod man für vollkommen gerechtfertigt hält, das wäre Realismus.« Es stammt vom Helden des Romans, dem Schriftsteller Hans Lach, wird aus dessen fiktivem Buch »Der Wunsch, Verbrecher zu sein« zitiert und von verschiedenen Romangestalten immer wieder aufgegriffen. Mit dem Schicksal von Hans Lach und seinem Text hat Walser ebenso spielerisch wie ausgeklügelt das Schicksal seines Romans vorweggenommen: Lach soll den Kritiker André Ehrl-König ermordet haben. Es stellt sich heraus, daß eigentlich alle diesen Tod wünschten, und doch fällt die Öffentlichkeit über den vermeintlichen Mörder her. Ähnlich ergeht es Walser: er spricht aus, was viele nur denken, rechnet endlich mit dem Großkritiker Reich-Ranicki ab, den er in der Gestalt Ehrl-Königs karikiert – in der Öffentlichkeit aber ist erst noch zu beweisen, daß es sich eben nicht um ein antisemitisches Buch handle.

Ehrl-König selbst tritt im Roman – abgesehen von einer Episode, die kurz vor dem letzten Teil, der »Verklärung«, mitgeteilt wird – nicht auf, d. h. das erzählende Ich, ein Professor, der über Mystik arbeitet, kennt ihn gar nicht, sondern erfährt über ihn nur durch andere: das ermöglicht es, den Ekel, den die verschiedenen Personen gegenüber Ehrl-König empfinden, immer wieder aufs neue zu artikulieren. Das Opfer kann dabei fortwährend imitiert werden: seine Aussprache (»doitsche Schschscheriftstelerrr«), seine Mimik (»Ehrl-Königs Mund reichte vor nichts als Lächeln auf beiden Seiten bis zu den Ohrläppchen«), seine Stimme und seine Gesten (»mit Händen und Füßen und wild kreisendem Kopf und einer sich bis zum Überschlagen steigernden Stimme«).

Dem Körperlichen wird dabei nicht zufällig in Zusammenhang mit der Abstammung besonderes Augenmerk zuteil: Ehrl-Königs Vater war Bankier, es kursiert auch das Gerücht, er sei Pferdehändler gewesen: jedenfalls »eine schauderhafte Gestalt, klein, dicklich, große Ohren, die Mutter hat er, als sie siebzehn war, geschwängert«; der Sohn sehe nicht anders aus: die Ohren, »der stets das überentwickelte Kinn überwölbende Wulstmund«. Es ist also durchaus zutreffend, was Marcel Reich-Ranicki über diesen Roman geäußert hat: er sei eine »neue deutsche Mordphantasie«, hetze gegen Juden, folge »hier und da« dem Vorbild des Nazi-Kampfblatts *Der Stürmer*.[44]

Was dem Autor dieser Mordphantasie Jude heißt, ist dabei nicht unbedingt einer, der Jiddisch oder ›Judendeutsch‹ spricht. Walser zielt in der Imitation auch weniger auf die vom Polnischen geprägte Ausdrucksweise Reich-Ranickis (Ehrl-König kommt nämlich aus Lothringen), es geht ihm offenbar um solche Momente der Aussprache, die so etwas wie eine Über-Assimilation hörbar werden lassen: also die Versuche Ehrl-Königs, das Deutsche besonders deutlich und deutsch zu sprechen mit rollendem »rrr«, »oi« statt »eu« usw., und gerade dadurch zu glänzen und Unverwechselbarkeit zu gewinnen. Zugleich lenkt der Autor den Blick immer wieder auf die Übertriebenheit der Gestikulation und der Mimik des

---

[44] »Wo also, frage ich noch einmal, ist der Grund zu Angst und zur Trauer? Ganz einfach: Schon sind rund hundertfünfzigtausend Exemplare diese Buches im Umlauf, eines Romans, der gegen die Juden hetzt, der hier und da dem Vorbild des *Stürmer* folgend, Ekel hervorrufen möchte. Welche Folgen werden sich daraus ergeben? Ich weiß es nicht, denn ein solcher Roman ist nach 1945 in deutscher Sprache noch nicht veröffentlicht worden. Ich weiß es nicht, ich fürchte mich.« (*FAZ*, 12. 7. 2002)

Kritikers. Gerade die Aussichtslosigkeit der Assimilation soll zur Schau gestellt werden.

Der Ekel prägt hier ganz besonders den physischen Modus der Projektion. Den sexuellen Konnotationen kommt dabei die größte Bedeutung zu. Nicht nur wird mit kaum unterdrücktem Neid beschrieben, wie oft und welche Frauen der Großkritiker verführen kann, auch wenn er Literatur betreibt, wird er »uns als ejakulierender Penis vorgeführt« (Jan Philipp Reemtsma, FAZ, 27. 6. 2002): das Publikum klatscht sich dem »Orgasmus« entgegen, Ehrl-König sinkt dann zurück in seinen Sessel, spricht nur noch »kraftlos« und »fast erlöschend«. Hier gerät der alkoholisierte Hans Lach in fröhlicher Runde in Fahrt – es handelt sich um eine Schlüsselstelle des Romans, denn in Wirklichkeit ist der Held natürlich nicht vom Alkohol berauscht: »Man müßte mit den Kameraleuten reden, daß sie ihm einmal mit dem Zoom aufs Mundwerk fahren, daß endlich mal das weiße Zeug, das ihm in den Mundwinkeln bleibt, groß herauskäme, der vertrocknete Schaum… Scheißschaum, gellte Bernd Streiff, das ist sein Ejakulat. Der ejakuliert doch durch die Goschen, wenn er sich im Dienst der deutschen Literatur aufgeilt.« Andererseits wird der geile Verführer jedoch als lächerlicher Impotenter hingestellt, werden die Fehlfunktionen seines Geschlechtsorgans hervorgehoben: Er verlasse den Raum, wenn von Prostata-Problemen die Rede sei, und seine Frau sagt über ihn: »Seine unbremsbare Ejakulation. Also, er ist die Nullbefriedigung schlechthin.«

Ekel ist nach Walter Benjamin die Angst, vom verhaßten Objekt als dessengleichen erkannt zu werden. Um diese Selbsterkenntnis unmöglich zu machen, stellt der Antisemit dem Juden und seinen sexuellen Begierden eine andere, eine reine Welt gegenüber. Sie wird bei Walser durch den Erzähler selbst, sowie Hans Lach, die Verlegersgattin Julia Pelz und das junge Originalgenie Mani Mani repräsentiert. Das ist das andere Deutschland – und es hat gegen Ehrl-König eine Niederlage erlitten: »Besiegt zu sein, das ist ein Zustand, der von keinem Argument berührt oder gemildert werden kann. Das erlebte ich an Hans Lach. Du kannst andere beschuldigen, aber du weißt: du allein bist die Ursache deiner Niederlage. Siehe doch Deutschland.«

Was Hans Lach in seinen vom Erzähler eingeschobenen Textpassagen unmittelbar zum besten gibt, erhält durch den Erzähler eine quasi philosophische und wissenschaftliche Ergänzung. Der erzählende Professor schreibt nämlich seinerseits an einem Buch mit dem Titel »Von Seuse zu

Nietzsche«. Er »schlürft« dabei als eine Art Gegengift zum »Giftzwerg« Ehrl-König »die vor Unschuld brausende Seusesprache... Bis zum Nicht-sein sich lassen, sich Nicht-Ich sein lassen, bis daraus Ichsagen gelernt wird, wenn man Fichte heißt, und als Goethe und Nietzsche dann ernten. Nichts als Sprache gründet diesen Weg, aber nachher fühlt es sich an, als sei man ihn wirklich gegangen. Andererseits, daß die Sprache mindestens aus soviel Natur wie Geschichte besteht, erlebt man an solchen Texten mit einem Gefühl, das gemischt heißen darf. Den slechsten, sichersten weg zu der höchsten nehisten warheit... Daß uns die tausend Überliefe-rer slechsten in irgendeine Sackgasse haben geraten lassen, daß wir mit schlechthin nichts mehr anzufangen wissen, weil wir das schlicht nicht mehr darin sehen, das doch drinsteckt! Wie viel schöner gräbt's sich da als im Gehege der Schuld.« Dieser Boden, in dem der Autor seinen Erzähler ungehemmt wühlen läßt, wird von Julia Pelz mit dem Begriff des »Saturn-ischen« ganz ähnlich herbeibeschworen. Als zentrale Frauengestalt ist diese Figur – nach dem Schema der Romantik – idealisiert: die übliche Verkörperung des männlichen Ideals, eine deutsche Muse, die aber mit Picasso realiter geschlafen haben soll.

Die Gegenwelt, die sich hier konstituiert, ist also christlich und geht zugleich über das Christentum hinaus. Wie eben Julia Pelz auch keine christliche Jungfrau mehr ist, so wird in dem, was sie sagt, deutlich, daß es sich um eine Unschuld und eine Schlichtheit jenseits von Gut und Böse handelt – um das Sein ganz im Heideggerschen Sinn: »Saturn ist die Zeit vor der Zeit. Und nach ihr. Die absolute Anti-Utopie. Fort und fort frißt er die eigenen Kinder. Hans Lach ist der gequälte Christ, der sich helfen kann zuerst nur mit Delirium, dann mit der Tat. Ehrl-König war die Ope-rettenversion des jüdisch-christlichen Abendlandes, das Antisaturnische schlechthin.«

Das saturnische Sein steht dem »Guten« der Aufklärung – und dessen Vertreter Ehrl-König und Wesendonck (eine Anspielung auf Habermas) – unversöhnlich gegenüber. Julia Pelz sagt, sie habe, wenn sie sich gegen Ehrl-König eingenommen fühle, »immer gespürt, daß sie damit gegen das Gute votiere, denn er verkörperte ja das Gute schlechthin, immer im Dienste der Aufklärung, wie außer ihm allenfalls noch Wesendonck, der inzwischen ja deutlich Kreuzschmerzen hat vor lauter aufrechtem Gang. Und sie war dagegen. Nannte ihr Dagegensein dann allmählich saturnisch. Wissend, daß das Ersatzwörter seien für ein tiefer sitzendes Gefühl: es gibt das Gute nicht, das ist ihr Gefühl. Und wenn einer das Gute repräsentiert, dann lügt er.«

Verständlich, daß der den ganzen Roman erzählende Professor für deutschen Irrationalismus, von dieser Frau, die sich ihrerseits zu Hans Lach hingezogen fühlt, beeindruckt ist: »Sie tendiert antiuniversalistisch. Eine Frau, eine Ichkraft, grellste Selbständigkeit, schneidendste Unabhängigkeit. Ich spürte, daß sie mich mehr beschäftigte, als ich wollte.«

Exkurs zu Peter Handkes Die Lehre der Sainte-Victoire

Peter Handke hatte in einer »Essay-Erzählung« ebenfalls einmal eine Karikatur von Reich-Ranicki angefertigt – und auch hier ist es ein Gegenbild zu einem bestimmten Begriff vom Sein. Allerdings handelt es sich bei Handkes Text nicht um einen »satirisch« gemeinten »Gesellschaftsroman«, sondern um eine Art Kunst-Märchen: *Die Lehre der Sainte-Victoire* (1980). Das epische Ich wandert durch die Landschaften, die Cézanne gemalt hat, sie dienen ihm als Anstoß, ein poetologisches Programm zu formulieren – und darin offenbar zur Bebilderung seiner jüngsten Leseerfahrungen mit Heidegger: »Heimkehr ins Sein« also, »Verwandlung und Bergung der Dinge in Gefahr«. Das ist zunächst die Abkehr vom Realismus der siebziger Jahre: von »der Meinung, das Wirkliche, das seien die schlechten Zustände und die unguten Ereignisse; und die Künste seien dann wirklichkeitsgetreu, wenn ihr Haupt- und Leitgegenstand das Böse ist, oder die mehr oder weniger komische Verzweiflung darüber.« Dagegen setzt das Handkesche Ich dieser Erzählung die »Verwirklichung des reinen, schuldlosen Irdischen: des Apfels, des Felsens, eines menschlichen Gesichts. Das Wirkliche war dann die erreichte Form; die nicht das Vergehen in den Wechselfällen der Geschichte beklagt, sondern ein Sein im Frieden weitergibt.« Wie es um dieses Sein bestellt ist, geben die Bild-Interpretationen zu erkennen – Cézanne bei den Bauern im Schwarzwald: sie »thronen … ohne besondere Insignien, in einem erdfarbenen Grund, den sie als ihr Land besitzen.«

Diese Identität wird gestört durch die Bestie von Puyloubier – einem Hund auf dem Gelände einer Kaserne der Fremdenlegion: »Sein Körper wirkte bunt, während Kopf und Gesicht tiefschwarz waren. ›Sieh dir das Böse an‹, sagte ich. Der Schädel des Hundes war breit und erschien

177

trotz der hängenden Lefzen verkürzt... Sein Leib war kurzhaarig, glatt und gelbgestromt.« (Bei Walser wird immer wieder der »berühmte gelbe Cashmere-Pullover, den der Kritiker ... um seine Schultern geschlungen trage«, hervorgehoben). Marcel Reich-Ranicki weiß, daß diese Gestalt auf ihn gemünzt ist (Reich-Ranicki 1999: 446), und Handke hat das selbst auch offen ausgesprochen[45]. Zunächst glaubt man in Handkes Erzählung aus dem Jahre 1980 auf eine eher harmlose, märchenhafte Vorwegnahme des »Literarischen Quartetts« zu stoßen, einer beliebten Literatur-Fernsehsendung der neunziger Jahre, die Reich-Ranicki leitete: »In einer Brüllpause, während er um Atem rang, geschah nur das lautlose Tropfen von Geifer. Dafür bellten die übrigen, was sich freilich eher temperamentlos und rhetorisch anhörte.« Im nächsten Moment heißt es aber bereits weniger harmlos: »zu sehen war auch die Qual des Tiers, in dem sich gleichsam etwas Verdammtes umtrieb.« Worin dieses Verdammte besteht: daß der Hund in »seiner von dem Getto vielleicht noch verstärkten Mordlust jedes Rassenmerkmal verlor und nur noch im Volk der Henker das Prachtexemplar war.«

Die Karikatur ist Teil einer Allegorie, mit der Handke sein poetologisches Programm illustriert: »Er, der Wachhund, im Gelände; und ich im Gefilde (für das er naturgemäß keine Augen hatte, weil das Wirkliche für ihn einzig sein Sperrgebiet war).« Diese Bestie, die an anderer Stelle auch »Spottgeburt eines Menschen« bezeichnet wird, frißt Papier und scheidet es auch sofort wieder aus, was vom epischen Subjekt – mit bemühtem Humor den eigenen Ekel überspielend – detailliert beschrieben wird. Diese Bestie haßt einen jeden, der »bloß war, der er war.« So trachtet sie auch dem Erzähler »nach dem Leben; und auch ich wollte mit einem Machtwort ihn tot und weg haben.« Aber das epische Ich weiß: »Für das, was ich vorhabe« – das Sein im Frieden – »darf ich nicht hassen«. Darum zieht der Erzähler auch weiter und vergißt die Bestie wieder; darum bleibt

---

[45] »In der ›Lehre der Sainte-Victoire‹ ist ein langes Kapitel über den Kerl aus Frankfurt, wo er als Hund auftritt... Ja mich hat, was der schreibt, vor zehn Jahren, das gebe ich zu, sehr beschäftigt, weil er dachte, nun hätte er mich endgültig zur Strecke gebracht. Da habe ich mir gesagt, na, jetzt werden wir mal schauen. Ich glaube, dass ihm der Geifer noch immer von den Fangzähnen tropft... Ein besonderes Phänomen ist auch, wie oft diese Groteskgestalt parodiert wird. Ich kenne viele, die finden ihn amüsant. Die haben gar keinen Stolz. Die sagen, wenn der einmal stirbt, wird man das sehr bedauern. Dem kann ich nun nicht beipflichten.« (*Format* (Wien) 26/2002: 121)

die antisemitische Anspielung – die auch nicht von jedermann so einfach zu dechiffrieren ist – eine Episode in diesem Text und im Schaffen Peter Handkes.

Vom heiligen Ernst zum organisierten Gelächter

Martin Walser hingegen kann von der negativen Verkörperung nicht lassen, er steigert sich vielmehr hinein. Sein Realismus besteht darin, die Heideggersche Ontologie, die im Falle der Juden bekanntlich selbst immer das Inkognito vorzog, durchgehend zu konkretisieren in der haßerfüllten Gestaltung dessen, was ihr widerspricht. Statt einer phantastischen Episode, die als verschlüsselte schwer zu verstehen ist, schreibt er einen realistischen Schlüsselroman, dessen gezielte Mordphantasien alle verstehen werden. Was bei Handke nur eine esoterische Allegorie für den seinsvergessenen Literaturbetrieb ist, wird von Walser zurückgeführt auf die exoterische Wurzel allen Übels. »Er war die Macht und die Macht war er. Und wenn man wissen will, was Macht ist, dann schaue man ihn an: etwas Zusammengeschraubtes, eine Kulissenschieberei, etwas Hohles, Leeres, das nur durch seine Schädlichkeit besteht, als Drohung, als Angstmachendes, Vernichtendes. Sie habe mitgekriegt, wie viele Schräubchen Ehrl-König drehte und drehen ließ, bis er der Koloß war, vor dem alle in die Knie gingen. Und das im Namen der Literatur. Im Namen Lessings, Goethes.« Ehrl-König – Sohn eines Bankiers oder Pferdehändlers – ist das Geld, das sich mit deutscher Kultur verkleidet hat.

Was immer das Geld anrichtet, wird als Ehrl-Königs Werk entlarvt: etwa die »Aufhebung jeder Verehrung durch ein Gegenteil«. Er selbst aber – für sich genommen, entkleidet seiner angelesenen Kultur – ist das »inhaltslose Großtemperament, das auf Stichworte wartet«; »ein Monsieur Nichts aus Lothringen in unser Land gekommen«; er ist »nichts als seine Macht«.

Ehrl-König verkörpert das Geld – dort wo dem Bildungsbürger heute am meisten vor sich selber ekelt: vor dem Bildschirm. Der gehaßte Großkritiker wird mit dem Fernsehen identisch gemacht: – »Pleasure now, das ist Ehrl-König. Instant pleasure.« – »Das Fernsehen verfälscht alle und alles. Außer Ehrl-König. Den hat das Fernsehen förmlich zu sich selbst gebracht.« Die Figur des »reichen Juden«, des Immobilien-Spekulanten, die in Rainer Werner Fassbinders Stück *Der Müll, die Stadt und der Tod* im Mittelpunkt stand, erscheint nun in die Kategorien der Öffentlichkeit übersetzt – und kehrt darin wieder als der Talkshow-Jude, der alle konkrete Kultur in leere Abstraktion verwandle. Nur ein Wert bleibe übrig »als der Wert aller Werte und außer ihm ist nichts: der Unterhaltungswert. Quote, mein Lieber. Jeden Abend Volksabstimmung. Die Demokratie des reinen Werts.«

Sogar die eigenartige Aussprache hängt mit dieser phantasierten Geldfunktion zusammen: Ehrl-König selbst habe seine Sprache so zugerichtet, damit er möglichst gut imitierbar sei: das fördere die Quote im Fernsehen: »nichts macht populärer als Imitierbarkeit. Denken Sie nur an den Ehrl-König-Sound, wenn er über doitsche Scheriftstellerrr spericht und über die Sperache, die sie schereiben und wie scherecklich es ist, sein Leben geweiht zu haben einer Literatür, die zu mehr als noinzig Perozent langweilig ist.«

Zum einen wird Ehrl-König ständig und buchstäblich als »Nichts« bezeichnet, zum anderen sind die Figuren des Romans, ist der ganze Literatur- und Fernsehbetrieb nur dazu da, dem Nichts einen Körper zu geben. So funktioniert dieser Roman wie ein einziger großer Projektionsapparat: genaues Gegenteil von ästhetischer Form resultiert seine Struktur in ungebrochenem, reflexionslosem Projizieren. Auch die Gegenwelt von Hans Lach, Julia Perz, Mani Mani und dem Erzähler ist im Grunde so identisch wie ihr Feindbild: das Verhältnis des Erzählers zu Hans Lach und erst recht zu Julia Pelz kennt keinen Widerspruch. Hier herrscht nur die tödliche Langeweile des eins und einig sein, darum müssen sie auch fortwährend von Ehrl-König reden: die Darstellung seiner theatralischen Erscheinung, die neidvoll-ekelerfüllte Nacherzählung seines Erfolges allein verleiht ihnen so etwas wie Leben. Die erotischen Szenen zwischen dem Erzähler und Julia sind von der Art des Wagnerschen Inzestes: sie werden als saubere Sexualität der schmutzigen des Ehrl-König kontrastiert.

Die Figuren, die immerfort vom Saturnischen schwärmen, sind als runde, ›blutvolle‹ Charaktere ganz nach dem Vorbild einer erzählerischen Tradition konzipiert, die jenseits von Brecht und Musil, Jelinek und Scharang liegt: sie laden das Publikum beständig zur Identifikation ein, ohne auch nur daran zu denken, es zu enttäuschen. Was an ihnen – abgesehen vom Feindbild, das sie eint – abgründig sein soll, wird von der Dramaturgie jeder amerikanischen Sitcom übertroffen. (Nebenbei gesagt: ihre Gestaltung entspricht isoliert betrachtet ungefähr dem, was Reich-Ranicki immer von guter Literatur fordert.) Auf eigene Weise bestätigen sie das Diktum Sartres, niemand sollte »auch nur einen Moment glauben, man könnte einen guten Roman zum Lob des Antisemitismus schreiben.« (1960: 41) Die Form oder besser: die Methode des Schlüsselromans erlaubt die restlose Sistierung ästhetischer Distanz, gewissermaßen die Vollendung des Engagements durch den Realismus.

Martin Walser kommt bekanntlich von links und hat sich in den siebziger Jahren eingehend mit der Konzeption einer eingreifenden, in diesem Sinn realistischen Literatur beschäftigt, die letztlich nur eines wollte: die Auseinandersetzung mit der ästhetischen Form der politischen Wirksamkeit des Inhalts opfern, und darum glaubte sie auch, ungebrochen auf die Tradition zurückgreifen zu können. »Als realistische Literatur«, schrieb Walser damals, »zeigt sie, was wirklich geschieht, und fordert dadurch, was geschehen muß.« (1973: 138) Jetzt erst, dreißig Jahre später, kann er diese realistische Literatur wirklich schreiben. 1973 forderte er bereits ein demokratisches Verhältnis von Staat und Kapital, damit der »Staat heimatlich« werden könne und nicht mehr die »Züchtung einer Gewissenlosigkeit gegenüber dem Gemeinwohl« betreibe (95). Jetzt demonstriert Walser, was den Staat »heimatlich« machen kann, indem er in einem Überlebenden des Holocaust die »Gewissenlosigkeit gegenüber dem Gemeinwohl« personifiziert.

Es ist also kein Wunder, daß der Schlüsselroman seine eigene Rezeption vorwegnehmen konnte: wenn sie auch sonst nichts weiß – eingreifende Literatur weiß genau, auf welchem Markt sie eingreift.[46] Von den

---

[46] Als das neue Buch da war, mußte sogar die Überraschung darüber inszeniert werden, denn eigentlich und insgeheim hatte es doch jeder bereits erwartet. Bubis ist tot, nun kommt der nächste prominente Jude und Überlebende des Holocaust an die Reihe. Die Projektion, um die es hier geht, braucht einzelne konkrete Personen, um die Personifizierung, die sie im Sinn hat, wirklich vollenden zu können: es genügt nicht ganz das Judentum oder die jüdische ›Rasse‹, um das Kapital und das Geld, die abstrakte Seite der Warenproduktion, zu repräsentieren, es muß auch noch eine bestimmte, am besten allgemein bekannte »Persönlichkeit« her, die dieses Judentum oder diese ›Rasse‹ dann personifiziert im Wortsinn – sei es Jud Süß oder Bubis, Hanslick oder Reich-Ranicki. Erst der Schlüsselroman erreicht diesen Zweck – eine anonyme Figur, irgendein erfundener Jude, wäre zu wenig konkret. Nicht zufällig wurden im Dritten Reich der »Dokumentarfilm« über den *Ewigen Juden* und der »Spielfilm« über *Jud Süß* gleichzeitig gedreht: Die Weltverschwörung, die der Antisemit phantasiert, muß der

181

Jahrzehnte während, lähmenden Realismus-Diskussionen der deutschen Linken bleibt schließlich nur mehr diese knappe und schlagkräftige Formel übrig: Eine Figur, deren Tod vollkommen gerechtfertigt erscheint, das wäre Realismus. »Das ist Realismus. Durch Hans Lach kommt er jetzt zur Sprache. Ehrl-König wird so genau vorgestellt, daß sein Tod keine Sensation mehr ist. Aber dazu gehört eben auch die Figur, deren Tat vollkommen verständlich wird. Der Glücklichste und der Unglücklichste, eine Konstellation, die trotz des Superlativs alltäglich ist. Lach und Ehrl-König überall. Es muß, wenn das zur Sprache gebracht ist, in ein allgemeines Erstaunen ausbrechen: Warum wird so selten jemand umgebracht?« Wäre noch ein Funken von Widerspruch vorhanden, dann würde der Antisemitismus ein selbständiges Thema des Romans bilden. Er taucht aber nur ephemer als lächerliches »Saisonthema« der Presse auf, womit Walser eben die Reaktion auf sein eigenes Buch vorwegnimmt. Daß Hans Lach einen Juden getötet habe, daß Ehrl-König überhaupt Jude sei, werde gleichsam von den philosemitischen Medien hochgespielt, die Aufmacher brauchen.

Darin unterscheidet sich Walsers Roman doch auch von Fassbinders *Der Müll die Stadt und der Tod*. Wenn in diesem Theaterstück, dem im Gegensatz zu Walsers Roman noch eine mächtige Front der Ablehnung gegenüberstand, eine als Antisemit kenntliche Figur zum Sprechen gebracht wird, entsteht für Momente so etwas wie Selbstreflexion: »Er saugt uns aus, der Jud. Trinkt unser Blut und setzt uns ins Unrecht, weil er Jud ist und wir die Schuld tragen... Und Schuld hat der Jud, weil er uns schuldig macht, denn er ist da. Wär er geblieben, wo er herkam, oder hätten sie ihn vergast, ich könnte heute besser schlafen. Sie haben vergessen, ihn zu vergasen. Das ist kein Witz, so denkt es in mir.« Bei Walser aber ist alles Witz und was in den antisemitischen Figuren und damit in ihm selber denkt, wird nicht sichtbar, sondern zum wahren, zum deutschen Sein hypostasiert.

Neu gegenüber Fassbinders Stück, das von jenen Momenten der Selbstreflexion nicht gerettet wird, ist vor allem das Komische – die antisemitische Lachkultur, die Walser wiederentdeckt hat. Auf das Kino folgt das Fernsehen, auf den linken Außenseiter der Extremismus der Mitte. Gleich

Logik dieses Wahns zufolge ebenso in der anonymen Masse des Judentums ungreifbar bleiben, wie in der einzelnen Person greifbar werden.

bleibt nur das Feindbild. *Tod des Kritikers* verhält sich zu *Der Müll, die Stadt und der Tod* wie Fastnachtspiel zu Passionsspiel im ausgehenden Mittelalter, wie die preußischen Judenpossen zu Achim von Arnims Jerusalem-Stück im frühen 19. Jahrhundert:[47] Vom heiligen Ernst des linken Antikapitalismus zum organisierten Gelächter im wiedervereinigten Deutschland. Selbst die Ermordung von Ehrl-König stellt sich zuletzt als Witz heraus, als Bluff von Ehrl-König selbst, der seinen Tod nur vorgetäuscht hat, um ungestört wieder einmal ein »Mädelchen« zu verführen. Auch diese humorvolle Zurücknahme ist ein Topos antisemitischer Witze und gehört seit den preußischen Judenpossen, Grabbes Lustspielen und Arnims Reden an die christlich-deutsche Tischgesellschaft zur Kulturgeschichte der Barbarei. Indem der Mord am Juden zurückgenommen wird, springt nichts anderes als der antisemitische Mythos vom ewigen Juden heraus, der erst recht zum Mord aufstacheln soll.

Die Lächerlichkeit schließt das Unheimliche nicht aus. Im Gegenteil: einerseits wird Ehrl-König als »Giftzwerg« und Impotenter verspottet, andererseits wird er als Allmächtiger dämonisiert. Diese Doppeldeutigkeit steckt schon in seinem Namen, Verspottung und Dämonisierung in einem: hinter der lächerlichen Rolle als Goethe-Verehrer steckt ein Dämon, der die deutsche Literatur entführt, mißbraucht und ruiniert; steckt letztlich ein Mörder. Von einem Traum Ehrl-Königs wird berichtet: »... ein Hubschrauber landet vor ihm, der Hubschrauberpropeller wirbelt mit weltfüllendem Lärm alle Tischtücher und Gläser und Markisen durch die Luft, alle Leute rennen, rennen nur weg von ihm, Ehrl-König, dem der Hubschrauber-Orkan die Kleider vom Leib gerissen hat, und dann stehen alle Leute in einem riesigen Kreis um ihn herum, und ein Mädchen tritt vor und sagt mit leiser Stimme, die aber den Hubschrauberlärm übertönt: Mörder. Dann dringen alle auf ihn ein und trampeln auf ihm herum, bis er schmerzgepeinigt und schweißgebadet erwacht.« Das ist auch die Phantasie, auf die alles hinzielt. Aber das Pogrom bleibt ein Traum. Der Antisemit fühlt sich allein und verlassen und fragt sich angesichts des Juden: »brauche ich seinen Tod? Könnte ich plötzlich frei und froh schreiben...?«

Der Humor entspringt genau dieser Situation: er möchte das Lachen der Gemeinschaft vorwegnehmen. Ein ganz bestimmtes Lachen: »Indem der Zivilisierte die versagte Regung durch seine unbedingte Identifikation

---

[47] Vgl. hierzu Scheit 2006: 32-67, 201-220, 257-265.

mit der versagenden Instanz desinfiziert, wird sie durchgelassen. Wenn sie die Schwelle passiert, stellt Lachen sich ein. Das ist das Schema der antisemitischen Reaktionsweise. Um den Augenblick der autoritären Freigabe des Verbotenen zu zelebrieren, versammeln sich die Antisemiten, er allein macht sie zum Kollektiv, er konstituiert die Gemeinschaft der Artgenossen. Ihr Getöse ist das organisierte Gelächter.« (AGS 3: 209) Der Unterschied zu dieser von Adorno und Horkheimer beschriebenen Situation des Massenspektakels ist, daß Walsers Text den gleichen Effekt mit epischen Mitteln zu erzielen sucht – sein geheimstes Interesse ist es, daß die Deutschen, die sich vorm Fernseher zerstreuen, zur Gemeinschaft der Artgenossen werden, wann immer Reich-Ranicki auf dem Bildschirm erscheint. Der Roman als Einstimmung auf das Pogrom – im Zeitalter der Vereinzelung.

Ehrl-König wird nicht nur als Apologet der »fundamentalen Mißglücktheit der Welt« namhaft gemacht, er wird zugleich als der eigentliche Ursprung dieser Mißglücktheit phantasiert. Darum soll er sterben. Während sich sein Tod aber als Bluff herausstellt, stürzt sich das junge Dichtergenie Mani Mani wirklich von der Brücke und nannte das in einem Abschiedsbrief »einen stellvertretenden Selbstmord« (eine Art ›arische‹ Umkehrung von Otto Weiningers Wahnsinnstat): »Sobald die Guten abdanken, sind wir dran. Schön böse und schweinefriedlich. Die Gerechtigkeitskriege werden vorbei sein. Keiner muß mehr, um gut zu sein, einen anderen böse nennen. Ich kann's gar nicht erwarten. Nun denken Sie mal schön nach, was das heißt: stellvertretender Selbstmord.« Es ist, als sollte dieser Selbstmord stellvertretend stehen für den Mord an dem Juden: Mit ihm wird indirekt eine Heilserwartung verbunden, die offen läßt, ob sie nicht einfach nur Vernichtung als Selbstzweck ist und gerade darum zu bejahen. »Julia die Große« sagt am Ende eines Gesprächs, Ehrl-König mache »vor nichts mehr Halt. Religion, Politik, Kultur. Aber gut, so bereite sich der Erzsturz vor, Saturn kichere drunten im Dreck. Sein Auftritt knistere schon in aller Erscheinung.«

Mit einer lustigen Paraphrase auf Hitlers Eröffnung des Zweiten Weltkriegs – »Ab heute nacht Null Uhr wird zurückgeschlagen« – droht Hans Lach dem Überlebenden des Holocaust. Das Humoristische, das diese Lust am Erzählen bestimmt, ist nur mehr die Rücksicht darauf, daß es noch nicht so weit ist.

Die Intellektuellen des globalisierten Wahns

Professoren-Intifada

Edward W. Said

Das Foto war im Jahr 2000 ein kleiner Skandal. Es zeigt den antiimperialistischen Literaturprofessor der Columbia University bei der politischen Praxis gegen das imperialistische Israel: er wirft den abziehenden Israelis im Südlibanon einen Stein hinterher. Edward W. Said hat seine kleine Intifada dann als sportliche Betätigung verstanden wissen wollen: »Das Foto wurde ohne mein Wissen während eines 10 minütigen Aufenthalts gemacht, als auch ich einen kleinen Stein warf, gleichsam im Wettkampf mit einigen jüngeren Männern, wer wohl am weitesten wirft, ohne ein besonderes Ziel im Visier.« (*Der Standard*, 28. 3. 2001) Ja gerade den friedlichen Charakter dieser neuen Kampfsportart habe er immer im Sinn gehabt: »Die Ironie dieser Geschichte besteht unter anderem darin, daß ich mittlerweile an sich acht Bücher über Palästina geschrieben habe und darin trotz meiner Befürwortung des Widerstands gegen die zionistische Besetzungspolitik für nichts anderes als die friedliche Koexistenz zwischen uns und den Juden Israels plädiere, sobald Israel aufhört, die Palästinenser militärisch zu unterdrücken. Meine Bücher wurden in mindestens 35 Sprachen übersetzt. Ich darf also annehmen, daß meine Position hinlänglich bekannt und meine Botschaft unmißverständlich klar ist.« (Ebd.) Wofür aber plädiert Said, sollte Israel nicht aufhören, die Palästinenser militärisch zu unterdrücken?

Die meisten seiner Kritiker versäumen tatsächlich, bei ihm selber nachzulesen, was jenes Foto zum Ausdruck bringt. Seit den frühen achtziger Jahren betreibt Said die Gleichsetzung der Shoah mit dem, was die Palästinenser erleiden. Er spricht in seinen Texten von Auschwitz überhaupt nur, um die Vertreibung der arabischen Bevölkerung von 1948 damit identisch zu machen. »Ironischerweise«, so Said, der offenbar von Ironie nicht genug bekommen kann, gebe es für die Anliegen der Palästinenser »einen unmittelbaren Präzedenzfall, nämlich in den israelischen Forderungen gegenüber Deutschland« (Said 1997: 220). Als Zionisten und Imperialisten, als Einwanderer und als Besatzungsmacht werden die Juden in Israel aber systematisch von den Verfolgten des Nationalsozialismus und den Opfern der Massenvernichtung geschieden: das ist die Strategie, die Said verfolgt. Als wäre die Shoah in einer anderen Welt geschehen, einer Welt, die mit Palästina nichts, aber auch gar nichts gemein habe. Das Buch »Frieden in Nahost« (1997) präsentiert den israelisch-palästinensischen Konflikt »seinem Wesen nach« als einen zwischen der »palästinensisch-arabischen Ursprungsbevölkerung von Muslimen und Christen« und »einer in die Region eindringenden, in erster Linie aus dem Westen stammenden Siedlerbewegung, die aufgrund alttestamentlicher Verheißungen und von der Imperialmacht Großbritannien gemachter Versprechungen nach Palästina kam« (1997: 252). Kein Wort davon, warum sie einwanderten; kein Wort von Antisemitismus und Nationalsozialismus; keines über die Beteiligung des Muftis von Jerusalem am Massenmord.

Wie Norman Finkelstein hat Said hingegen von Anfang an behauptet, daß Israel den Holocaust instrumentalisiere. Für Weizmanns imperialistisches Machtstreben etwa sei es charakteristisch, daß er sich in seiner Politik gegenüber den Arabern »außerdem« auf »rationale Begründungszusammenhänge« berufen habe: »auf die Rekonstituierung eines jüdischen Staates, auf die Errettung der Juden vor europäischem Antisemitismus etc.« (Said 1981: 106) Dieses »etc.« ist die kürzeste Rücknahme des kategorischen Imperativs von Adorno, alles zu tun, damit Auschwitz sich nicht wiederhole. Die Errettung der Juden wird zum bloßen Vorwand imperialistischen Machtstrebens erklärt, wie um sie in Hinkunft besser verhindern zu können. Denn wo immer Israel dieser Sonderstatus unter den Staaten aberkannt wird, droht automatisch ein anderer: der des sturmreifen Gettos.

Said selbst hält sich mit praktischen Konsequenzen zurück. Er proklamiert als Ziel die friedliche Koexistenz und die Selbstbestimmung der Nationen. Bei näherem Hinsehen aber gesteht er dem israelischen Staat die Selbstbestimmung keineswegs zu, die er für den palästinensischen fordert – solange jedenfalls Israel als Schutzmacht gegen den Antisemitismus auftritt, also »nicht nur ein Staat für seine Bürger« sei, »sondern der Staat ›des gesamten jüdischen Volkes‹« zu sein beanspruche (1981: 96). Das Wesentliche, das Israel vor allen anderen Staaten auszeichnet und kategorische Solidarität unabdingbar macht, erklärt Said zu dem, was ausgelöscht werden muß, damit friedliche Koexistenz und Selbstbestimmung der Nationen möglich werde.

So sehr sich Said auch bemüht, seinen Zionismusbegriff vom Wahn unmittelbar antisemitischer Projektion freizuhalten, sie dringt doch überall in seiner Argumentation durch. Die Weltverschwörung taucht schemenhaft in der Charakterisierung der proisraelischen »Weltöffentlichkeit« auf: Die »Entschlossenheit zur jüdischen Selbstfindung« war ein »Thema, das sich für die Ohren der Weltöffentlichkeit hervorragend eignete. Vielfältige Maßnahmen wurden ergriffen, um den Juden das Gefühl einer neuen Identität zu vermitteln, um ihnen Bürgerrechte zuzusprechen« (1981: 99). Aber wer ist die Macht, die diese Identität vermittelt? Darüber spricht Said nicht explizit, und solche Undeutlichkeit gehört zum »ehrbaren Antisemitismus« (Jean Améry) wie die Wagnerschen Judenkarikaturen zum Germanenmythos auf der Bayreuther Bühne. Klar ist nur, daß in Israel eine Macht sich verkörpert, die der Volkwerdung der Araber in der Weltöffentlichkeit entgegenwirke: »Die Stärke und der innere Zusammenhalt Israels und der Israelis als einem Volk und einer Gesellschaft blockieren und verhinderten … ein Verständnis der Araber und ihrer Probleme.« (1981: 100) Israel verursacht die arabische Misere, sabotiert die nationale Selbstbestimmung, ist der eigentliche Grund dafür, warum das Leben in den arabischen Staaten keine Erfüllung und Selbstbestimmung bringe. Schuld an der fatalen politischen Lage in diesen Ländern trage nämlich das vermeintliche oder wirkliche Bestreben ihrer Regierungen, die antiisraelische Stimmung zu zügeln: »Über Jahre hinaus war es den Medien verboten, den Namen Israel zu erwähnen; diese Zensurmaßnahmen führten naturgemäß zu der Konsolidierung von Polizeistaaten, zu tiefgreifenden Einschränkungen der Presse- und Meinungsfreiheit und dem Mißbrauch der Menschenrechte.« (Ebd.) Der Umkehrschluß, den Said offen nicht ausspricht, lautet: wenn Israel nicht mehr existiert, gibt es all das nicht mehr; dann wäre das nationale Paradies möglich, dann ließe sich gut und sozialistisch leben – ohne Staat und Kapital abzuschaffen.

Was der Zionismus im Kern bezwecke – die »Untaten gegenüber Nicht-Juden« – trete »niemals sichtbar« zu Tage (1981: 99). Darum auch reicht dem Antizionisten der Rassismus- und Imperialismusbegriff nicht aus, um zu beschreiben, was die Juden wirklich tun. Mit merkwürdigen Ausdrücken wie der »Detailarbeit« der Juden in der Eroberung des Landes, versucht Said diesen Superlativ imperialistischer Ausbeutung zu formulieren, und meint doch kaum anderes als weniger ehrbare Antisemiten mit dem Ausdruck Blutsauger – denn Israel soll als Verkörperung des gesamten Imperialismus herhalten, so wie seit jeher »der Jude« als Personifizierung des Kapitalismus schlechthin. »Die Palästinenser haben nicht begriffen, daß der Zionismus viel mehr war als ein ungerechtes koloniales Herrschaftssystem, gegen das man bei höheren Gerichtsinstanzen vorzugehen imstande war – wenn auch ergebnislos. Sie haben nicht begriffen, daß die Herausforderung des Zionismus in seiner Konzeption der Detailarbeit bestand, der Institutionen und Organisationen, mit deren Hilfe auch heute noch das Territorium illegal betreten, besiedelt und vereinnahmt wird.« (107) Vom »Durchsetzungswillen« ist halb bewundernd die Rede, »der die Besiedlung und, wenn man so will, die Produktion eines jüdischen Landes zur Folge hat« (ebd.).

Hier handelt es sich also um ein künstliches Gebilde und nicht, wie bei anderen Nationen um ein organisches, mit dem Boden verwachsenes. Eine ungreifbare und unnennbare Macht ist »dahinter« zu vermuten, denn »die außergewöhnliche Position des zionistischen Staates« sieht Said eben darin, daß er »weniger ein Staat der in ihm lebenden Bürger sein« sollte, »sondern vielmehr das Refugium eines Volkes, das sich überwiegend in der Diaspora befand. Neben der Tatsache, daß die nicht-jüdische Bevölkerung des Staates zu Bürgern zweiter Klasse degradiert wurde, konnte die zionistische Organisation, und später der Staat, nachdem er lebenswichtige Territorien in seinen Besitz gebracht hatte, auf bedeutende außerstaatliche Herrschaftsmittel zurückgreifen.« (110) Über diese »außerstaatlichen Herrschaftsmittel« erfährt man nichts Genaues – in diesem Zusammenhang spricht Said von »Wühl-Tätigkeiten einer politischen Lobby« (Ebd.). So phantasiert er in alter Weise das »jüdische Kapital« oder besser: das Judentum als Kapital. »Die äußerst einflußreiche jüdische Gemeinschaft in Amerika drängt dem israelischen Willen immer noch Geld und eine reduzierte Sichtweise auf.« (123) Israel erscheint als Instrument dieser jüdischen Gemeinschaft – und sie umfaßt nicht bloß die amerikanischen Juden: Antisemitismus zielt immer auf Totalität: »Während der letzten hundert Jahre blieb kein Jude vom Zionismus unberührt«. (125) In welcher Weise jeder Jude davon berührt worden wäre – auch das läßt Said wie absichtlich im Dunkeln.

Said stand zunächst unter dem Einfluß der Neuen Linken und gebrauchte ausgiebig deren »Jargon der Dialektik« (Jean Améry). In den frühen achtziger Jahren noch bezog er sich auf *Geschichte und Klassenbewußtsein* von Georg Lukács. Was er hier zu erkennen meinte, war die Vorstellung einer positiven Totalität: das »soziale Ganze«, das »durch menschliche Arbeit geschaffen wird« (Said 1983: 271). Lukács findet sich in Heideggersche Kategorien übersetzt.[48] Die Tautologie, daß der Kapitalismus »die Verkörperung der Verdinglichung« sei (1983: 270), wird formuliert, um das revolutionäre Subjekt zu restaurieren als stünde es außerhalb der Verdinglichung: das Proletariat »verkörpert«, so Said, das »der Verdinglichung trotzende Bewußtsein« (274). Statt wie Lukács mit dem Marxschen Verdinglichungsbegriff die gespenstische Gegenständlichkeit von Ware und Kapital als negative Totalität zu begreifen, die sich gerade auch im Bewußtsein des Proletariats niederschlagen muß, macht Said aus einem gesellschaftlichen Verhältnis, das reale Abstraktionen hervorbringt, die historisch scheinbar konkreten und faßbaren Figuren von Kapitalistenklasse und Proletariat und läßt sie wie schillersche Charaktere gegeneinander kämpfen; statt wie Marx das Maskenhafte an den Protagonisten der Klassenkämpfe zu betonen, gestaltet der Literaturprofessor dramatis personae wie im bürgerlichen Trauerspiel. Es kann ihm also nicht allzu schwergefallen sein, die Figuren einfach auszutauschen und an ihre Stelle scheinbar noch konkretere zu setzen: Israelis und Palästinenser.

Wo Lukács die alles durchdringende Warenform auf den Begriff bringt und selbst das Proletariat nicht mehr als positive Kategorie festhalten kann, sondern dessen Selbstabschaffung ins Auge faßt, da vermag Said nicht mehr zu folgen und spricht von »Übertreibungen«. »Wenn Lukács von einem ununterbrochenen Umsturz gegebener Formen spricht und … sagt, das logische Ergebnis der Überwindung der Verdinglichung sei die Selbstaufhebung der revolutionären Klasse, dann hat Lukács seine Theorie weiter und höher getrieben, als das (meiner Meinung nach) zulässig ist«. Die Theorie werde »leicht zu einer Übertreibung, zu einer theoretischen Parodie der Situation …, der abzuhelfen sie ursprünglich formuliert worden war.« (281) Es geht dem Antiimperialisten, wie er hier das Licht der Welt erblickt, um den unverdinglichten Rest, der sich immer irgendwo entpuppen muß – ob im Proletariat oder in den Palästinensern, im Volk

---

[48] In der Autobiographie nennt er dann Heidegger und Lukács in einem Atemzug, um die »bedeutendsten Ereignisse« seines Bildungswegs anzuführen (2000: 442).

oder in der Glaubensgemeinschaft. Und von diesem ewigen Rest ausgehend, will er stets der Identität jeden Widerspruch austreiben. Das hindert ihn aber keineswegs daran, sie multikulturell zu vervielfältigen: Saids Antiimperialismus mobilisiert ja gerade die bunte Vielfalt der Ethnien, als deren Paradigma sich die Palästinenser herausstellen, gegen eine verdinglichte Einfalt, die je nach Gelegenheit entweder im Eurozentrismus, Amerikanismus oder im Judenstaat fixiert wird. Das nach Lukács entworfene bürgerliche Trauerspiel, in dem die Klassen gegeneinander auftreten, weicht einem Faschingstreiben frei nach Bachtin und Deleuze: In *Kultur und Imperialismus* spricht Said angeregt vom »karnevalesken Moment am Gewoge der Massen im Gaza-Streifen, auf dem Wenzels- oder dem Tiananmen-Platz«. (1994: 430)

Karnevalesk ist auch die Begrifflichkeit, die sich zwangsläufig ergibt, wenn nationale Identität auf pluralistische Weise dargeboten werden soll: »Mit der virtuellen Erkenntnis der großen Systeme und der totalen Theorien (der Kalte Krieg, die Bretton Woods-Entente, die sowjetischen und chinesischen Planwirtschaften, der antiimperialistische Nationalismus der Dritten Welt) treten wir in eine neue Periode weitgehender Unsicherheit ein. Eben das hat Michail Gorbatschow offen demonstriert, bevor er von dem weitaus weniger unsicheren Boris Jelzin abgelöst wurde... Die alten erfundenen Geschichten und Herrschaftstraditionen und -bemühungen (!) weichen neueren, eher elastischen und lockeren Theorien über das, was zum gegenwärtigen Zeitpunkt so diskrepant und intensiv ist.« (1994: 432f.) Der Hinweis auf Gorbatschow wie die ganze Phraseologie legen nahe, daß sich hier jemand für das Amt des Präsidenten im noch zu schaffenden Palästinenserstaat einübt, oder wenigstens als dessen Ghostwriter: »Ob im Kampf von Nationalitäten oder bei den Problemen der Entwaldung und globaler Erhitzung (wie sie bei geringfügigen Aktivitäten wie Rauchen oder Benutzung von Spraydosen im Spiel sind), die Interaktionen zwischen individueller Identität und den allgemeinen Lebensverhältnissen sind schrecklich direkt... Vieles, was vier Jahrzehnte lang an der westlichen Moderne und ihren Nachwirkungen so aufregend war – etwa bei der Erarbeitung interpretativer Strategien der Kritischen Theorie ... – erscheint heute nahezu kurios abstrakt, verzweifelt eurozentristisch. Verläßlicher sind jetzt die Berichte von der Frontlinie, an der Kämpfe zwischen heimischen Tyrannen und idealistischen Oppositionen ... ausgetragen werden.« (434f.) Berichte aus dem Kosovo und aus Palästina. Und an diesen Fronten muß der verzweifelte »Eurozentrismus« Adornos so kontraproduktiv sein wie die fröhliche Wunschmaschine von Deleuze und Guattari produktiv. Gefragt ist hier die Ideologie des »Nomaden«, der jederzeit gegen einen »Tyrannen« losschlagen kann, um selbst ein raffinierterer zu werden. So fordert Said dazu auf, »den Versuch aufzugeben, andere zu überwältigen, den Versuch aufzugeben, sie ›einzureihen‹ oder in Hierarchien zu pressen, vor allem jedoch den Versuch aufzugeben, ständig zu wiederholen, daß unsere Kultur oder unser Land die Nummer eins ist«. (442) *Kultur und Imperialismus* bietet eine Ideologie, die von den Voraussetzungen des Zwangs, den zu bekämpfen sie vorgibt, nichts wissen will – und das mit gutem Grund, denn sie will doch nichts anderes, als den Zwang selbst so ausüben, daß niemand ihn merkt. Said versorgte also das kommende Personal des Staatsapparats mit den passenden Phrasen vom multikulturellen Wesen der Demokratie: in Deutschland, wo es dann ab Mitte der Neunziger regierte, wie in Palästina, wo es hoffte, bald an der Macht zu sein. Und darum erfolgt die Distanzierung vom alten Antisemitismus nur, um die Grundlagen für den neuen abzusichern – »Ich bin für den Dialog zwischen den Kulturen und die Koexistenz zwischen den Völkern« (1997: 91) sagt Said, und fügt sofort hinzu: »Verpflichtet sind wir in erster Linie gegenüber unserem eigenen Volk.« (92)

Als sich die Wiener Freud-Gesellschaft – nicht ohne internationalen Druck – dazu entschloß, den Literaturprofessor auszuladen, setzte sich der solchermaßen Brüskierte in einem Anfall von Größenwahn – aber in der Logik seines Denkens durchaus konsequent – mit Freud gleich. Die »israelische Propaganda unterstützt von willfährigen westlichen Medien« habe den Vorfall mit dem Steinwurf »monströs aufzubauschen und mich als gewalttätigen Fanatiker hinzustellen« versucht (*Der Standard*, 28.3.2001). Die Absage durch die Freud-Gesellschaft sieht er als »die Gegenleistung für Spenden aus Israel und den USA. Und man hofft, daß eine Ausstellung der Freud-Gesellschaft, die in Wien und New York zu sehen war, auch in Israel gezeigt wird. Offenbar haben potentielle Sponsoren angedeutet, daß sie die Ausstellung in Tel Aviv finanzieren, vorausgesetzt mein Vortrag findet nicht statt… Die Nazis haben Freud aus Wien verjagt, und Österreich hat zugeschaut. Derselbe Mut und dieselbe Redlichkeit zeichnet auch jene aus, die heute einem Palästinenser verbieten, in Wien einen Vortrag zu halten«. (Ebd.) Einmal handelt ein Verein in diesem Land, in dem mittlerweile, wie Jörg Haider sich ausdrückte, die »PLO von Österreich«, also die Haider-Partei herrschte, anders als man es erwartet, und auch daraus weiß der Antisemitismus noch Kapital zu schlagen.

Weltverschwörung läßt sich immer am besten aus der Opferperspektive imaginieren: die Nation ist das große Opfer, aber Said – und darin kommt seine christliche Herkunft zum Tragen – reproduziert dieses nationale Kollektiv nicht wie die moslemischen Märtyrer am eigenen Leib, durch dessen Opferung, sondern im empfindsamen Gemüt, das mit den Märtyrern sich identifiziert: seine schöne Seele ist der Spiegel, der den Opferstatus der Palästinenser mit viel Innerlichkeit reflektiert, sodaß er in Deutschland besonderen Eindruck machen kann. Es ist diese christliche Note, die Said einbringt in den internationalen Wahnsinn; die ihn auch von den gewöhnlichen Holocaust-Leugnern in der sogenannten Dritten Welt unterscheidet, mit denen er gleichwohl an einem Strang zieht.[49]

Die intimste Begegnung zwischen Palästina und Deutschland findet naturgemäß in der Autobiographie statt. Hier beschreibt ein Palästinenser christlicher Herkunft sein Leben ganz als wäre er ein Deutscher: in allen Situationen das Opfer – seiner Eltern, seiner Lehrer, seiner Umwelt, der USA, der Universität...; aber alle Täter werden zuletzt von den Israelis ersetzt, die allein dafür verantwortlich sind, daß er »am falschen Ort« gelebt hat und leben muß.

Als »großartigste« Erfahrungen und »überwältigendste« Erlebnisse bekennt Said hier den Auftritt ehemaliger Nazi-Künstler wie Wilhelm Furtwängler und die »Eröffnungstakte des Rheingold, die 1958 aus dem schwarzen Bayreuther Orchestergraben aufstiegen.« (2000: 160) Daß in

---

[49] Im Namen der Meinungsfreiheit zog Said auch seine Unterschrift unter den Aufruf an die libanesische Regierung zurück, der gegen die Abhaltung einer international besetzten, neonazistisch orientierten Holocaust Denial-Konferenz in Beirut protestiert hatte. »Nie hätte er einen Aufruf an die Regierung des Libanon, die Konferenz abzusagen, unterschrieben, erklärt er nun. Gewiss sei er gegen die Leugnung des Holocaust. Aber er sei auch dagegen, eine Regierung aufzufordern, die Meinungsfreiheit zu beschränken. Als er telefonisch aus Paris gebeten worden sei, den Protest zu unterschreiben, sei ihm nicht klar gewesen, daß man sich damit an die libanesische Regierung wenden wollte. Es sei, so Said, daher ein ›fürchterlicher Mißbrauch des Vertrauens gewesen, seinen Namen in diesem Zusammenhang zu benutzen‹. Die neofaschistische Organisation, die hinter der Konferenz stand, beeilte sich sehr, den Brief des Professors auf ihrer Seite im Internet zu veröffentlichen. Nun steht Edward Said in ausgesprochen schlechter Gesellschaft da, und wird wohl noch einmal erklären müssen, es so nicht gemeint zu haben.« (Cordelia Edvardson: Katastrophe der Anderen. *Süddeutsche Zeitung*, 5. 5. 2001)

einem solchen »Erlebnis« eine Problematik liegen könnte, kommt dem Autor nicht in den Sinn. Die Shoah wird in diesem Buch, das die Vertreibung der Palästinenser von 1948 als alles zentrierenden Fluchtpunkt hat, mit keinem Wort erwähnt. Voller Sentimentalität berichtet Said z. B. über die Sommerferien von 1943 in dem libanesischen Dhur el-Shweir (227ff.), ohne daß er auf den Gedanken käme, auch nur darauf hinzuweisen, was zur selben Zeit in Auschwitz geschah und etwa vom Großmufti von Jerusalem eifrig unterstützt wurde, der gerade in diesem Sommer eine bosnische SS-Division instruierte.

Die Juden kommen immer nur in einem einzigen Zusammenhang zur Sprache: »Es fällt mir nach wie vor schwer zu akzeptieren, daß eben jene Stadtviertel, in denen ich geboren wurde, in denen ich lebte und mich zu Hause fühlte, von polnischen, deutschen und amerikanischen Einwanderern übernommen worden sind, die die Stadt erobert haben«. (172). Warum sie einwanderten, sagt Said auch hier nicht.

Vom »Ausmaß der Entwurzelung«, die »unsere Familie und Freunde erlebten und die ich, ein im Grunde unwissender Zeuge des Jahres 1948, kaum wahrnahm«, fühlt sich der Autor förmlich »überwältigt« (178). Welche ideologische Prägung für dieses Gefühl nötig war, spricht sich aber unfreiwillig in einer Äußerung des Kindes aus, die der Autor übermittelt: Als der Vater einmal sagte »Auch wir haben alles verloren«, fragte der Sohn etwas verwirrt nach, »was er denn meine, da doch sein Geschäft, das Haus, unser Lebensstil in Kairo augenscheinlich unverändert geblieben seien, sagte er nur: ›Palästina.‹« (180) Diese Lektion, offene Fragen abzuwehren und Reflexion zu beenden, hat der Autor gelernt. Selbst die sexuellen Zwänge der christlichen Erziehung und die ödipalen Nöte der Familienstruktur versucht Said nachträglich mit diesem Zauberwort aufzulösen. Daß er nicht am »falschen Ort« lebt, sondern daß alle in einer falschen Gesellschaft leben, solange solche Zauberwörter nötig sind, um Konflikte zu verschieben, kann und will der von seinen Projektionen Überwältigte gar nicht mehr wahrnehmen.

Es ist kein Zufall, daß Said bereits 1997 etwas von dem ahnte, was kommen sollte: nämlich daß »wir einer mehrere Jahre dauernden dunklen Periode entgegengehen, während der die Palästinenser gegen große Hindernisse werden kämpfen müssen« (1997: 259). Er ahnte es, weil er es selbst vorantrieb. Mit Artikeln und Büchern seit dem Friedensabkommen von Oslo hat Said auf die Wiederaufnahme und Intensivierung der

Intifada gedrängt und das, was heute unter al-Aqsa-Intifada firmiert, herbeibeschworen. Arafat warf er sofort nach dem Friedensabkommen vor, er habe »die Intifada einseitig abgebrochen« (43); Attentate auf Israelis werden als »Akt der Schwäche und Verzweiflung« präsentiert; vor allem aber wird das Bündnis mit Europa anvisiert: die »Rolle der USA bei alldem« könne darum so »außerordentlich negativ« sein, »weil sich Europa politisch sehr passiv« verhalte. (257)

Worauf all das hinauszulaufen droht, das gibt eine einzige Formulierung wie in einem psychotischen Anfall des Denkens zu erkennen: Said bezeichnet das Friedensabkommen von Oslo als »ein palästinensisches Versailles« (45).

Bejahen, was ohnehin ist

Slavoj Žižek

Er wird allerorten als »Philosophie-Entertainer« angepriesen: der slowenische Philosoph Slavoj Žižek verspricht antiautoritäre Leichtigkeit im Umgang mit schweren abendländischen Autoritäten; Zirkulation zwischen intellektuellen Milieus, die sonst voneinander abgegrenzt werden – Gedankenaustausch also zwischen Heidegger und Marx, Adorno und Foucault, Cineasten und Leninisten, Christen und Juden etc. Anders als der einschlägige Poststrukturalismus spricht Žižek offenbar auch keine eigene Sprache, keinen Jargon, sondern leiht von überall her seine Begriffe – wenn auch die Bevorzugung der Lacanschen deutlich merkbar ist.

Die Philosophie mit Bewußtheit in eine Talkshow zu überführen, wäre angesichts des heute akademisch approbierten Denkens – das eben kaum mehr als den Schein wahrt, noch keine Talkshow zu sein – vielleicht wirklich begrüßenswert, würde sich nicht regelmäßig herausstellen, daß der unterhaltsame Schwadroneur bloß ein raffinierterer Professor, sein Entertainment die zeitgemäße Vermittlungsform des alten dogmatischen Denkens ist.

Žižek nun läßt über den dogmatischen Inhalt seiner im Gestus alles relativierenden Rede erst gar keinen Zweifel aufkommen. *Das fragile Absolute*, das er im gleichnamigen Buch (München 2000) verteidigt, ist »das christliche Erbe«, und so gibt gerade diese Publikation, über die der Vatikan sich freuen kann, vielleicht am offenherzigsten Einblick ins Denken des Entertainers. Das dogmatische Anliegen verträgt sich ausgezeichnet mit dem undogmatischen Charakter der Vermittlung, die ganz in Reklame aufgeht. Alle Werbung führt zur Ware, alle Wege nach Rom. Aber der größte Umweg, der gewagteste, am weitesten vom Ziel sich entfernende Weg, ist allemal der beste – für die Reklame wie für ihren philosophischen Reflex. Denn er allein vermittelt das Gefühl, jederzeit eben auch ganz woanders hingelangen und hinlangen zu können; vermittelt also das Bewußtsein, Subjekt zu sein, Herr im eigenen (Waren-)Haus. Darum zeigt die Werbung gerne zuerst die Ware des Konkurrenten, um sie sogleich im Gebrauch als mindere hinzustellen – und ohne Tricks geht es dabei nicht ab. Darum beginnt Žižeks Buch mit einer Kritik der Ontologie aus marxistischer Perspektive – und setzt dabei Heidegger und Adorno gleich: als »Versuche, die den irren kapitalistischen Tanz der sich selbst steigernden Produktivität als Ausdruck eines fundamentaleren transzendental-ontologischen Prinzips begreifen (›Wille zur Macht‹, ›instrumentelle Vernunft‹)«. Unterschlagen wird, daß innerhalb der Kritischen Theorie selbst ein geradezu extrem ausgeprägtes Spannungsverhältnis zwischen dem kritischen Begriff von Tauschabstraktion bzw. Wert im Sinn von Marx und einem der kritischen Lektüre von Nietzsche und Schopenhauer entsprungenen Machtbegriff existiert – ein Verhältnis, in dem durchaus die singuläre Position dieser »Schule« gesehen werden kann. Ihre Gleichsetzung mit Heidegger, bei dem jede Spur einer solchen Spannung fehlt, ermöglicht es Žižek, seinerseits die marxistische Position gegenüber Horkheimer und Adorno einzunehmen – aber das wiederum nur, um diese Position letztlich einer neuerlichen Ontologisierung zu opfern: »Vom üblichen marxistischen Standpunkt aus mystifiziert die Suche nach einem transzendental-ontologischen Prinzip die konkrete sozioökonomische Struktur, die die kapitalistische Produktivität aufrechterhält, andererseits verkennt dieser marxistische Ansatz, daß der kapitalistische Exzeß sich nicht auf der ontischen Ebene einer bestimmten Gesellschaftsorganisation erklären läßt.« Auf welcher Ebene läßt er sich aber dann erklären? Auf der ontologischen natürlich, womit wir wieder bei Heidegger wären. Allein dadurch, daß Žižek die Ebene marxistischer Begriffe zur »ontischen« degradiert, also auf das bloß »Seiende« einschränkt, hat er seinen eigenen Standpunkt bereits wieder auf der – je nach dem: »tieferen« oder »höheren« – Ebene des »Seins« bezogen.

Gesellschaftstheoretisch heißt das: Žižek differenziert nur zum Schein, damit am Ende alles in eins fällt: Marxismus und Ontologie; »Realer Sozialismus« und »Kapitalismus«; Vernichtungslager und Gulag. Auch wenn er zwischen der Situation der Opfer des NS-Terrors und der Stalinschen Säuberung zunächst unterscheidet, entspricht die Moral auch dieser Geschichte ganz dem Dogma von Courtois' *Schwarzbuch des Kommunismus*: daß die Sowjets schlimmer als die Nazis waren (– durch falsche, vielleicht absichtlich falsche Übertragung ist übrigens bei Žižek in diesem Zusammenhang von »Moslems« statt von »Muselmännern« die Rede: »Muselmänner« aber hießen diejenigen KZ-Häftlinge, die sich, wie Jean Améry schrieb, aufgegeben hatten und von den anderen aufgegeben wurden): »Während der passive Moslem durch den physischen Terror lediglich (!) auf seine apathische vegetative Existenz reduziert wird, muß sich das Opfer des Schauprozesses an der Zurschaustellung seiner Degradierung beteiligen und seine Würde aktiv verwirken.«

Der »Kommunismus«, womit Žižek ganz nach der geläufigen Sprachregelung den von stalinistischen Parteien praktizierten Sozialismus in einem Land meint, sei im übrigen demselben Produktivitätstrieb gefolgt. Aus diesem Horizont auszubrechen, »ohne in die Falle einer Rückkehr zur eminent vormodernen Vorstellung einer ausgeglichenen, (selbst)beherrschten Gesellschaft zu gehen«, das ist nun das ontologische Versprechen, das Žižek macht, und mit ihm verkauft er die christliche Ware. Es handelt sich demnach um den frühen Heidegger, zu dem Žižek über marxistische Umwege gelangt – um die Philosophie von *Sein und Zeit* – ja, mehr noch um den ganz frühen, den katholischen Heidegger, der Abraham a Sancta Clara hymnisch feierte. Was damals »Entschlossenheit« im »Dasein« und »Heilung« der »Volksnot« hieß, das wird jetzt »Ausbruch« aus dem »kapitalistischen Horizont« oder »authentischer Akt« genannt. So erklären sich die Aversionen gegen Habermas, der doch eher Rationalisierung der deutschen Ontologie betreibt und mit seiner »kommunikativen Vernunft« westliche Kompatibilität herstellt; so ist auch eine gewisse, auf den ersten Blick überraschende Oppositionsstellung zu Derrida verständlich, der sich für Žižeks Verhältnisse zu sehr an der Heideggerschen »Kehre« orientiert und mittlerweile kritisches Einverständnis mit dem »kapitalistischen Horizont« bekundet (so gerade in seinem Marx-Buch).

Das »radikal Andere« jedoch, das Žižek jenseits dieses Horizonts beschwört, knüpft an den ›antikapitalistischen‹ Protest der rechten Oppo-

sition in der Weimarer Republik an; das »Durchbrechen« jenes »Teufels-
kreises von Gesetz und Überschreitung«, welchen er dem »Kapitalismus«
mit Lacanschen Begriffen zu Grunde legt, ist dem ›nationalrevolutionären‹
Impuls in der frühen, präfaschistischen Phase deutscher Ontologie nach-
gebildet – nur daß vom Nationalen auf den ersten Blick nicht viel übrig
bleibt. Distanz suchend zu Heideggers postfaschistischer Philosophie, geht
Žižek den Weg eben noch weiter zurück - bis zum Katholizismus. Die
»frohe Botschaft«, die er im Christentum wahrnimmt, lautet paradoxerweise, »daß es MÖGLICH IST, DIE GROSSE KETTE DES SEINS ZU
ZERREISSEN, die Last der Vergangenheit zu suspendieren, die Stricke
durchzuschneiden, die uns an unsere Taten der Vergangenheit fesseln,
›reinen Tisch zu machen‹ und wieder bei Null anzufangen«.

Dabei meint Žižek mit dem »subversiven Kern« des Christentums
nun nicht – nach einer beliebten Konstruktion – ein reines Urchristentum,
das mit der späteren kirchlichen Entwicklung nichts zu tun habe, sondern ganz im Gegenteil: das Christentum als Kirche, einschließlich des
Papstes Wojtyla, der sich doch als Kalter Krieger und Antimarxist einen
Namen gemacht hat. Ein bestimmter Katholizismus, der sich bei Althus-
ser noch staatskommunistisch versteckt hielt, wird wieder selbstbewußt
und bekennend: das Neue Testament gilt Žižek als Verkündigung eines
»theoretischen Antihumanismus«, und Žižek zitiert hierzu die Stelle, wonach die Jünger Jesu sich dadurch auszeichnen, daß sie ihr Leben gering
achten (Lukas 14,26). Heideggers Opfer-Philosophie (»Das Opfer ist der
Abschied vom Seienden auf dem Gang zur Wahrung der Gunst des Seins«)
ist damit auf ihren religiösen Ausgangspunkt zurückgeführt, das »Sein«
wieder christlich personifiziert.

So wird also der Papst an die Spitze der Seins-Herde zurückberufen.
Aber das wirkt unter heutigen Bedingungen nur überzeugend, wenn dafür
konkurrierende Waren – unter dem Motto »Der Vergleich macht sie sicher«
oder »Weil ich es mir wert bin« – als minderwertig vorgeführt werden: im
konkreten Fall ist das etwa der Dalai Lama: Im Gegensatz zu ihm »erinnert
uns« nämlich der Papst daran, »daß eine richtige ethische Einstellung
ihren Preis HAT – sein hartnäckiges Festhalten an ›alten Werten‹, seine
Mißachtung der ›realistischen‹ Erfordernisse unserer Zeit, selbst wenn die
Gegenargumente offensichtlich zu sein scheinen … machen ihn zu einer
authentischen ethischen Gestalt.«

Aus der Beschwörung des »Ausbruchs« und des »radikal Anderen«

entspringt in neuer Frische die Bejahung dessen, was ohnehin ist: der alte ontologische Trick, den Žižek nur mit Lacanschen Begriffen repetiert. Wer die Gesetze der kapitalisierten Gesellschaft teilnahmslos hinnimmt, halbwegs akzeptiert, mehr oder wenig kritisch sieht, bestätigt sie; wer sich jedoch ganz und rückhaltlos mit ihnen identifiziert, der ist radikal im Sinne Žižeks und durchbricht den »kapitalistischen Horizont«. Das Subjekt sei »nur insoweit wirklich in das Gewebe der Macht« verstrickt, »als es sich nicht völlig damit identifiziert, sondern eine gewisse Distanz dazu wahrt«, das »System« aber werde »genau dadurch unterminiert … daß man sich vorbehaltlos damit identifiziert.«

Das ist nun eine durchaus mögliche Apologie »nationalsozialistischer Revolution«. Žižek bemerkt es selbst: wenn er einen »authentischen Akt« fordert, in dem sich der »Kern der Identität« des Subjekts »neu definieren« könne (analog zur Kreuzigung Christi, die ein »neues Subjekt« hervorbringe), muß er sich zugleich fragen: »ist dann nicht der Nationalsozialismus ein Akt par excellence?« Von dieser fatalen Nähe sieht er sich aber durchs faschismustheoretische Dogma des traditionellen Marxismus freigesprochen, das er lediglich mit psychoanalytischen Begriffen aufbessert: der Nationalsozialismus habe nämlich den sozialen Gegensatz der Klassen geleugnet oder verschoben, indem er die Ursache der sozialen Gegensätze externalisiert und auf die Figur des Juden projizierte. »Diese sogenannte ›Nationalsozialistische Revolution‹ ist der exemplarische Fall einer Pseudo-Veränderung, einer frenetischen Aktivität, bei der sich so viele Dinge veränderten, ›immer etwas geschah‹, daß sich genau das, was wirklich zählt, NICHT veränderte und im Grunde alles ›beim Alten blieb‹.«

Dann wäre also die Vernichtung der europäischen Juden etwas gewesen, das nicht zählt, das nichts veränderte. Für Žižek bilden Nationalsozialismus und Holocaust nur ein Manöver im Klassenkampf, der danach weitergehen konnte und kann wie zuvor. Er bemerkt gar nicht, daß sich schon der psychoanalytische Begriff der Projektion, den Adorno und Horkheimer für den Antisemitismus entfaltet haben, einer solchen Funktionalisierung schlechterdings entzieht – und als entfalteter zwingend darüber aufklärt, daß diese »Alltagsreligion« kapitalistischer Gesellschaft vollkommen die Politik zu durchdringen vermag. Wer ist denn das Subjekt, das den Klassenkampf vermeidet bzw. verschiebt? Und was bedeutet es für die Konstitution der Klassen, daß diese Verschiebung erfolgreich gelang und nur von außen zerstört werden konnte?

Solche Fragen vermeidet Žižek, der doch sonst in seinem Text nach Heideggers Manier nicht genug Fragen stellen kann. Der Nationalsozialismus darf offenkundig nicht als Basis der heutigen Verhältnisse in Betracht kommen, die deutsche Volks- und Projektionsgesellschaft nicht als Ursprung einer Realität, in der sich die Fragen von Moral und Klassenkampf neu stellen. Was das konkret heißt, zeigt sich in der Stellungnahme zu Jugoslawien, zum Judentum und zu Israel. Žižek kritisiert am westlichen Militärbündnis, daß es zu wenig konsequent war im Angriffskrieg gegen Jugoslawien – und fordert im Prinzip nichts anderes, als die Albaner zu bewaffnen. Serbien wiederum wird im Gegensatz zu den anderen ehemaligen Republiken Jugoslawiens ein Nationalismus unterstellt, der von vornherein keinerlei »demokratische Politik« erlaube.

Was Judentum und Shoah betrifft, ist die Konsequenz in jeder Hinsicht weitreichender. Die Apologie des Christentums bedeutet zwangsläufig eine Abwertung des Judentums. Žižek versucht es möglichst dezent zu tun: zunächst betont er als durchaus positiv, aber unberührt von jeglicher Einsicht in religionsgeschichtliche Zusammenhänge, daß die jüdische Religion im Gegensatz zur christlichen es ermögliche, Schuld bzw. Schuldgefühle zu vermeiden. Aber da das Judentum damit die »Über-Ich-Dialektik« umgehe, wie Žižek groteskerweise behauptet, existiere eben nur im Christentum die Möglichkeit eines radikalen Ausbruchs »aus dem Über-Ich-Teufelskreis des Gesetzes und seine Überschreitung durch die Liebe«.

Und einen solchen Ausbruch sieht Žižek dann ausgerechnet bei Freud, in seinem späten Buch über Moses: »Indem er sich nicht den bedrängten Juden anschloß und mit ihnen gemeinsam ihr Erbe verteidigte, sondern indem er sein eigenes Volk angriff und versuchte, ihm den wertvollsten Teil des Erbes, die Gründerfigur Moses wegzunehmen«, sei es ihm gelungen, »die unbewußte Grundlage des Antisemitismus zu unterminieren«. Abgesehen davon, daß Freud »sein Volk« keineswegs angriff, behauptet Žižek damit, daß die unbewußte Grundlage des Antisemitismus im Judentum zu suchen wäre – und das bedeutet in Wahrheit den schärfsten Angriff auf das Judentum.

Es wird deutlich, daß der Philosoph sich in dieser Hinsicht den Positionen Martin Walsers und Edward Saids annähert: er verdächtigt gewisse ungenannte Kräfte, den Holocaust zu instrumentalisieren, indem sie dessen »Erhöhung zum eigentlich ›Erhabenen‹« betrieben – zu einer »unantastbaren Ausnahme, die sich jedem normalen ›politischen Dis-

199

kurs‹‹ entziehe. Das kann, so Žižek, »auch ein politischer Akt äußerster zynischer Manipulation sein, eine politische Intervention, mit der eine gewisse Form hierarchischer politischer Verhältnisse legitimiert werden soll.« Allein dadurch, daß er von »Zionismus« (als einer besonderen Form des Imperialismus) spricht, weist er den von ihm ausgemachten Repräsentanten der ›Entpolitisierung des Holocaust‹ – also offenbar den Juden, die er nicht beim Namen nennt – eine bestimmte und bestimmende Rolle in jenen »hierarchischen politischen Verhältnissen« zu: »Ungeachtet der unleugbaren Aufrichtigkeit mancher ihrer Vertreter, ist der ›objektive‹ ideologisch-politische Gehalt der Entpolitisierung des Holocausts, seine Erhebung zum abgründigen absoluten Bösen ein politischer Akt zwischen den aggressiven Zionisten und den westlichen rechten Antisemiten auf Kosten des HEUTIGEN radikalen politischen Potentials.«

Worin Žižek dieses heutige radikale Potential sieht, bleibt einigermaßen unklar. Wer sollte den »konformistischen liberalen Halunken«, die ihre »scheinheilige Befriedigung in ihrer Verteidigung der bestehenden Ordnung« finden, den Garaus bereiten? Auch der Papst dürfte für Žižek nicht eigentlich der neue Erlöser sein, der dem Potential zum Durchbruch verhelfen könnte, sondern nur eine Art Übergangsfigur, ein Stellvertreter, solange ein neues Subjekt sich nirgends blicken läßt. Denn wie jeder Konsument weiß: die Ware hält das Versprechen der Werbung nicht.

Wahn der Gleichsetzung

Noam Chomsky

Die neue Leitfigur der Öffentlichkeit ist der Globalisierungskritiker. Er betreibt die Kritik nur zum Schein, denn er kritisiert nicht die Form, in der er selber lebt und denkt, sondern den Inhalt, in dem diese Form ihm erscheinen will, nicht das Kapitalverhältnis und den Staat, sondern Israel und die USA. Er kritisiert die Globalisierung als Schlechtes und hat keinen Begriff vom Ganzen als dem Unwahren. Im Unterschied zur alten marxistischen Intelligenz, die sich als Partei formierte, tritt er immer nur als Einzelgänger und »Querdenker« auf, gewinnt aber gerade durch diesen Status eine erstaunliche Popularität: die Medien liegen ihm einfach deshalb zu Füßen, weil er ein »Medienkritiker« ganz nach ihrem Geschmack ist:

ein als Professor verkleideter Journalist. (Ergänzt wird seine globalisierte Performance mittlerweile durch den als Filmemacher kostümierten Zeitungsschreiber, für den Michael Moore weltweit ein Exempel liefert).

Der deutsche Fernsehmoderator, der nach dem 11. September ausplappert, was das Publikum eigentlich hören will: daß Bush von Bin Laden sich nicht unterscheide, bekommt eine Rüge (so der geruhsame Wickert); Noam Chomsky macht aus der gerügten Bemerkung ein Buch, *The Attack* (New York 2001; München 2002), und wird überall, aber besonders in Deutschland, begeistert besprochen. Eher läßt sich nun jedoch über einen Fernsehmoderator eine Dissertation schreiben, als über das Buch eines Globalisierungskritikers keine Satire. Was ernsthaft darüber zu sagen ist, erschöpft sich in ein paar Bemerkungen.

Wenn Chomsky die übliche Floskel verwendet und sich von den Attentaten distanziert, sie sogar als »Verbrechen gegen die Menschheit« bzw. »Menschlichkeit« bezeichnet, tut er es eigentlich nur zu dem Zweck, den Urheber dieses Verbrechens in Gestalt der USA zu identifizieren. Alle seine Äußerungen sind in bestimmter Hinsicht bloßer Reflex: was die US-Administration den Terroristen vorwirft, wirft Chomsky der US-Administration vor. Aber im Reflex wird der Vorwurf potenziert, denn die USA sind in allem, was sie tun, auch noch mächtiger: »führender Schurkenstaat«, der seinen »internationalen Terrorismus wie eh und je« betreibe; in seinem Inneren selbst herrsche eben jener »religiöse Fundamentalismus«, den man in Afghanistan zu bekämpfen vorgebe. Die »Ursachen« des Anschlags erörtert Chomsky, ohne auch nur am Rande die islamistische Ideologie oder die Logik der Selbstmordattentate zu analysieren. Statt dessen macht er sich die »Verbitterung« und den »Zorn« im arabischen Raum so ganz zu eigen, um in der US-Politik, insbesondere in deren Haltung zu Israel, die Wurzel allen Übels zu benennen.

Seit es jene Welt nicht mehr gibt, die von der Totalitarismustheorie aufs Korn genommen wurde, greift der Wahn der Gleichsetzung – wie er sich nach dem Ende des Kalten Kriegs noch einmal im *Schwarzbuch des Kommunismus* in alter Weise niederschlug – erst ganz hemmungslos um sich und über den sogenannten Kommunismus weit hinaus. Wenn Chomsky das Attentat vom 11. September auf eine Stufe setzt mit Clintons Bombardierung der pharmazeutischen Fabrik von Al-Shifa (in die Bin Laden investiert hatte und die im Verdacht stand, chemische Waffen zu produzieren) und die Toten des World Trade Center mit den Opfern der mangelnden medizinischen Versorgung im Sudan gegen rechnet, fügt er zwar beflissen ein: »selbstverständlich« sei es »unsinnig, Verbrechen dieser Art überhaupt gegeneinander abwägen zu wollen«, um dann doch damit zu schließen: »auch wenn es vernünftig und wissenschaftlich haltbar ist, die jeweilige Zahl der Opfer miteinander in Beziehung zu setzen«. Und etwas anderes als Zahlen vermag Chomsky gar nicht in Beziehung zu setzen.

Die Frage, woher die Kategorien, in denen man denkt und urteilt, kommen, ist an der Universität mittlerweile so unbeliebt wie sie es in den Redaktionen immer war. Als Sprachtheoretiker hat Chomsky einst den strukturalistischen Ansatz mit Anleihen aus der Biologie ergänzen wollen. Blendet der gewöhnliche Strukturalist aus, daß er im Grunde nur mißverstandene naturwissenschaftliche Methodik auf unkenntlich gemachte gesellschaftliche Phänomene überträgt und auf diese Weise gerade die Natur verdrängt, bekennt sich Chomsky emphatisch zur Biologie und konstatiert: die Kompetenz zur Sprache sei angeboren, sie ließe sich demnach als Ursache isolieren und dingfest machen, um alles zu erklären. Für Begriff und Analyse der Sprache aber bedeutet diese Erkenntnis ungefähr soviel als für den einzelnen Menschen die Feststellung, daß er auf die Welt gekommen ist. Karl Valentin hat darum über Chomskys Theorie bereits alles Nötige gesagt: auf die forsche Frage eines Formulare ausfüllenden Beamten: »Geboren?« antwortete er ziemlich entrüstet: »Selbstverständlich!«

Als Sprachtheoretiker lenkt Chomsky also hartnäckig davon ab, was gesellschaftlich ist an der Sprache, und damit von der Frage: woher die Sprachtheorie selber ihre Denkformen hat. Als politischer Kommentator verhält er sich ähnlich. Hier sind es die Ideale – also das, woran die Politik der USA und Israels gemessen wird –, über deren Herkunft der Grammatiker sich ausschweigt. Chomsky ignoriert konsequent, daß Freiheit und Gleichheit erst mit der Durchsetzung kapitalistischer Warenproduktion und politischer Souveränität zu Universalien werden konnten. Ohne auf diesen Zusammenhang zu reflektieren, wird aber der Freiheits- und Gleichheitsbegriff zu einem beliebig handhabbaren Instrument – dessen vielseitige Verwendbarkeit zurückschlägt und den Vertreter von Freiheit und Gleichheit selbst verwendbar macht. Chomsky war und ist nicht imstande, eine Grenze zu ziehen, wenn er seine unbegriffenen Ideale in rasender correctness verfolgt: Weil er über ihre Voraussetzungen nichts wissen möchte, wird die Meinungsfreiheit von ihm auch dort verfochten, wo Nazis und Auschwitz-Lügner ihrer sich bedienen. So sprach er sich im Namen der Meinungsfreiheit dafür aus, daß Robert Faurisson – der die Existenz von Gaskammern abstreitet – seine Lehrerlaubnis behalten dürfe. Chomskys Stellungnahme fand schließlich Verwendung als Vorwort für das als Verteidigungsschrift konzipierte Buch Faurrisons *Mémoire en défense. La question des chambres à gaz* (1980).

Im Vergleich zu Noam Chomsky erscheint darum George Bush fast schon als kritischer Intellektueller. Mit seinen wie auch immer beschränkten Möglichkeiten bringt er doch etwas von den Voraussetzungen jener Ideale zum Ausdruck, die er durchsetzen möchte. Wenn der Präsident von der »Achse des Bösen« und von »Terrorismus« spricht, dann weiß er und weiß im Grunde jeder, um welche Interessen es ungefähr geht und unter welchen Bedingungen man handelt oder zu handeln gedenkt. Die Frage ist lediglich, ob der Präsident und seine engeren Mitarbeiter sich nicht permanent Illusionen darüber hingeben, unter welchen Schwierigkeiten die Interessen durchzusetzen sind. Chomsky aber, der sich hütet, vom Bösen zu reden, obwohl er nichts anderes meint, wenn er von der US-Politik spricht, kommt gar nicht auf die Idee, daß er bestimmte Interessen – zum Beispiel europäische oder deutsche – bedienen könnte. Er macht sich gerade dadurch nützlich und benutzbar, daß er ganz selbstlos immer nur für das Ganze und gegen alle einzelnen Interessen eintritt – im Namen der Menschenrechte, der Meinungsfreiheit oder sonstiger Ideale. Der Globalisierungskritiker betreibt, was einmal an der deutschen Ideologie als Gefährlichstes begriffen wurde: indirekte Apologetik.

Gegen den Jargon

Untadelige Demokraten, ehrbare Antisemiten

Jean Améry

In den *Unmeisterlichen Wanderjahren* erinnert sich Jean Améry, welchen Eindruck die Demokratie in Belgien auf ihn machte, als er 1938 aus Österreich und Deutschland geflüchtet war: »Warum es nicht eingestehen nach Jahr und Tag, daß ich berauscht war von der bürgerlichen Scheinfreiheit, trunken von der formalen Demokratie, deren materiale Inhalte ich täglich hatte leben können? Drum sei dir zu bedenken gegeben, wohin diese Freiheit geführt hat. In dein Debakel hat sie geführt. Hast du's vergessen?« (AW 2: 244) Es ist ein innerer Dialog, der hier entfaltet wird, um dem Zweifel Raum zu geben. Er wandte sich einmal direkt und indirekt gegen den Jargon der antiautoritären Studentenbewegung, worin Demokratie und Faschismus tendenziell gleichgesetzt wurden. (Zudem wollte man auch keinen Unterschied zwischen Faschismus und Nationalsozialismus machen, was Améry an anderer Stelle kritisiert.) »Man muß das freilich im Fleische erfahren haben: hier die bürgerliche Demokratie, die denn in Gottes Namen und der Einfachheit halber als solche benannt sei – und dort der Faschismus. Hat man sie aber unmittelbar als Alltäglichkeit gelebt, was soll einem dann der verwischende Begriff ›faschistoid‹, der beide, Faschismus und Demokratie, entgrenzt, so sehr, daß, wenn es darauf ankommt, niemand mehr den Moment ergreift, an dem tatsächlich der Faschismus sich schon eingeschlichen hat ins Haus und nur noch gewaltsamer Widerstand übrigbleibt?«

Aber Améry fällt darum nicht in den Jargon der Demokratie. Eben davor bewahrt ihn die Reflexion auf sein Demokratie-Erlebnis des Exils, denn er fragt genauer nach, was denn nun eigentlich als Befreiung erlebt wurde: »Nicht die bürgerliche Demokratie war es, die meinen, mag sein naiven, aber darum doch nicht notwendigerweise verkehrten Enthusiasmus hervorrief. Es war vielmehr das unmittelbare Erlebnis ganz bestimmter

Freiheiten, die definierbar nur sind durch die ihnen konträren Unfreiheiten, welches mir nicht erlaubte, das Abstraktum ›bürgerliche Demokratie‹ auch nur wörtlich zu denken. Die Wirklichkeit war komplexer. Da war der Polizist und drohte nicht mit einer Stahlrute, sondern sagte mehr oder weniger höflich ›Mijnheer‹; da war die sozialistische ›Volksgazet‹ und nannte Franco mit ›rechtem Namen: eidbrüchigen Landesverräter«. (245) Wie aber sollte er, der nach Auschwitz deportiert wurde, vergessen, daß diese Freiheit ins Debakel geführt hat. »Gut so, daß du zumindest erkanntest, wie schmählich und zugleich dumm das Verhalten der Staatsmänner war, denen du zum Wohle aber auch zum Wehesten dich anvertraut hattest. Gut auch, wenn du spät wenigstens begreifst, daß die bürgerlichen Demokratien in panischer Angst für den Besitz der Besitzenden den Wolf in Rußlands Ebenen schicken wollten, damit er dort sich vollfresse, und daß sie, die Freiheitsbürger, es lieber mit Hitler hielten als mit den Bolschewiken.« (247f.) Was bleibt ist der Zweifel, ob von Demokratie im allgemeinen überhaupt sinnvoll zu sprechen wäre, wenn die Durchsetzung des Nationalsozialismus inmitten der Demokratie begriffen und bekämpft werden soll: »So kann bürgerliche Demokratie sowohl in den Faschismus hineinführen – und dann wird sie retrospektiv tatsächlich faschistoid gewesen sein – als auch in einen sanften, problematischen, aber humanen Sozialstaat. Es gibt, um es zusammenfassend zu sagen, bürgerliche Demokratien; nicht gibt es die bürgerliche Demokratie«. (246f.) Auf diese Weise vermag Améry durch den Zweifel hindurch doch festzuhalten, daß jene konkret zu benennenden Freiheitsräume nicht trunken machen müssen, ja die wachsende Gefahr des Nationalsozialismus um so besser wahrzunehmen wäre, je konkreter sie bestimmt würden: »Dafür, daß ich meine Sinne so halbwegs mir salvierte, bürgte der Konflikt.« Und er bürgte dafür desto mehr in der postnazistischen Demokratie, in der Améry seine Essays über den Nationalsozialismus schrieb. Das Appeasement gegenüber dem Nationalsozialismus, das er in den dreißiger Jahren mit allen Konsequenzen erlebt hat, die unheimliche Friedenssehnsucht in den westlichen Demokratien, die vor seinen Augen den Weg zur Vernichtung bahnte, machte es ihm hinfort unmöglich, der kaum zu dementierenden Auskunft zu vertrauen, daß jetzt Demokratie herrsche, wo einstmals der Nationalsozialismus regierte. »Ich weiß und weiß nicht. Ich kann nach Jahr und Tag auch sagen, daß es die Völker, quer durch alle sozialen Schichten waren, die diesen Frieden ... aus ganzer Seele wünschten, denn niemand wollte das: voran die Musik mit Tschindrara spielt einen flotten Marsch, und der tote Soldat, so wie er's gelernt, schmeißt seine Beine vom Arsch. Keineswegs schauten die Völker des Westens Deutschland an als die bleiche Mutter, sie fanden die Riefenstahl nicht übel, und zum Teufel, es ging den Leuten ja gut in Hitlers Landen, und mochten sie doch auch ihren Platz haben an der Sonne, und der Jud' ist ohnehin ein Widerwart.« (248)

Solche Gedanken liegen den politischen Interventionen Amérys in den sechziger und siebziger Jahren zugrunde, und er intervenierte konsequenter als irgend ein anderer Intellektueller der deutschen Öffentlichkeit, um die Erinnerung an die nationalsozialistischen Verbrechen gegen die Normalität der Demokratie zu wenden und deren falsche Selbstgewißheit in Frage zu stellen. Darüber geben seine politischen Aufsätzen, die im Rahmen der Werkausgabe erschienen sind (AW 7), eindrucksvoll Auskunft. Améry nahm in solcher Normalität eine fast unwiderstehliche, quasi natürliche Tendenz zum Verzeihen und zur Verjährung wahr: Appeasement wie damals, nur jetzt in Deutschland selber gegenüber der eigenen Vergangenheit. »Politisch will ich von Vergebung nichts hören!«, schrieb er an Simon Wiesenthal, um ihn in seiner Arbeit rückhaltlos zu unterstützen. »Worauf kommt es mir an? Auf etwas Grundeinfaches: es darf, was Sie und ich erlebt haben, nicht wieder geschehen, niemals und nirgendwo.« (AW 7: 56) Wie er Wiesenthal unterstützte, trat er Speer entgegen, und bestritt ihm das Recht, seine wohlfeile Reue zu publizieren – das aber wollten weder Linke noch Rechte, weder Erich Fried noch Ernst Klett verstehen, die von der Reue des Nazi beeindruckt waren. »Herr Speer bereut aufs Lukrativste. Das ist zum Übelwerden, denkt man an jene, die er vernichtete, denkt man aber auch an eine heranwachsende europäische Jugend.« (80) Wenn schon Reue, dann Selbstmord, der gleichwohl niemanden reinwaschen kann: »Die humane Konversion der Schurken, von denen keiner mit einem Fünkchen Ehrgefühl hätte am Leben bleiben dürfen – (und da lobe ich mir noch den Goebbels und jovialen Mordwanst Göring, die ihren scheußlichen Existenzen wenigstens selber eine Ende bereiteten!) diese Konversion ist die makaberste aller makabren Komödien, humor super-noir.« (81)

Der Auftritt des reuigen Speer in der deutschen Öffentlichkeit war einer jener Momente, in denen Améry sich die Augen rieb und plötzlich ganz allein dastand. Es genügte aber auch schon ein aktuelles Buch aufzuschlagen, das die Selbstzeugnisse einer »Jugend im Dritten Reich«

darbot. Da begegneten dem Leser durchaus bekannte, »angesehene Leute, untadelige Demokraten, zumeist sehr gemäßigt linker Neigung« (84), die Jahrgänge zwischen 1919 und 1930. Was sie über ihre Jugend berichten, erlebt er als »Selbst- und Volksenthüllung«, die ihm den Atem stocken läßt: die in »ihrer Redlichkeit bewundernswerten, darum aber in ihrem Aussagegehalt nur um so fürchterlicheren Texte«, führten ihn sofort zu den Grenzen dessen, was noch begreifbar ist. Es wäre »allzu billig, hier als Aufklärung ein paar Psycho-Platitüden darzureichen, wie diese: daß der blutige Hitler-Spuk als Ganzes eine Art von allgemeiner Regression in pubertäre Seelenzustände war und darum eben die deutsche Adoleszenz entzückte. Ebenso wohlfeil sind die auf ökonomische Interpretation alles Gesellschaftlichen sich reduzierenden Theorien, die der Hitler-Knaben Wunderhorn uns als Produkt einer dem sozialen Untergang schon versprochenen deutschen Kleinbürgerklasse seit Jahr und Tag vergebens zu explizieren bemüht sind.« (87) Améry zitiert aus den Aufzeichnungen Hermann Glasers, eines guten Bekannten, der ihn immer wieder zu Vorträgen und Diskussionen einlud. Glaser hatte als Elfjähriger die Kristallnacht miterlebt, es habe sein Schulkamerad auf Schmierzettel und Löschblätter in der Schule die »fleischigen Judennasen« gemalt: »man mußte nur einen Sechser ausschnörkeln, und schon hatte man die Visagen«. Améry fügt nur hinzu: »Keine Fragen, kein Aufblicken, kein Horchen.« (88) Er zitiert Hans Günter Zmarzlik, geboren 1922, dessen Vater »immerhin Sekretär einer Angestelltengewerkschaft war und als solcher 1933 durch die Nazis auf die Straße gesetzt wurde«, und der über seine Offizierszeit in den letzten Kriegstagen nur zu berichten weiß: »Man sah keine Alternative außer der einen: Wenn wir nicht durchhalten, gehen wir zugrunde. Deutschland und der Nationalsozialismus waren für uns weniger denn je auseinanderzuhalten...« Was bleibt Améry anderes übrig als einzugestehen: »Da versagt das Wort. Da kapituliert bedingungslos der analytische Verstand. Da kann man die plastischen Formeln von der ›Manipulation‹ und der ›allmächtigen, totalitären Indoktrinierung‹ nicht mehr aussprechen.« (Ebd.) Und kopfschüttelnd wieder und wieder zu sagen: »Wenn die den Krieg gewonnen hätten. Wenn die zur Herrschaft gelangt wären über die Völker Europas von der Ukraine bis Ostende, von Hammerfest bis hinunter nach Sizilien... Was für ein Spaß ist gegen eine solche Vision Watergate und welch ein erheiterndes Boulevardstück die Kabale der französischen Nachkriegsrepubliken!« (89)

Durch die Jugenderinnerungen jener untadeligen Demokraten hindurch blickt Améry in den Abgrund deutscher Ideologie, und der einzige Schluß, der daraus zu ziehen ist, besteht in der Nötigung, alles nur Erdenkliche gegen die »weltweite Rehabilitierungswelle« zu unternehmen, »die alle Erinnerungen an Nazismus, Collaboration, Denunziation wegzuschwemmen schon im Begriffe steht« (80). Dabei gibt es nun auch raffinierte Versuche, wie die historischen Arbeiten von Fest und Haffner, zwischen denen Améry allerdings mit Bedacht zu unterscheiden weiß, die aber das jeweils Ihre dazu beitragen, nicht nur »Hitler ›menschlich verständlich‹ zu machen, ihm jenen human touch zu geben, der angelsächsischem Journalismus teuer ist, sondern, darüber sehr weit hinaus, ihn als historisches Phänomen zuzurichten, das als ein solches rational angeschaut werden« könne (118). Es vermag aber nicht rational angeschaut zu werden, sowenig wie es nach Auschwitz politische Normalität in Deutschland noch geben kann. Jeglichen Versuch in dieser Hinsicht dekuvriert Améry als perfide Rationalisierung: das Unternehmen, Hitler Verrat am deutschen Volk zuzuschreiben ebenso wie in jenem Verbrecherstaat irgend etwas als »Leistung« zu betrachten. Nicht Hitler habe, wie Haffner es suggeriere, Verrat am deutschen Volk geübt: Er hat vielmehr »des Volkes Willen vollstreckt« (126). Und was dieser Wille war, worin seine einzige »Leistung« bestand, darüber konnte es für Améry seit langem keine Zweifel mehr geben: Hitler »mordete um des Mordens willen« (119). Volksgemeinschaft ist Vernichtung und nichts anderes. »Ich sah 1945 die Ruinen, die zerschmetterte Germania, und augenblicksweise faßte ich ähnliche Gedanken wie Haffner. Mit den Jahren aber kam ich ins Reine und verstand, es habe nicht Hitler verräterische Zerstörung geübt an seinem Land, vielmehr: das Land selber, indem es dem befehlenden Führer folgte, mit unerheblichen Ausnahmen, buchstäblich bis zum letzten Augenblick und (Filbinger!) über diesen hinaus, selber sich umgebracht. Das Ungeheuer konnte seine ganze Ungeheuerlichkeit nur realisieren, weil ein kaum geheures Volk in seinen Fußstapfen schritt, mit ihm, für ihn. Die Geisterarmee Wenk bestand: ihre zerlumpten, aber im Sinne Goebbels' ›fanatischen‹ Soldaten, die den ›totalen Krieg‹ de facto führten, waren die deutschen Menschen. (Und nun mag, wer will, mich einen unversöhnlichen Hasser nennen, einen neurotisierten Juden, einen von Ressentiments verstörten Narren.) Ich weiß es besser, denn ich war dabei, war Tatzeuge des Durchhaltewillens.« (125)

Es waren allerdings manche dabei, selber Tatzeugen, Opfer des Durchhaltewillens, die es dennoch nicht wissen oder nicht auszusprechen wagen, weil es zu ungeheuerlich ist und allen Verstand und alle Verständigung brüskiert. Améry wagt es und darin liegt das ganze Pathos seiner politischen Aufsätze: als einzelner der allgemeinen Normalisierung zu widersprechen und auf dem »Inkommensurablen«, das sich in Deutschland ereignete, zu bestehen. Er macht es mit solcher Konsequenz, daß er mit seinen eigenen Auffassungen von gesundem Menschenverstand, positivistischer Wahrheit und demokratischem Ideal in Widerspruch gerät. Denn so wie er weiß, daß jener Vernichtungs- und Durchhaltewille rational nicht faßbar ist, so deutlich sieht er in der Bestrafung seiner Taten die Grenzen des liberal-demokratischen Rechtsstaats erreicht. Er votiert immer zugleich für und gegen das positive Recht: dafür, wenn er intransigent fordert, die Verbrecher vor Gericht zu bringen und zu bestrafen; dagegen, wenn er ebenso intransigent darüber aufklärt, daß die Verbrechen jenseits des positiven Rechts liegen. »Angesichts dessen, was die Nazi-Verbrecher veranstalteten, ist so benanntes ›positives Recht‹ ebenso sinnlos wie theologische Spitzfindigkeit zum Thema ›Schuld und Sühne‹. Zu groß war ja die Schuld, als daß adäquate Sühne ausdenkbar wäre. Zu ungeheuerlich die Taten-Untaten, um dem Begriff der Rache auch nur approximativen Sinn zu geben.« (127f.) Aber umso zielstrebiger wären die Verbrecher der Justiz auszuliefern und nach diesem »positiven Recht«, das sie hinter sich gelassen haben, zu bestrafen: um die Wiederholung der Verbrechen zu verhindern und – untrennbar davon – um die Opfer nicht nachträglich noch zu verurteilen: »Aber alles Humane fordert – nicht ›Recht‹, das es hier nicht geben kann, noch Rache, die unausdenkbar wäre! – nur daß man die Opfer begnadige, nicht die Henker.« (130) Die Frage der Verjährung bezeichnet für Améry eben die Grenzen des Demokratischen: »Das Unverjährbare kann nicht von der Tafel der Moral gelöscht werden durch parlamentarischen Beschluß.« (130) In den Untaten der Nazis, die er inmitten der Nachkriegsdemokratie vergegenwärtigt, stößt Améry auf den Souverän, den diese Demokratie zu verdrängen bemüht ist: auf die irrationale Macht, die über den Ausnahmezustand entscheidet und in Deutschland für den Nationalsozialismus entschieden hat. Ohne Thomas Hobbes oder Franz Neumann studiert zu haben, begreift er, wider allen positivistischen Verstand, das Politische im Sinn des Hobbesschen *Leviathan* und seine Dynamik in Deutschland, die Neumanns *Behemoth* analysiert:

die »ungut listenreiche Geschichte« sei ein »mythisches Monstrum« (219), die Deutschen ein von »Katastrophendynamik« bewegtes Kollektiv (220), und die »amerikanischen business-men, die heute so dringend die Remilitarisierung Deutschlands verlangen, werden von diesen Verbündeten ihre blauen Wunder erleben«. (212f.)

Nicht zufällig steht aber im selben Brief an Erich Fried, worin Speers Reue als makaberste aller makabren Komödien bezeichnet wird, wie eine persönliche Warnung an den doch so freundlich angeredeten Adressaten: »die ›antizionistische‹ Linke macht sich schon jetzt mitschuldig am Genozid«. Denn für Améry handelt es sich hierbei um eine simultane Bewegung: Appeasement gegenüber den Verbrechen der NS-Vergangenheit und Appeasement gegenüber deren drohender Fortsetzung mit anderen Mitteln. Der von Stephan Steiner hervorragend edierte Band der neuen Werkausgabe erleichtert es jetzt, Amérys Polemiken gegen den Antizionismus, von denen in den letzten Jahrzehnten immer nur der eine Text über den »ehrbaren Antisemitismus« von 1969 rezipiert wurde, im Zusammenhang zu sehen. Diese alten Aufsätze – das mag überraschend klingen – lassen sowohl an Radikalität als in dem Vermögen zu differenzieren die neuere kritische oder auch nur akademische Beschäftigung mit dem linken oder »neuen Antisemitismus« weit hinter sich.

Nachdem er bereits in privaten Briefen unmittelbar vor und nach dem Sechstagekrieg von 1967 große Sorge um Israel und einige Bestürzung über das Verhalten der deutschen Linken geäußert hatte, machte Améry zum erstenmal im Sommer 1969 mit jenem Artikel über den »ehrbaren Antisemitismus« in der *Zeit* den Antizionismus zum zentralen Gegenstand seiner politischen Überlegungen. Die Freundlichkeiten, die diese deutsche Linke vor dem Sechstagekrieg Israel entgegenbrachte, erscheinen ihm nun rückblickend sehr verdächtig: jahrelang habe man »den israelischen Wehrbauern gefeiert und die feschen Mädchen in Uniform. In schlechter Währung wurden gewisse Schuldgefühle abgetragen.« (113) Das Israel-Bild der Rechten sei einfach übernommen worden – eine ideale Ausgangsposition für die linken Antisemiten: »Der Antisemit ›demystifiziert‹ den Pionierstaat mit Wohlbehagen. Es fällt ihm ein, daß hinter dieser staatlichen Schöpfung immer schon der Kapitalismus stand in Form der jüdischen Plutokratie. Auf diese letztgenannte geht er nicht ausdrücklich ein, das wäre ein ideologischer lapsus lingue, jedoch – c'est l'or juif! – niemand wird sich täuschen über die tatsächliche Bestelltheit eines Landes, das aus einer schlechten Idee geboren, am schlechten Orte errichtet, einen oder mehrere schlechte Kriege geführt und Siege erfochten hat.« (134) Mit c'est l'or juif! – zitiert Améry den französischen UNO-Delegierten, der auf diese Weise 1969 seine Meinung zum Rücktritt de Gaulles öffentlich zum Ausdruck brachte, und keinerlei Proteste hervorrief. Die Juden werden mit dem Geld identifiziert, sie sind dazu auserwählt, das Kapital zu verkörpern – diese antisemitische Projektion beherrscht gerade auch das Verhältnis der Linken zu Israel. »Sagt's alles nur in allem: Unter Zionismus versteht die Linke ungefähr das, was man so vor rund dreißig Jahren in Deutschland das ›Weltjudentum‹ genannt hat«, heißt es in dem politisch noch exponierteren Aufsatz »Die Linke und der ›Zionismus‹« (142), den Améry im selben Jahr für die Zeitschrift *Tribüne* verfaßt hat. Mit einem erhellenden Ausdruck spricht er hier von den »arabischen Freikorps« der El Fatah, dem die ganzen Sympathien dieser Linken gelten, und fragt sich, ohne eine Antwort zu finden, wie es geschehen konnte, »daß marxistisch-dialektisches Denken sich dazu hergibt, den Genozid vorzubereiten« (142), und die »Junglinke« das »Quentchen gesunden Menschenverstandes«, das sie noch besessen hatte, eintauschte gegen »Werwolfromantik« (150).

Mit scharfen Wendungen wie diesen stellt Amérys politische Assoziationskraft unversehens den geschichtlichen Zusammenhang der neuesten deutschen Sympathien für die »arabischen Freikorps« her, ruft ebenso die Romantik der politisch verhängnisvollen deutschen Jugendbewegung wie die militärisch zum Glück unwirksamen »Werwolf«-Banden aus der letzten Phase des Dritten Reichs in Erinnerung. Vorausschauend nimmt er andererseits die Tendenz bei vielen, mit Israel solidarischen Juden in Amerika wahr, »sich konservativen Komplexen, soweit diese nur nicht antiisraelisch sind, anzugliedern«: die »überwältigende Mehrheit der mit gutem Recht sich allerwegen gefährdet fühlenden Juden« werde vom Antizionismus der Linken »ins reaktionäre Lager abgedrängt« (149). So sehr er diese Tendenz von Anfang an mißbilligt, Améry zitiert dennoch zustimmend (im Text über den »ehrbaren Antisemitismus« von 1969) den Sartre-Schüler Claude Lanzmann, der am Vorabend des Sechstagekriegs herausfordernd sagte: »Wird man mich zwingen, Johnson hochleben zu lassen? Ich bin bereit dazu.« (136) Und einige Jahre später – in dem Aufsatz »Juden, Linke – linke Juden« von 1973 – fügt er selbst noch hinzu: In diesem Freiheitskampf der Juden habe, »so wollte es das historische Verhängnis, Israel einen einzigen Alliierten: die USA. Es hat diesen Verbündeten nicht unter mehreren möglichen gewählt. Es hat die einzige Hand ergriffen, die sich ihm hilfreich entgegenstreckte. Kann ein Ertrinkender, ehe er zufaßt, nachsehen, ob auf der rettenden Hand sich vielleicht ein Blutflecken befindet?« (157) Schade nur, daß der Herausgeber der politischen Aufsätze den Artikel »Zwischen Vietnam und Israel – Das Dilemma des Engagements« aus der *Weltwoche* vom 9. 6. 1967 nicht in den Band aufgenommen hat, worin Améry – unmittelbar auf den Sechstagekrieg reagierend und bereits verzweifelt über die Entwicklung der deutschen Linken – das einzig Vernünftige fordert: eine eindeutige Disjunktion zwischen dem Verhalten der USA in Vietnam und im Nahen Osten: »Was soll in diesem Zusammenhang die Verdammung des amerikanischen Imperialismus? Es gibt ihn, oder wie man es präziser auszudrücken hätte: Es gibt die amerikanische Politik kriegerischer Gewaltanwendung ganz gewiß in Vietnam, wo sie sich täglich aufs häßlichste kundtut. Es hat aber diese Gewaltpolitik der USA nichts zu schaffen mit der Nahostkrise«.

In allen Fragen bleibt entscheidend, was Améry selbst die »existentielle Bindung« der Juden an den Staat Israel nennt. Er beruft sich mit dieser Formulierung indirekt auf den Existentialismus Sartres, nicht zuletzt auf dessen »Reflexionen zur Judenfrage«: Sartres Philosophie, die ihn in der Ontologisierung der Gewalt bei Frantz Fanon auch in die Irre führte, hat es Améry zweifellos erst ermöglicht, die Bindung an Israel als subjektive in aller Intensität zur Sprache zu bringen, ohne auf jüdische Traditionen irgend Bezug zu nehmen. Über diese Traditionen, die ihm ein Leben lang ganz fremd geblieben waren, konnte er unmittelbar nur im positivistischen Wortlaut reden: Die Juden »sind nichts als die Zufalls-Resultante geschichtlicher Konstellationen, die ihnen seit zwei Jahrtausenden ungünstig waren.« (185) Aber existentialistisch zu denken im Sinne Sartres heißt, vom einzelnen, isoliert betrachteten Individuum auszugehen, das sich der Zufalls-Resultante ausgeliefert sieht. Dieses abstrakte Denken, worin aber Subjektivität ins Zentrum rückt, bewährte sich bei Améry als Surrogat jener konkreten Traditionen, die von den Erfahrungen der Diaspora erzählen und als solche für andere Autoren, so Paul Celan, als Voraussetzung »radikaler Individuation« prägend waren. Als Celan in Amérys *Jenseits von Schuld und Sühne* die Zeilen las: »Ich trage auf meinem linken Unterarm die Auschwitz-Nummer; sie liest sich kürzer als der Pentateuch oder der Talmud und gibt doch gründlicher Auskunft. Sie ist auch verbindlicher als Grundformel jüdischer Existenz«, notierte er dazu:

»Wer weiß, aus welchem Umkreis des Alt. Testaments dieser Gedanke genährt wird« (Celan 2005: 121). Der Existentialismus erscheint wie ein Deckbild: Dessen Sprache erlaubt die extreme Verkürzung von Pentateuch und Talmud, aber Celan entdeckt genau darin, *wie* Améry diese Sprache verwendet und wozu er allein imstande war – in seinem heiligen Zorn und bösen Blick, der Opfer und Täter auseinanderhält –, die jüdischen Traditionen, die Améry nicht kennt und nicht kennenlernen will.

So überraschte es Celan gewiß nicht, daß eine »existentielle« Bindung an Israel, wie der Sartre-Verehrer sie versteht, nun tatsächlich – bewußt oder unbewußt – alle heutige religiöse Bindung an Israel einschließt. Sie ist eben für Améry, jenseits von Religion und Metaphysik, »aufs allerrationalste und ohne jegliche Schwierigkeit analysierbar«: jeder einzelne Jude wisse, »daß er, solange Israel besteht, nicht noch einmal unter schweigender Zustimmung der ungastlichen Wirtsvölker, günstigenfalls unter deren unverbindlichem Bedauern, in den Feuerofen gesteckt werden kann.« (158) Die Situation für die Israelis ist darum auch eine andere als für die Araber, von wem auch immer diese unterdrückt werden: für die Juden geht es »ums bare Überleben«. »Israel ist – aber wie soll man jungen Menschen das deutlich machen? – kein Land wie irgendein anderes: es ist die Zufluchtsstätte, wo Überlebende und Verfolgte nach langer Wanderschaft sich in tiefer Erschöpfung niederließen.« (144)

Warum sie verfolgt und vernichtet wurden, und warum mit solcher Konsequenz immer nur die Juden, das zu erklären, führt Améry wieder und wieder an die Grenzen des Erklärbaren: die Vorstellungen der »Antizionisten, die allerwegen auch Antisemiten sind«, haben »historische oder wenn man will, kollektiv-psychologische Voraussetzungen«, die »sich der rationalen Diskussion entziehen« (163). Was bleibt, ist ein Teufelskreis wahnhafter Projektionen, die zwar in ihrem Wechsel beschrieben, aber nicht verstanden werden können; sie kennen wie das Unbewußte keine Negation, ihre Logik besteht darin, der Logik des ausgeschlossenen Dritten nicht zu folgen, so kann »der Jude« im Wahn der Antisemiten immer alles zugleich personifizieren. Aber nicht zufällig beginnt Améry mit der Verkörperung, die diese Logik erst in Gang setzt: »Ist er, gezwungenermaßen, Handelsmann, wird er zum Blutsauger. Ist er Intellektueller, dann steht er als diabolischer Zersetzer der bestehenden Weltordnung da. Als Bauer ist er Kolonialist, als Soldat grausamer Oppressor. Zeigt er sich zur Assimilation an ein je in Frage kommendes Wirtsvolk bereit, ist er dem Antisemiten ein ehrvergessener Eindringling; verlangt es ihn nach jener neuerdings so gefeierten ›nationalen Identität‹, nennt man ihn einen Rassisten.« (163) »Der Jude wird verbrannt«, zitiert Améry aus Lessings *Nathan*: »so will es das ›gesunde Volksempfinden‹ in Harlem (New York), am Stammtisch in irgendeinem Fürth, im Café de Commerce in Dijon, in einem beliebigen Nest in Kent – und natürlich erst recht in jeglichem arabischen Bazar.« (183)

Wieder begreift Améry durch dieses rational nicht Faßbare hindurch etwas von der irrationalen Macht des Souveräns, die zu verdrängen der gemeinsame Nenner der Nachkriegsordnung wurde. Er betont unermüdlich, daß der Staat Israel »nicht mit mehr und nicht mit weniger völkerrechtlicher Legitimation« geschaffen wurde »als irgendein anderer« (145); »daß es nicht einen – und ich wäge meine Worte – nicht einen einzigen Staat in der Welt gibt, bei dessen Geburt nicht Recht und Unrecht, Gerechtigkeit und Ungerechtigkeit bis zur Unauflöslichkeit miteinander verschlungen waren« (162). Aber Israel sei eben kein Land wie irgendein anderes und darum wäre das internationale Recht in seinem Fall in die Schranken zu weisen: »Ich wiederhole: Es steht im Nahost-Konflikt Recht gegen Recht. Und füge hinzu: Es steht aber nicht Gefahr gegen Gefahr gleicher Ordnung.« (180) So bleibt nur übrig, zusammen mit Sartre und Beauvoir und einem Häuflein anderer Intellektueller »gegen die schamlosen UNO- und UNESCO-Entscheidungen« (181) zu protestieren, die unter Berufung aufs internationale Recht die Existenz Israels untergraben.

Aber es gibt den Fall, der die existentielle Bindung hinter einem Urteil zurücktreten läßt, das sich aufs universelle Recht berufen muß: die kategorische Verurteilung der Folter. Angesichts einiger bekannt gewordener Vorfälle von Folterpraxis in Israel spricht Améry in einem Artikel für die *Zeit* aus dem Jahr 1977 – seinem letzten Beitrag zum Thema Antizionismus und Israel (200ff.) – von möglichen »Grenzen der Solidarität«, soweit nicht mehr von einzelnen Fällen sondern von systematischer Anwendung ausgegangen werden müßte – Grenzen, die jedoch paradoxerweise die Notwendigkeit der Solidarität selbst nicht antasten können. Denn »Aufkündigung des Solidaritätspaktes« sei a priori auszuschließen, hier gelten nach wie vor die Nürnberger Gesetze, die von Antizionisten bloß anders formuliert werden: »›Juden, Personen, die im Sinne des Reichsbürgergesetzes zum Schutze des deutschen Blutes als Juden gelten‹, sind fixiert und bestimmt durch den Blick der anderen, auch dort, wo es sich nicht um deutsches Blut handelt, unlösbar in ihren Geschicken aneinander gekettet. Israel ist ihre ureigene Sache, da mögen sie sich bergen wollen wie immer... Streicher und sein Meister blieben die Herren – über Galgen und Bunker hinaus. So lange es einen einzigen Antisemiten gibt, gehört jeder Jude zu jedem anderen. Der existentielle Solidaritätspakt der Diaspora-Juden mit dem Land Israel enthält keine Klausel, die sein Erlöschen vorsieht.« (201f.) Gleichwohl, ja gerade darum sei es, fügt Améry hinzu, »Pflicht der Vertragspartner in der Diaspora, jene in Israel zu warnen und ihnen mit voller Deutlichkeit, im Bewußtsein der Unkündbarkeit des Fundamentalkontrakts zu sagen, wo und warum sie die Bande zwar nicht sprengen – dies ist per definitionem unmöglich, wohl aber lockern müßten, denn es gibt Verbindlichkeiten höherer, wenn auch abstrakterer Ordnung.« (Ebd.)

So fordert Améry jeden Juden »dringlich auf«, mit ihm »in der radikalen Aburteilung der Tortur als System übereinzustimmen. Wo die Barbarei beginnt, dort muß selbst die Existenz endigen.« (203) Aus seiner Argumentation, die hier manchmal undurchsichtig wird, ergibt sich folgende Konsequenz: Wenn nun Juden mit ihm nicht übereinstimmten in jener kategorischen Aburteilung, bliebe dennoch die existentielle Bindung selbst erhalten. Es gibt diese Bindung demnach zwar nicht unabhängig von den universellen, abstrakteren Geboten der Moral, sie ist damit aber auch nicht einfach identisch. Améry spricht von einer »Lockerung« – eine merkwürdige Formulierung, ein tertium datur: der Kampf gegen die Antisemiten erlaubt es zwar, ja erzwingt es immer wieder, über das Recht hinauszugehen und schon gar das internationale Recht in die Schranken zu weisen, aber damit wäre dieses Recht, das die universellen Gebote der Moral unter kapitalistischen Bedingungen enthält, in dem zu bestimmenden Fall keineswegs bloß als nichtig abzutun.

Mit solcher »Lockerung« scheint nun dem Relativismus Tür und Tor geöffnet: Denn wer entscheidet darüber, wann das Recht beachtet, wann es mißachtet werden kann? In jedem Staat entscheidet darüber der Souverän, so auch in Israel. Der jüdische Staat ist jedoch kein Souverän wie irgendein anderer.

Der Punkt, an dem das Recht – oder besser: der gesellschaftliche Wille, der sich hinter dieses Recht stellt – die souveräne Gewalt, die gegen den Antisemitismus vorgeht, in die Schranken weisen muß, und der in diesem Text als abstraktes Gebot ›Du sollst nicht foltern‹ erscheint, ist in Amérys zehn Jahr älterem Essay über die Tortur in seiner politischen Bestimmung gesetzt worden – einer, die indirekt auch die Bestimmung des jüdischen Staats einschließt: Folter, heißt es hier, war »die Essenz des Nationalsozialismus«: der Hitlergefolgsmann mußte foltern, um zu »seiner vollen Identität« zu gelangen (AW 2: 69f.). Es war eben diese volle Identität, die zugleich die bloße Existenz jedes Juden, jeder Jüdin ausschloß. Israel müßte demnach in der systematischen Anwendung der Folter nicht minder systematisch sich selber als jüdischen Staat in Frage stellen. Dieser scheinbar abstrakt moralische Nexus, kann heute politisch konkretisiert werden: Bei Märtyrerbrigaden, deren Kämpfer es danach verlangt, sich zu opfern, um möglichst viele Menschen zu töten, ist die Anwendung von Folter wie in jedem anderen Fall kategorisch zu verurteilen; sie ist aber in diesem Fall nicht allein zu verurteilen und sie ist nicht allein politisch sinnlos – im Gegensatz zu ihrer gezielten Tötung; sie würde – konsequent ausgeübt – dazu führen, den Feind zu unterschätzen, die eigentliche Gefahr zu verkennen, die im Selbstmord-Terrorismus lauert, und die Opferbereitschaft der einzelnen Märtyrer nur weiter anspornen.

Zu erkennen, wie zugespitzt indessen die Lage für Israel ist, und wie genau darum zwischen staatlich sanktionierter, systematischer und gesetzlich zu ahndender, punktueller Anwendung von Folter zu unterscheiden wäre, hat eine einzige Bedingung: die Möglichkeit, daß Auschwitz sich wiederholt, zum Kriterium der Urteilskraft zu machen. Im Bewußtsein dieser Möglichkeit führt Améry die ganze Auseinandersetzung: es gebe »schlimme Anzeichen« für eine »Katastrophe von Auschwitz-Ausmaßen«, »denn irgend einmal würde die immense, heute zum Teil noch potentielle, morgen oder übermorgen aber manifeste Überlegenheit der arabischen Staaten, ihr wirtschaftlicher, militärischer und, wer weiß, technologischer Vorsprung totalitär historische Gestalt annehmen«. (AW 7: 200).

Solange die Linke jedoch den kategorischen Imperativ nach Auschwitz nicht zu ihrer Selbstbestimmung gemacht hat, leistet sie selber immer nur der »Rehabilitierung der Barbarei« Vorschub – ob sie nun aus der Besonderheit des jüdischen Staats dessen Verpflichtung ableitet, besser zu sein als alle anderen Staaten, oder gleich offen gegen diesen Staat vorgeht und mit den arabischen Freikorps gemeinsame Sache macht. Améry wußte bereits Mitte der Siebziger, wo die Linke dreißig Jahre später enden wird – und dabei tritt besonders prägnant hervor, daß der Antisemitismus als Avantgarde allgemeiner Barbarisierung dingfest zu machen ist: »Schon sind wir ja Zeugen, wie die sich als ›links‹ verstehenden politischen Gruppen kein Wort verlieren, wenn ein Despot und Paranoiker in Uganda sich abscheulicher Morde schuldig macht; wie sie nicht protestieren, wenn der absolute Herrscher Libyens Gesetze erläßt, nach denen ehebrecherische Frauen gesteinigt werden; wie sie diskret schweigen, wenn in Algerien auch nicht einer der großen ›chefs historiques‹ der Revolution noch auf der Bildfläche erscheint. Ben Bella? Er wechselte nur die Gefängnisse der französischen faschistischen Offiziere mit denen des ›Sozialisten‹ Boumedienne. Die Linke hält den Mund. Und soferne sie redet, ist ihr Vokabular im eigentlichen Wortsinne verrückt. Die Gewaltregime Libyens und Iraks, wo gelegentlich auch Kommunisten in den Kerker geworfen werden, nennt sie hartnäckig ›progressistisch‹. Israel aber, kein Musterstaat, gewiß nicht, aber doch ein Gemeinwesen, wo Opposition, auch anti-nationale, sich regen darf, ist in der linken Mythologie ein ›reaktionäres‹ Land.« (191)

Améry wußte damit auch, was die Alternative wäre. Noch 1969 meinte er, niemand fordere »von der Jungen Linken, daß sie sich selbst in ihrem Bezug zum ›Weltjudentum‹ definiere« (149). Einige Jahre später jedoch, belehrt durch seine ständige Auseinandersetzung mit dieser »Jungen Linken« – durch deren stets neu ausstaffierter »Werwolfromantik« und schließlich praktisch gewordener Kollaboration mit den palästinensischen »Freikorps«, die man Terroristen nennt – heißt es bei Améry ganz im Gegenteil: »Ich glaube allen Ernstes, daß die Linke sich am israelischen, id est: am jüdischen Problem neu zu definieren hat.« (191)

Kritik der Sprache, Sprache der Kritik

Karl Kraus

Wieviele Theorien über den Faschismus auch geschrieben wurden und wie ausführlich zeitgeschichtliche Forschungen den Nationalsozialismus mittlerweile untersucht haben – es wird keine bessere Darstellung der deutschen Volks- und Mordgemeinschaft zu finden sein als jene, die Karl Kraus bereits 1933 zu Papier gebracht hat: die *Dritte Walpurgisnacht.* Denn sie gesteht ein, daß mit diesem Gegenstand Darstellung überhaupt an ihre Grenzen stößt, und darin läßt die Schrift, die umfangreichste von Karl Kraus, noch die besten der zeitgenössischen Analysen hinter sich und kritisiert auch schon prophetisch die Voraussetzungen aller späteren wissenschaftlichen Arbeiten: »Über allem Erlebnis der Gewalt, der Lüge, des Irrsinns steht da, einzig gestaltbar, das Erlebnis des Inkommensurablen, der Unmöglichkeit, diese Phänomene zu gestalten«. (KS 18: 207) Das Unbeschreibliche, »das so schlicht getan ist und vor dessen Hekatomben das menschheitliche Gefühl der Welt schaudert und ins Nichtbegreifen flüchtet; woran die Herzensleere einer noch geschützten Sprachgenossenschaft zum Greuel wird; wovor eine Solidarität versagt, die sich einst für den Einzelfall einer Formenjustiz alarmieren konnte: dieses Unbeschreibliche, das die Existenz an die Bedingung knüpft der Annullierung geistigen Vorlebens, des bis ins dritte Glied rückwirkenden Austritts aus der Rasse – es beschreiben wollen wäre das Unzulängliche, das nie Ereignis würde wie die Tat.« Und dennoch weiß Kraus, selbst der Ausdruck des Schweigens, den er sich zu diesem »letzten Ende« der Deutschen als seinen Teil gedacht hat, »wäre angemaßt«: »Denn er würde nicht Erkenntnisse bergen, nur den Schrecken des Wiedererkennens: das im Angsttraum einer Kulturverwesung Geschaute ... ersteht wieder zu tödlichster Lebendigkeit.« (345f.) Während die Erkenntnisse mitzuteilen, »kaum mehr ergeben« kann, »als den Ausdruck der Hemmung, den dürftigen, wenngleich nicht unwürdigen Ertrag des Bemühens, an die Sphäre heranzukommen« (343).

Dem Bemühen, an die Sphäre heranzukommen, ist also niemand enthoben, niemand kann sich aufs Unbeschreibliche herausreden, wie in den Phrasen von den Zeiten der Finsternis, die darüber nach 1945 kursierten. Kritische Theorie ist zwar nicht mehr vor der Frage sicher, »ob der Versuch nicht toller als kühn sei, das Phänomen ins Auge zufassen, daß das Unmögliche wirklich wurde und wirkender als jemals ein politisches Absurdum« (342). Sie hat aber das politische Absurdum, das sie nicht auf den Begriff bringen kann, in immer neuen Versuchen beim Namen zu nennen, indem sie alle Versuche denunziert, dem schlechthin Sinnlosen Sinn zu verleihen. Ihre begrifflichen Schwierigkeiten ergeben sich zwangsläufig daraus, das unfaßbar Irrationale doch noch vom Rationalen abzuleiten – Schwierigkeiten, die Kraus offenbar nicht hatte, da er sich in der Reflexion auf die Sprache gleichsam immer nur auf der Grenze der Darstellbarkeit selber bewegte und damit die Vernunft, die zur Erklärung noch Relationen zwischen Mittel und Zweck in Erwägung zieht, bereits nach Lessings Maxime behandelte: »Wer über gewisse Dinge den Verstand nicht verlieret, der hat keinen zu verlieren.« Aber den Verstand, der mit Mittel und Zwecken rechnet, hatte Kraus ja angesichts des Ersten

Weltkriegs bereits verabschiedet, und insofern vollzog Max Horkheimer diese Wendung nur begrifflich und auf die Politische Ökonomie bezogen nach, als er 1939 schrieb: »Der gleiche und gerechte Tausch hat sich selbst ad absurdum geführt und die totalitäre Ordnung ist dies Absurdum.« (HGS 4: 309) Und für die Staatsräson des Dritten Reichs, wie sie von Heidegger und Carl Schmitt auf den Punkt gebracht wurde, wußte Karl Löwith 1934 auszusprechen, was Kraus schon lange als fait accompli der ganzen Nation vermutete: Die »Entscheidung für das Politische« sei – so Löwith – »nicht wie eine religiöse, metaphysische oder moralische, überhaupt geistige Entscheidung eine solche für ein bestimmtes und maßgebendes Sachgebiet, sondern nichts anderes als eine Entscheidung für die Entschiedenheit – ganz gleich wofür –, weil diese ihrerseits schon das spezifische Wesen des Politischen ist. Diese formelle Entscheidung verneint aber gerade, was sie zu einer konkreten und freien macht, denn dazu gehört, daß man sich für etwas Bestimmtes entscheidet und durch das, wozu man sich einmal entscheidet, für immer gebunden ist. Allein die Bereitschaft zum Tod und zum Töten, aber nicht irgendeine Ordnung des gemeinschaftlichen Lebens, wie sie im ursprünglichen Sinn der Polis liegt, wird zur obersten Instanz für Schmitts Begriff vom Wesen der Politik«. (Löwith 1984: 44)

Aber in jener Eindringlichkeit wie bei Kraus erscheint das politische Absurdum sonst nur in wenigen autobiographischen Berichten, die eben darin mehr sind als Berichte, daß die Erfahrung die biographische Form, die immer nur Identität vermitteln möchte, durchaus sprengt. Einer der erstaunlichsten ist der von Sebastian Haffner aus dem Jahr 1939. Deutsche Innerlichkeit entlarvt sich selbst, weil der Autor nicht mehr bereit ist, ihre politische Realität hinzunehmen. Haffner beschreibt »die ungeheuerliche Leere und Sinnentblößtheit« der politischen Vorgänge des Jahres 1933 aus der kurzen Distanz der ersten Monate des englischen Exils; er spricht von einem »millionenfachen Nervenzusammenbruch«, dessen Ergebnis »das geeinte, zu allem bereite Volk« war, das »heute den Albdruck der ganzen Welt bildet« (2002: 127; 133). Er begriff sofort, was dieses Volk im Innersten zusammenhält: der »Judenboykott vom 1. April 1933« sei der erste, schüchterne Akt einer »Revolution« gewesen, die sich »gegen die Grundlagen des menschlichen Zusammenlebens auf der Erde richtet, und die, wenn sie unbehelligt bleibt, ihre Höhepunkte immer noch vor sich« hat (137). Denn der nazistische Antisemitismus habe »etwas Apokalyptisches«, er beschwöre die »Urgefahren einer Menschheitsdämmerung« herauf. All das erkannte Haffner 1939 in ganz einfacher, wenn auch gedanklich ungemein präziser Darstellung seines Alltagslebens im Jahr 1933. Es gelang ihm, die Grenzen des Darstellbaren am weitesten auszudehnen, weil er sich im Erzählen noch immer als Teil der Gemeinschaft fühlen mußte, die er zugleich, mehr als jeder Außenstehende es könnte, verurteilte – eine paradoxe, einmalige Konstellation, die den selbstreflexiven Gedanken, die immer auch Reflexion auf den Umgang mit der deutschen Sprache sind, den größten Raum bot. (Nachdem Haffner 1954 nach Deutschland zurückgekehrt war, blieb davon nichts mehr übrig, und er schrieb rückblickend im Jargon der politischen Illustrierten ›differenziert‹ über die »Leistungen« und »Verbrechen« Hitlers, vgl. hierzu die Kritik Amérys AW 7: 116ff.)

Durch Deutschland zieht ein apokalyptischer Reiter

Fast gegen seinen Willen tritt auch bei Karl Kraus die Lage der Juden unvermittelt zutage, wo das politische Absurdum der »deutschen Revolution« von 1933 ganz offengelegt wird: »Rings nichts als Stupor, Gebanntsein von dem betörenden Zauber der Idee, keine zu haben. Von der Stoßkraft, die den geraden Weg nahm von keinem Ausgang zu keinem Ziel... Rings nichts als Staunen vor dem Wunder einer Staatswirklichkeit, die bis zum Paragraphen aus dem Rausch geboren ward, für die Volkswirtschaft versorgt mit dem Judenboykott«. (KS 12: 33f.) Die *Dritte Walpurgisnacht* ist ein einziges Erstaunen darüber, daß die *Letzten Tage der Menschheit* nur ein Vorspiel waren; daß jetzt erst, beginnend mit dem Judenboykott, »der Tod, dem Schlagwort entbunden, die erste und letzte Wirklichkeit ist, die das politische Leben gewährt« (33). Denn was »hier geschah« sei »wahrlich nach dem Plan« geschehen, »das Leben des Staats, der Wirtschaft, der kulturellen Übung auf die einfachste Formel« zu bringen: »die der Vernichtung« (23).

So wenig Kraus darauf gefaßt schien, daß es die Vernichtung der Juden war, die diese Formel aufgehen ließ, und es doch an den Berichten aus Deutschland von 1933 ablesen konnte, so früh, spätestens im Ersten Weltkrieg, hatte er ihren Koeffizienten gewußt. Der ergab sich aus der Differenz zwischen westlicher Demokratie und deutschem Staat, über die hinwegzureden später zum Jargon der Demokratie werden sollte. Karl Kraus war – am Vorabend und inmitten dieses Kriegs, der dem Nationalsozialismus voraufging – der erste Antideutsche: »Das Verlangen der Feinde nach Auslieferung der deutschen Artillerie ist ein Wahnsinn. Logisch wäre nur das Verlangen nach Auslieferung der deutschen Weltanschauung und dieses ist unerfüllbar.« (KS 8: 441) Unerfüllbar, weil solche Weltanschauung Gravitationspunkt von Gesellschaft und Staat geworden ist; ihr Kern besteht in der Verbindung dessen, was eben nicht verbunden werden darf, soll Politik noch mit Verstand betrieben werden können: »Verbindung von Ware und Wunder« (ebd.). Politik habe die Sachen lediglich zu verwalten, dafür zu sorgen, daß die Waren relativ gut verteilt werden, aber sie habe keine Wunder daraus zu zeugen – so das rationale, an den angelsächsischen Demokratien gewonnene Verständnis von Kraus; sie dürfe »nur eine Methode« sein, »das Leben zu besorgen, damit wir zum Geist gelangen. Wir verabscheuen eine Politik, die, um jenes zu verwahrlosen, diesen mißhandelt hat. Wir sind mit einer zufrieden, die ehrlichen Willens ist, jenes wiederherzustellen und alles weitere uns selbst zu überlassen.« (KS 16: 20)

Und es gibt wirklich Gegenden, sie liegen westlich von Deutschland, »wo man wenigstens die Ideale in Ruhe läßt, wenn der Export in Gefahr ist, und wo man so ehrlich vom Geschäft spricht, daß man es nicht Vaterland nennen würde und vorsichtshalber gleich darauf verzichtet, in seiner Sprache ein Wort für dieses zu haben. Solches Volk nennen wir Idealisten des Exports eine ›Geschäftsnation‹« (KS 8: 388) So kann Kraus die segensreichen Wirkungen alliierter Besatzungsmächte herbeisehnen: Re-education fürs deutsche Volk. »Die einen wollen den Export und sagen, es handle sich um ein Ideal, die anderen sagen, es handle sich um den Export, und diese Offenheit ermöglicht schon das Ideal. Und sie könnten es den andern zurückerobern, indem sie sie von der kulturwidrigen Gewohnheit befreien, es als ›Aufmachung‹ für ihre Fertigware zu verwenden.« (412) Aber die Ideale selber werden dabei nicht unterschieden, noch nicht; im Geist der *Dritten Walpurgisnacht* wäre dieser Aphorismus darum neu zu formulieren: Die einen sagen, es handle sich um Erlösung und wollen Vernichtung, für die sie auch noch den Export opfern; für die anderen handelt es sich um den Export, und ihn fallweise zu befördern, sagen sie Menschenrechte.

Solche Formulierung jedoch würde den Schrecken verharmlosen, der in ihrem Inhalt liegt. Die *Dritte Walpurgisnacht* hätte als Aphorismensammlung nicht geschrieben werden können. Deren Form selber gemahnt noch an gewisse behagliche Lebensformen der späten Monarchie, als man ungezwungen und seiner leiblichen Integrität gewiß in aller Ruhe und mit einiger Distanz nach dem passenden und originellen Bild für den ungeheuren Umstand suchen konnte, um die geneigte Leserschaft zu verblüffen. Nicht zufällig ließ sie Kraus in den zwanziger Jahren fallen und übertrug die ganze aphoristische Gedankenfülle in seine, bereits ausgebildete, atemlose Prosa, die beispiellos den Zwang der Verhältnisse sich zu eigen macht, um ihn zu durchbrechen; an der Sprache die unmittelbare Gewalt vor Augen führt, die der einfachen Kreatur wie dem einzelnen Individuum droht; keine vornehme Distanz mehr wahrt, wenn es gilt, die Gegner in die Flucht zu schlagen und die Leser und Hörer dem Schock auszuliefern.

In dem alten Aphorismus, der die »Verbindung von Ware und Wunder« erstaunt zur Kenntnis nimmt, scheint zwar die Unterscheidung zwischen westlichen und deutschen Idealen schon gemacht, aber deren Konsequenz wird noch beschaulich ausgedrückt: mit dieser Verbindung nämlich werde »der deutsche Geist«, von welchen Intentionen er auch geleitet sein möge, »die Welt vor den Kopf stoßen« (KS 8: 441) – immerhin eine der frühesten Vorstellungen, die Kraus von jener einfachsten Formel gewinnen konnte, auf die der Nationalsozialismus das Leben des Staats, der Wirtschaft, der kulturellen Übung brachte. Und der Aphorismus prophezeit zugleich die hinterhältigste Phrase, mit der die Deutschen die Anwendung der Formel stolz quittieren sollten: das berühmte Wirtschaftswunder. Aber noch glaubte Kraus, der deutsche Geist könnte »zu Gunsten eines der beiden Faktoren« doch entsagen, und in diesem Glauben schrieb er seine Satiren bis 1933.

Dabei hatte er keineswegs eine Vorstellung von Warenproduktion, die als harmlos zu bezeichnen wäre und den gewöhnlichen liberalen Schimären entsprochen hätte. Was ihn vielmehr an der modernen Ökonomie namenlos beunruhigte, und das galt ebenso für die westlichen Demokratien, war etwas Fundamentales: eine vollständige Verrückung in jenem Verhältnis von Mittel und Zweck, das doch allein Rationalität garantieren kann – Mittel und Zweck sind stillschweigend vertauscht worden. Und die Presse, die das bevorzugte Objekt seiner Satire war, bildete für Kraus den Inbegriff dieser Verrückung oder Vertauschung, weil sie es unmittelbar mit dem Geist zu tun hat, den sie wie das Leben als Ganzes dem Mittel preisgibt; ihre »schwarze

Magie« – das ist der Kraussche Begriff für den Warenfetisch. Das Leben stehe, von solcher Magie bezwungen, »im Dienste des Lebensmittels, und wir Esser sind seine Nahrung. Wir decken nicht unseren Bedarf beim Händler, sondern seinen an uns. Aus solcher Geistesformation entsteht ein Weltkrieg«. (F 413: 105). Das Mittel ist kein bloßes Mittel mehr, und die Händler selber, soweit sie als Individuen in Betracht kommen, auch nur Teil seiner Nahrung, mit Marx gesprochen: Charaktermasken. Denn das Mittel aller Mittel ist, wieder mit den Worten von Marx, den Kraus nie gelesen hat, ein »automatisches Subjekt«, ist der »sich selbst verwertende Wert«, der alles und alle zu seinem Mittel macht.

Wo Kraus Gleichnisse dafür sucht, wie das von der Nahrung und den Essern, erscheint das Problem der Darstellbarkeit noch lösbar, so auch in dem Sinnbild für die Technik: »Automobil im wahren Sinn des Wortes. Ein Ding, das sich nicht bloß ohne Pferd, sondern auch ohne den Menschen fortbewegt. Nachdem der Chauffeur den Wagen angekurbelt hatte, wurde er von ihm überfahren. Nun geht es so weiter.« (8: 448) Mehr aber gibt das Bild für den Gedanken nicht her. Die reale Abstraktion, die in der Unterwerfung durch das Mittel beschlossen liegt, erzwingt hier geradezu die aphoristische Gestalt: »Die Quantität ist kein Gedanke. Aber daß sie ihn fraß, ist einer.« (8: 386) Wirkliches Pathos entspringt in dieser kleinen Form aber der Selbsterkenntnis, daß Gleichnisse das vorhandene Potential des Zerstörerischen doch nur verharmlosen; so bleibt am Ende und in der großen Form der *Letzten Tage der Menschheit* allein diese Menschheit, es zu verkörpern: als »vermessenes Erdengewürme«, die »das Bild der Schöpfung geschändet«, »die Tiere gequält und die Menschen versklavt, / die Schande geehrt und die Würde bestraft,/ die Schlechten gemästet, die Guten geschlachtet,/ die eigene Ehre am tiefsten verachtet,/ sich als Hülle irdischer Güter benutzt,/ ihre Sprache durch ihr Sprechen beschmutzt,/ und Seele und Sinne, Gedanke und Wort / und ihr Jenseits nur aufgemacht für den Export,/ und Tod und Teufel und Gott und die Welt / und die Kunst in den Dienst des Kaufmanns gestellt,/ den Lebenszweck hinter dem Mittel versteckt, / mit dem Leib ihre Fertigwaren gedeckt als Knechte ihrer Notwendigkeiten,/ die ihr Dasein mit ihrem Dasein bestreiten,/ sich selber für das Produkt verkauft / und mit dem andern um den Rohstoff gerauft,/ und ihren Handel mit Haß nicht geendet,/ mit Geld und Gift sich die Augen geblendet,/ in ihrem ruchlos verblendeten Nichts«. (10: 767)

Die Schuld für die Katastrophe wird zwar der gesamten Menschheit angelastet, die solchermaßen mit dem Kapital geradezu identisch geworden scheint. Es bedarf allerdings der Transzendenz, eines anderen Begriffs von Menschheit, um den Widerspruch überhaupt festzuhalten, daß die Menschheit den Menschen versklavt. Wenn nun aber in der »Stimme von oben«, die den Weltuntergang vollstreckt, um die Menschheit zu bestrafen, der letzte Wille des Satirikers zu erkennen ist; wenn also Karl Kraus sich in seiner Verzweiflung als Sprachrohr Gottes, in seinem Wahn als Gott selber, zu fühlen beginnt, dann ist diese Apotheose des eigenen Ichs bloßes Komplement einer Personifizierung, die zuvor das Judentum zum Mittel der Darstellung benützt hat.[50] Um das, was der Darstellung sich entzieht, darstellbar zu machen, bringt nämlich der Satiriker immer wieder als typisch jüdisch verstandene Redeweisen und sogar physische Merkmale ins Spiel. So läßt er etwa – bevor der Meteorregen der *Letzten Tage der Menschheit* einsetzt – noch als »Herrn der Hyänen« und Verkörperung allen Unheils eine Gestalt auftreten (sie trägt den Namen des damaligen Chefredakteurs der Wiener Presse – Moriz Benedikt), die nach allen gängigen Klischees vom reichen Juden charakterisiert wird, einschließlich der »energisch gebogene[n] Nase«, »große[r] gewölbte[r] Augen mit vielem Weiß« und Brillanten am Zeigefinger. (Wie um den Antisemitismus am eigenen Leib zu demonstrieren, ließ es sich Karl Kraus auch nicht nehmen, bei der Wiener Uraufführung des Epilogs im Jahre 1923 den ›Herrn der Hyänen‹ selbst zu spielen.)

Das ganze Spiel scheint damit in den Sog des christlichen Antisemitismus zu geraten: dessen Bilder illustrieren den Weltuntergang, der doch jeder Bebilderung spottet. Von jenem modernen Judas und »Antichrist« mit »gebogener Nase« und Brillanten am Zeigefinger wird der Sieg übers Christentum verkündet: »Denn jetzt ist es erreicht!/ Und der es einst vollbrachte,/ an seinem Kreuz verschmachte,/ wert, daß man ihn vergißt./ Ich tret an seine Stelle,/ die Hölle ist die Helle!/ Ich bin der Antichrist... Und die gekreuzigt hatten,/ wir treten aus dem Schatten / mit gutem Judaslohn!/ Mich schickt ein andrer Vater!/ Von seinem

---

[50]   Im allgemeinen ist dabei immer vom ›jüdischen Selbsthaß‹ die Rede – eine fragwürdige Bezeichnung, da sie nahelegt, den Ursprung des Problems in der Psyche der Juden zu verorten, statt ihn im Antisemitismus der Nicht-Juden zu suchen. Was als ›jüdischer Selbsthaß‹ firmiert, wäre vielmehr als ein *Nachgeben* dem Antisemitismus gegenüber zu begreifen – das allerdings als Verinnerlichung bis zur Selbstzerstörung führen kann, wie bei Otto Weininger, den Kraus verehrte.

Schmerztheater / tritt ab der Menschensohn.« Die Erlösung durch den Opfertod Christi wird auf diese Weise allerdings widerrufen, das christliche Schmerztheater geschlossen: das Jüngste Gericht nichts mehr als die Vernichtung der Menschheit durch Gott. So aber wird eben der Weg frei, daß die Menschheit selbst an die Stelle der antisemitischen Karikatur tritt. Was vorhin noch auf den Herrn der Hyänen projiziert wurde, dafür kann nun sie selbst verantwortlich gemacht werden. Es ist die Rückkehr zu den Propheten des Alten Testaments.

Das letzte Wort der *Letzten Tage der Menschheit* ist also nicht die von Christentum und Antisemitismus geliehene Projektion, sondern: daß die Menschheit die Menschen versklavt – demnach können diese mit jener nicht identisch sein. Darin besteht der andere Begriff von Menschheit, den Kraus im Untergang rettet: Ihre Synthesis ist falsch, wenn sie den Menschen versklavt, und es zu wissen, setzt voraus, daß eine andere möglich wäre. Unter dieser Bedingung, die jüdisch-messianischer Züge nicht entbehren kann, bildet sich erst ein Bewußtsein aus, das nach Maßgabe des Ganzen zu unterscheiden, den Unterschied ums Ganze festzuhalten weiß; ein Bewußtsein also nicht zuletzt auch davon, daß es Gegenden gibt, wo man wenigstens die Ideale in Ruhe läßt, wenn der Export in Gefahr ist, und man ehrlich vom Geschäft spricht – und Gegenden, wo das Geschäft selbst die Vernichtung ist, die man aber darum Vaterland nennt.

Aus der »Geistesformation«, die das Mittel zum Zweck macht, entsteht demnach nicht automatisch ein Weltkrieg. Dazu ist die politische Identifikation mit dem unheimlichen Mittel nötig und zwar in jener Situation, in der es zwangsläufig am unheimlichsten wird, die Marx Krise und Kraus Chaos nennt: Identifikation mit dem Wert, der sich nicht mehr verwertet. Diese Identifikation bei den Deutschen und Deutschösterreichern als deren eigenste Identität zu verfolgen, war die unausweichliche Vorbereitung auf die *Dritte Walpurgisnacht*. Sie ließ Karl Kraus schon 1908 nicht ruhen, als er die deutsche Politik »den Balkan durcheinanderzubringen«, als »weitblickend« in einem neuen Sinn beschrieb: »Dort sind die Reserven zur Herstellung des allgemeinen Chaos.« Deutsche Ideologie, die darauf zielt, ist Einstimmung aufs Opfer. In ihm wird das Mittel erst vollständig zum Selbstzweck – als Vernichtung nämlich: »Die Aufgaben der Religion, die Menschheit zu trösten, die zum Galgen geht, die Aufgabe der Politik, sie lebensüberdrüssig zu machen, die Aufgabe der Humanität, ihr die Galgenfrist abzukürzen und gleich die Henkermahlzeit zu vergiften! Durch

Deutschland zieht ein apokalyptischer Reiter, der für viere ausgibt. Er ist Volldampf voraus in allen Gassen. Sein Schnurrbart reicht von Aufgang bis Niedergang und von Süden gen Norden. ›Und dem Reiter wird Macht gegeben, den Frieden von der Erde zu nehmen, und daß sie sich einander erwürgten.‹« (KS 4: 11f.)

Sprachlehre und Wertformanalyse

Wer Karl Kraus philosophisch einzuordnen versucht, wird vielleicht sagen, er war ein Kantianer avant la lettre. Er hat aber nicht die Kantsche Philosophie – die er von weitem irgendwie schätzte, insbesondere wegen der Schrift *Zum ewigen Frieden* – auf die Sprache angewandt, vielmehr aus der Kritik der Sprache den praktischen Imperativ dieser Philosophie gleichsam noch einmal hervorgebracht: »Handle so, daß du die Menschheit, sowohl in deiner Person, als in der Person eines jeden andern, jederzeit zugleich als Zweck, niemals bloß als Mittel brauchtest.« (KW 7: 61) Die Sprache jedoch, die von den Deutschen und Deutschösterreichern als Mittel benutzt wird, gibt die Gesellschaft als einen Zusammenhang zu erkennen, in dem von solchem Zweck nichts mehr übrig bleibt – und die sie so sprechen und schreiben, identifizieren sich auch noch mit diesem Nichts. Das erkennt allerdings nur, wer die Sprache selbst jederzeit zugleich als Zweck, niemals bloß als Mittel braucht. Als Zweck gebraucht, zeigt sie, worin das Mittel triumphiert, zeigt sie das Nichts, das bei Marx Wert heißt.

Wer die Kritik der Sprache, die Karl Kraus übt, genauer untersucht, macht wirklich die seltsamsten Entdeckungen, die aber angesichts der beharrlichen Reflexion auf die Grenzen der Darstellbarkeit dann doch nicht überraschen: es finden sich nämlich selbst im eigentlich Methodischen frappierende Parallelen zur Marxschen Wertformanalyse. Am deutlichsten in einigen Kapiteln der »Sprachlehre«, so wenn die unterschiedliche Verwendung der Wörter »nur noch« und »nur mehr«, »als« und »wie«, »der« und »welcher« untersucht, der Sinn des ersten und des zweiten Konjunktivs im Satz bestimmt oder auch nur die Bedeutung von Apostroph und Komma erörtert wird.

Die Marxsche Analyse der Wertform hat mit der Krausschen der Sprache gemein, daß sie intransigent darauf beharrt, dort zu unterscheiden, wo der gesellschaftliche Zwangszusammenhang, sei's mit Geld oder Phrase, alles identisch setzt – und zugleich die Begrifflichkeit in Zweifel zieht, die wiederum die Unterscheidung klassifikatorisch festlegen möchte. x Ware A = y Ware B, diese Form, sagt Marx, »ist etwas schwierig zu analysiren, weil sie einfach ist« (MK 1867: 28). Die eine Ware zeigt ihr eigenes Wertsein nämlich dadurch, daß sie sich auf eine andere Ware, als ihr Gleiches bezieht: so 20 Ellen Leinwand auf einen Rock, wenn 20 Ellen Leinwand = 1 Rock. »Der Gebrauchswerth oder Waarenkörper« wird »zur Erscheinungsform, des Waarenwerths, also seines eigenen Gegentheils.« (32) Daß es sich um dieses Gegenteil handelt, muß aber erst in der Gleichsetzung selbst festgehalten werden, die Nichtidentität in der Identität. Und das eigentlich macht die Wertformanalyse so schwerverständlich und erfordert es offenkundig, ausgiebiger auf die Hegelsche Logik zurückzugreifen.

Wenn Marx aber in seiner Analyse das Nichtidentische der beiden Seiten, wie sie die Gleichung präsentiert, festhalten kann, so allein durch seinen Formbegriff: mit ihm besteht er gewissermaßen undialektisch darauf, daß die Gleichsetzung stets nur von einer der beiden Seiten zu betrachten ist. Nur so ist die Analyse überhaupt Kritik, also imstande, auf dem Widerspruch zu beharren. Beharrlich spricht Marx von zwei »Polen« der Wertform und differenziert strikt zwischen zwei Formen, die sich ausschließen – der des relativen Werts und der des Äquivalents: »Die relative Werthform der Leinwand unterstellt also, daß irgend eine andre Waare sich ihr gegenüber in der Aequivalentform befindet. Andrerseits, diese andre Waare, hier der Rock, die als Aequivalent der Leinwand figurirt, sich also in Aequivalentform befindet, kann sich nicht gleichzeitig in relativer Werthform befinden. Nicht sie drückt ihren Werth aus. Sie liefert nur dem Werthausdruck andrer Waare das Material… Dieselbe Waare kann also in demselben Werthausdruck nicht gleichzeitig in beiden Formen auftreten. Diese schließen sich vielmehr polarisch aus.« (MK 1867: 627f.).

Kaum anders verfährt Karl Kraus, wenn er die Verwendung von »als« und »wie« unterscheidet: Werde der Unterschied zwischen ihnen in der Schule so gelehrt, daß ›als‹ nur nach Komparativen und nach dem Wort ›anders‹ und seinen Ableitungen zu stehen komme, dann werde er falsch gelehrt. »Richtig ist, daß in solchen Fällen nicht ›wie‹ gebraucht werden kann, ›als‹ jedoch kann auch sonst gebraucht werden. Falsch ist es, zu schreiben, daß ein Ding besser oder anders ist ›wie‹ ein anderes (wiewohl auch Klassiker manchmal nicht besser als so schreiben und Journalisten nicht anders ›wie‹ so schreiben können.) Aber ›als‹, das einen größeren Geltungsbereich hat als ›wie‹, wird auch in der positiven Fügung oder scheinbaren Gleichstellung der verglichenen Begriffe gebraucht werden können. In dem zitierten Fall ist es dem ›wie‹ vorzuziehen. Gerade an diesem Beispiel ließe sich der Bedeutungsunterschied auch dann vorstellen, wenn nicht der Doppelpunkt die Prozedur sinnfällig machte, die zum Ausdruck gelangen soll. Gewiß, wenn ich zwei begrifflich analoge Quantitäten verbinden will, so werde ich sie durch ›wie‹ verbinden. Ich will ihre Gleichheit durch den Vergleich darstellen: ein Gegenstand wiegt so viel ›wie‹ ein anderer.« (KS 7: 223) Das ›wie‹ nimmt in dieser Analyse auf bestimmte Weise die Stellung ein, die das Geld in der Wertformanalyse behauptet. Marx mußte sie unterlaufen, um die einzelnen Wertformen, die das Geld historisch voraussetzen, logisch zu entwickeln. ›Wie‹ bedeutet in der vergleichenden Aussage eines Satzes demnach, was die Geldform im Austauschprozeß der Waren darstellt, die Verdoppelung der Ware in Ware und Geld wird gleichsam bereits vorausgesetzt, wenn der Vergleich mit ›wie‹ erfolgt.

Das ›als‹ hingegen steht fürs Nichtidentische, unterläuft die Gleichsetzung des ›wie‹ und fragt nach dem Modus des Vergleichs. »Wenn ich aber einen Gegenstand wägen will, so wird er so viel ›als‹ einen Zentner wiegen. Der Wiener Dialekt trifft hier den Unterschied ganz richtig: ›Das macht so viel als wie…‹, während er sagt, daß ein Ding ›so viel wie‹ ein anderes wiegt. Der Vergleich als solcher ist durch ›wie‹, das Moment des Maßes durch ›als‹ bezeichnet. ›Zumuten‹, hieß es, ›bedeutet so viel als: verlangen‹. Aber bei den Journalisten bedeutet Zumuten so viel ›wie‹ Zutrauen. In jenem Fall sage ich, was es bedeutet. In diesem: daß eines soviel wie das andere bedeutet; daß die Bedeutungen verwechselt werden. (Es ist gehupft ›wie‹ gesprungen. Oder, um in der Sphäre zu bleiben: gedruckt ›wie‹ gelogen.) An jener Stelle unterstützt der Doppelpunkt plastisch den Ausdruck der Messung. Die ›klangliche Häßlichkeit‹ des ›wie‹ … hat einen inneren Grund. Man könnte es dort nicht anwenden, es wäre ein anderer Gedanke, nämlich der: daß ich zwei bereits gemessene und gleich befundene Quantitäten miteinander verbinden, nicht: daß ich Maß oder Gewicht einer Quantität erst bestimmen will. Eine Sache bedeutet so viel ›wie‹ eine andere Sache = sie bedeutet so viel, wie die andere bedeutet; beide bedeuten gleich viel. Bezogen auf ein Tertium mit dem beide verglichen gedacht werden.« (Ebd.) Dieses Tertium eben ist in der Wertformanalyse das Geld, und die Analyse selbst erscheint als Probe darauf, daß die Waren als Werte sich aufeinander nur beziehen können, indem sie sich auf ein Drittes beziehen und richtet sich damit gegen alle Vorstellungen, wonach die Waren unmittelbar – ohne dieses Dritte – getauscht werden könnten, nicht zuletzt gegen die sozialistischen Utopien einer Abschaffung des Geldes unter Beibehaltung von Warenproduktion.

Die Sprachlehre von Karl Kraus trägt dem Rechnung: das ›wie‹ behauptet nicht nur seine Stellung, sondern usurpiert auch noch die des ›als‹, soweit den Menschen die Qualität der Dinge gleichgültig ist, solange sie den Modus des Vergleichs nicht anzweifeln, also mit Marx gesprochen: das Kapitalverhältnis, die Abstraktion von den konkreten Arbeiten. Und sie rettet mit dem ›als‹ das Bewußtsein der Nichtidentität inmitten der Gleichsetzung, die vom ›wie‹ besiegelt scheint: »Eine Sache bedeutet so viel ›als‹ eine andere = sie bedeutet so viel als das, was die andere ist; sie bedeutet die andere. Dort erfolgt der Vergleich zweier Quantitäten, hier der der einen mit dem Gewicht. Hier würde ich sagen, daß ich die eine ›mit der andern vergleiche‹, dort, daß ich sie ›der andern‹ vergleiche (also Dativ ohne Präposition, zur Bezeichnung des vorweg Übereinstimmenden).« (223f.)

Der Überläufer ins Lager der Kreatur

Solche Kritik der Sprache zeigt immer die Grenzen des Begriffs und geht darum über sie hinaus. Sie läßt noch in dem der Menschheit, wie er seit der Aufklärung formuliert wurde, das Unmenschliche erkennen. Als Begriff aufgefaßt und durchgesetzt, verselbständigt sich das als Menschheit Gedachte von der einzelnen Person, deren Einzelheit eben immer auch die Kreatur, die innere Natur einschließt, und wird zur unmenschlichen Instanz abstrakter Moralgesetze, die ein Individuum ›wie's‹ andere betrachtet, nicht wahrnimmt, was an ihm soviel bedeutet ›als‹ an dem anderen. Darin liegt die immanente Kritik an Kant, die in der *Fackel* entwickelt wird. Den Sinn der Sprache entfaltend, hält sie an jeder Einzelheit, an jedem Einzelnen fest, behält noch bei der Abstraktion im Bewußtsein, wovon abstrahiert wird: »Der Schriftsteller muß alle Gedankengänge kennen, die sein Wort eröffnen könnte. Er muß wissen, was mit seinem Wort geschieht. Je mehr Beziehungen dieses eingeht, umso größer die Kunst:

aber es darf nicht Beziehungen eingehen, die dem Künstler verborgen bleiben.« (KS 8: 122) Nur so kann »aus der Sprache«, nicht bloß »in« ihr, geschaffen werden, nur so ist es möglich, die »leiseste Nuance« (130) auszudrücken, auf die alles ankommt. Wird dem einzelnen darin die Unabsehbarkeit eines Zusammenhangs bewußt, an dem es sonst nur ohne Bewußtheit teilhat – »Sie wissen das nicht, aber sie tun es«, sagt Marx von den Warenbesitzern –, dann stößt er gerade in den Zweifeln, die ihn bei jedem Wort erfassen, weil es doch von jedem gehört und anders gedeutet werden kann, auf die Bedingung aller Gesellschaftlichkeit: die innere und äußere Natur. Denn in letzter Instanz ist jeder Zweifel an der Bedeutung eines Worts, Zweifel daran, ob sie dieser Voraussetzung gerecht wird. Die geistige Disziplin, »gegenüber dem einzigen, was ungestraft verletzt werden kann, der Sprache,« setzt »das höchste Maß einer Verantwortung fest«, die im Verhältnis zur Natur alles zum Guten wenden könnte, sie ist wie keine andere Disziplin geeignet, »den Respekt vor jeglichem andern Lebensgut zu lehren« (KS 7: 372).

So ist Karl Kraus wirklich, wie Walter Benjamin sagte, der »Überläufer in das Lager der Kreatur« (BGS II/1: 341), der die Menschheit jedoch nicht zurückläßt in dem der Kultur. Er nimmt noch deren früheste Differenz ins neue Lager mit: dem Inhalt nach projiziert er die Natur auf die Frau; der Form nach aber ist es die Sprache, die fürs Kreatürliche einsteht. Daraus ergeben sich eigenartige Interferenzen von Weiblichkeit und Sprache, die vielberedete »Sprach-Erotik«, von deren Metaphernproduktion der aufgeklärte Verstand sich mit Widerwillen abwenden mag, und in manchen mißlungenen Bildern von Kraus schlägt sich tatsächlich etwas von einem Spießbürger-Witz nieder. Die französische Sprache, so heißt es bekanntlich in der Polemik gegen Heine, gebe »sich jedem Filou hin. Vor der deutschen Sprache muß einer schon ein ganzer Kerl sein, um sie herumzukriegen, und dann macht sie ihm erst die Hölle heiß.« (KS 4: 186) Es ist aber die Kritik der falschen Bilder in der Sprache der wahre Stellvertreter der Kreatur: bilderloser Inbegriff des Unmittelbaren, woran sich vom unbeachteten Detail des Alltags bis ins politische Extrem des Kriegs abzeichnet, was der wirklichen Kreatur fortwährend angetan wird. Die Sprach-Erotik wäre so vielleicht besser als das letzte Bild, die letzte Momentaufnahme der Kultur, zu bezeichnen, die der Überläufer ins Lager der Kreatur anfertigen konnte. Und es war offenkundig dieses Bild – von dem er leider auch einige schlechte Kopien und nicht nur in der Polemik gegen Heine anfertigte –, das ihn an die Sprache selbst so sehr gefesselt hat, daß er keine Männer und keine Frauen erfinden wollte, die als Romanfiguren erlebten, was er im bloßen Bau der Sätze und in der Zerlegung von Zitaten nachvollziehbar machen konnte. Erst wenn dieses Bild von der Sprache, das ein wenig an die ornamentalen Imaginationen des Jugendstils erinnert, verblaßt, setzt die Kritische Theorie ein, die ohne Kraus nicht denkbar wäre. Das Bild, gleichsam die Allegorie der Sprache, mag sich verflüchtigen, aber kritisches Denken kann sich nur entfalten, wenn es ihm weiter gelingt, die Sprache libidinös zu besetzen, zeugt doch diese »Leidenschaft des Kopfes« (Marx) am überzeugendsten, daß sie jederzeit zugleich als Zweck, niemals bloß als Mittel gebraucht wird.

Damit wird der Zweifel »die große moralische Gabe, die der Mensch der Sprache verdanken könnte und bis heute verschmäht hat«; er wäre »die rettende Hemmung eines Fortschritts, der mit vollkommener Sicherheit zu dem Ende einer Zivilisation führt, der er zu dienen wähnt« (KS 7: 372). Rettende Hemmung bedeutet anderes als Rückkehr zum Alten: »Erlösung der Lebensgüter aus den Banden des Journalismus und aus den Fängen der Politik« (373), um sie den Menschen überhaupt erst zur Verfügung zu stellen – in der Hoffnung auf ein gesellschaftliches Leben »aufbewahrt für sich selbst und zur Glücksempfindung jeglichen Zusammenhangs mit der Natur.« (KS 16: 72) Weil nun aber die Deutschen (einschließlich der Deutschösterreicher) von dem Vorzug ihrer Sprache, »aus allen Zweifeln zu bestehen, die zwischen ihren Wörtern Raum haben«, keinen Gebrauch machen (KS 7: 372), vielmehr ihre Identität darin gewinnen, immer nur die Sache, aber niemals die Sprache um ihrer selbst willen zu treiben, erwiesen sie sich eben als die Avantgarde jenes Fortschritts, das Leben des Staats, der Wirtschaft und der kulturellen Übung auf die einfachste Formel zu bringen: die der Vernichtung. Sie tun das, und sie wissen es auch.

Sprachkritik und Psychoanalyse

Auch wenn man Sigmund Freud konzediert, daß er Weiblichkeit nur in einem begrenzten Sinn biologisch definieren wollte, vielmehr die Familie als wesentlich gesellschaftliche Konstellation begriff und damit auch die Bestimmung dessen, was weiblich ist, als gesellschaftliche – selbst dann scheint der *Penisneid*, dem aller Haß der Frauen auf die Männer entspringt, ein armer, zu wenig widersprüchlich gedachter Begriff, der einen Mangel verewigen möchte. Als bloßem Komplement der *Kastrationsangst*, die den Mann und seine Angst vor Frauen bestimmt, wird dieser narzißtischen Kränkung, keinen Penis zu haben bzw. scheinbar bereits kastriert zu sein, von vornherein kaum Eigendynamik zugestanden. Freud spricht von »psychischen Folgen des anatomischen Geschlechtsunterschieds« als wollte er sie auf eine Kausalität festlegen, und kann sie auch meist nur als Defizit gegenüber der männlichen Entwicklung zur Sprache bringen (Minderwertigkeitsgefühl, Feindseligkeit gegenüber Bruder, Groll und Vorwurf gegen Mutter, Lernhemmung, etc.). Zentral ist dabei, »daß das Niveau des sittlich Normalen für das Weib ein anderes wird. Das Über-Ich wird niemals so unerbittlich, so unpersönlich, so unabhängig von seinen affektiven Ursprüngen, wie wir es vom Manne fordern« (FGW 14: 29). Immerhin werden einige Ambivalenzen in der weiblichen Entwicklung angedeutet: Daß das Mädchen – anders als der Junge – den Ödipus-Komplex langsam »verlassen kann«, in den es erst durch den Wunsch, vom Vater – als Penisersatz – ein Kind zu bekommen, überhaupt geraten ist; daß diese Vaterbindung »einer Vateridentifizierung weichen« kann, »mit der das Mädchen zum Männlichkeitskomplex zurückkehrt und sich eventuell an ihm fixiert« (28). Merkwürdigerweise aber hat die Psychoanalyse es vermieden, die Gegensätzlichkeit solcher Entwicklungsmöglichkeiten herauszustellen: einerseits die vollständige Verarmung und definitiv gewordene Lustabwehr; andererseits der wachsende Reichtum geschlechtlicher Gefühle, der dem von Kastrationsangst Umgetriebenen mit einiger Notwendigkeit verschlossen bleiben muß.

Das Ich vermag jedenfalls unter bestimmten Bedingungen hellhöriger für die vom Primat des Genitals unterdrückten Regungen zu werden und sich in deren offener Anerkennung neue Möglichkeiten der Lust zu erschließen. Aus Angst genau davor ist der Frau das Ich überhaupt abgesprochen worden. Nur ein »Frauenverehrer« wie Karl Kraus hat aus dem Staunen über solche Möglichkeiten kein Hehl gemacht. Die Armut der männlichen Sexualität, die am Primat um jeden Preis festhält, konnotierte er folgerichtig mit »Öde oder Ekel« – wie Irina Djassemy betont: sie habe »ihre Berechtigung nur insofern, als sie das Zubehör weiblicher Sinnlichkeit, für Kraus eine Sphäre der Schönheit und Anmut, des Reichtums, der Vielfalt natürlichen Überflusses, darstellt« (2002: 175). Sein Ideal für den Mann, »genußspendend zu genießen, wobei der Frau die führende

Rolle zugesprochen wird«, muß fraglos hervorgehoben werden. Ja, die permanente Polemik von Kraus gegen die »Unterleibeigenschaft« der Frauen und gegen die »Moralbestien« unter den Männern müßte geradezu als notwendige Korrektur der Freudschen Analyse Geltung erhalten. Erst dieser Sprachkritiker eröffnet einen Zugang zur Psychoanalyse, durch den ihre Erkenntnisse ungeschmälert beiden Geschlechtern zugute kommen könnten (ungeachtet seiner wüsten Attacken auf Feministinnen, die selbst Vergewaltigungsphantasien einschließen: F 345/346: 2f.). Denn tatsächlich »gibt es bei Freud trotz aller Proklamation von wissenschaftlicher Wertfreiheit eine klare Hierarchie zwischen Genital- und Partialtrieben, die mit Kraus' Begriff des Erotischen zu kritisieren wäre« (Djassemy 2002: 185). Es bedarf allerdings ebenso sehr des konkreten Wissens und der vielfältigen Erfahrungen der Psychoanalyse, um wiederum die für Kraus charakteristische Hypostasierung der Geschlechter zu metaphysischen Wesenheiten konsequent zu vermeiden (die ihm auch jene Vergewaltigungsphantasien erst erlaubten). Wenn der Frauenverehrer Kraus der Frauenverachtung Weiningers in dem Satz zustimmt, das Weib habe kein Ich, dann bewahrt allein die Freudsche Analyse davor, die darin vollzogene Entindividualisierung gutzuheißen. Werden die Einsichten von Kraus und Freud aufeinander bezogen, wird hingegen deutlich: die Frau hat möglicherweise ein anderes Ich, und was daran anders ist, hat gewiß etwas mit dem Verhältnis zu den Partialtrieben zu tun.

So ist die Polemik gegen den *Geschlechtsneid*, die Kraus entfaltete, unabdingbares Korrektiv zu Freuds Begriff des Penisneids. Sie verurteilt die Männer, soweit sie den Reichtum sexueller Möglichkeiten, den Frauen aus ihrem vorgeblichen Mangel gewinnen können, zwanghaft desavouieren. Diesen Neid zu erkennen, bedurfte es tatsächlich anderer Verfahren als die Analyse neurotischer Patientinnen und Patienten. Notwendig erwies sich vor allem der Gang in den Gerichtssaal zu den Sittlichkeitsprozessen und die Lektüre der entsprechenden Prozeßberichte in den Zeitungen – Aufmerksamkeit also an jenen Orten, wo von Staats wegen und in aller Öffentlichkeit über sittliche Kriminalität gerichtet wird, wo die höchste Moral der Bürger, die oberste Instanz ihres Staats und die niedrigsten Bedingungen ihrer Existenz aufeinandertreffen. Das sind Orte, von denen Freud sich meist ferngehalten hat: er interessierte sich fast nur dafür, was in der Privatsphäre geschieht, die an jenen Orten ans Licht gezerrt und damit in seinen Augen auch verzerrt wird. Kraus hingegen entwickelt seine ganze sprachliche Kunst, indem er den Übergriff von Moral und Staat auf diese Sphäre verdeutlicht – und er erkennt darum, bis zu welchem Ausmaß die Individuen selber diesen Übergriff bereits durch ihre private geschlechtliche Identität verkörpern. Dafür gebraucht er den Begriff des Geschlechtsneids: »Das sexuelle Tirolertum endet meistens letal… Oder es staut sich zu einem Haß gegen das Leben, der jede Regung, die es selbst unterdrücken muß, bei Anderen brünstig verfolgt. Der Wahn, daß geschlechtliche Betätigung sittliche Wertminderung bedeute, erzeugt eine Verbissenheit, die ihre Orgien in der Kontrolle des Freien genießt. Die Überzeugung liegt im ewigen Kampf mit der eigenen Natur; unterliegt sie, ist sie durch die Bewußtheit der Sünde zweifach geschwächt und nimmt Rache an der Natur – des Andern… Geschlechtsneid, meine Herren; der sich doch wenigstens feindselig mit den Dingen befassen will, auf die er wie gebannt starrt, deren Namen (Kokotte, Konkubinat) seine Einbildungskraft beschäftigen und auf deren Genuß er von amtswegen verzichten muß.« (KS 1: 120f.) Am sexuellen Tirolertum hat auch die sexuelle Revolution wenig geändert. Die Tiroler tragen inzwischen Bermudashorts und geben sich freizügig, aber tief in ihrem Inneren tobt weiter der Kampf mit der eigenen Natur, und er wird so lange toben, als nicht gesellschaftliche Versöhnung mit ihr sich abzeichnet. Zu erkennen wäre sie daran, daß die Rache an der Natur fortfällt; daß man die Anderen anders sein läßt.

Wird nun die innere Natur der Menschen in diesem Widerspruch zum herrschenden und zuweilen bei Männern gut getarnten Geschlechtsneid begriffen, umfaßt sie, allein schon um ihren ganzen Reichtum unter Beweis zu stellen, von vornherein homosexuelle nicht anders als heterosexuelle Orientierungen. Das war der zweite große Befreiungsschlag, der Karl Kraus gelang, als er eine besonders perfide Form von Identifikation mit dem Volksstaat entlarvte: er denunzierte den »Vaterlandsretter« Maximilian Harden, als der sich verpflichtet fühlte, Homosexualität als »normwidriges Sexualempfinden« im Umkreis des Kaisers zu skandalisieren.

Freud und Kraus stellten damit in denkbar größter Differenz ein Potential an Emanzipation dar, das selbst unter ihren Anhängern bald wieder verloren gehen sollte und endgültig verloren scheint, wenn der Geschlechtsneid über alle Grenzen der Geschlechter hinweg triumphiert und der Haß auf das Leben, der jede Regung, die unterdrückt wird, bei anderen brünstig verfolgt, zur allumfassenden politischen Bewegung wird. Was Karl Kraus als sexuelles Tirolertum noch umzingeln konnte, erobert die Welt und endet noch immer letal: ob sich die Moralbestien nun zur Volksgemeinschaft zusammenrotten, in der die Rassenschande verfolgt wird, oder unter dem Banner des Islam, der die Beschneidung der weiblichen Lust totalisiert.

Über die Konjunktion der Urteilskraft

> Der des Jargons Kundige braucht nicht zu sagen, was er
> denkt, nicht einmal recht es zu denken: das nimmt der
> Jargon ihm ab und entwertet den Gedanken.
>
> Adorno, Jargon der Eigentlichkeit

Wer den Jargon kritisiert, muß nicht nur sagen, was er denkt. Es gibt ihm
erst recht zu denken, was er zu sagen versucht: Anstrengung des Begriffs
und Arbeit an der Formulierung sind eins: »allmähliche Verfertigung der
Gedanken beim Reden« (Kleist). Nur so können die Widersprüche entfaltet
werden, ohne sie im selben Moment auch schon wieder aufzulösen.

Am Anfang steht die aporetische Frage von Freiheit und Notwendigkeit, die das politische Denken provoziert. Die Kritik des neuen Behemoth
und des alten Thanatos versucht im Grunde nur, sie richtig zu stellen. Zur
Erkenntnis von Freiheit inmitten kausaler Zusammenhänge, des Nicht-
identischen im Identischen, die über die Aporie hinausweist, führt jedoch
immer auch in der Sprache selber eine Spur – etwa bei jedem Tatbestand
dem spezifischen Sinn einer Konjunktion nachzugehen: Es sind die ideologischen und psychischen Mechanismen, die individuelles Bewußtsein
und Handeln determinieren, zwar begreifbar – *daß* ein Individuum jedoch
wirklich so oder anders denkt und handelt, bleibt unbegreiflich; nicht anders verhält es sich mit der Totalität, die jene begreifbaren Mechanismen
hervorbringt – *daß* es sie in solcher Form geben muß, dafür findet sich
keine vernünftige Erklärung.

Wenn Carl Schmitt indessen dekretiert, der Wert des Staates liege
darin, »daß er eine Entscheidung gibt« (1996: 60), dann ist es wieder die
Verwendung dieser Konjunktion, worauf alles ankommt, geht es doch
dem Staatsrechtslehrer des Nationalsozialismus um »eine reine, nicht
räsonierende und nicht diskutierende, sich nicht rechtfertigende, also aus
dem Nichts geschaffene absolute Entscheidung« (69). Die bloße Negation
kausaler Zusammenhänge im Namen des affirmierten Ganzen mündet ins
Gegenteil von Freiheit, exekutiert unmittelbar den Zwang zur Totalität,

den das Subjekt als innersten Antrieb übernimmt – deutsche Freiheit zum
Tode: »Die politische Einheit muß gegebenenfalls das Opfer des Lebens
verlangen« (1963: 70). Noch in der nötigenden Formulierung schlägt sich
nieder, daß hier die Freiheit zur Entscheidung gegen die Totalität an jene
»Bereitschaft zum Nichts« verraten wird, die eben eingeübt werden muß,
ohne je erklärt zu werden. Ihr setzt sich Emanzipation entgegen, die um
ihre Antinomie weiß und die Befreiung von Opfer und Staat will.

Editorische Nachbemerkung

Erste Versionen einzelner Teile des »neuen Behemoth« wurden in *Bahamas* (48/2005, 49 und 50/2006), *Konkret* (2006/4) sowie in *iz3w* (293/2006) und *Phase 2* (20/2006) publiziert. »Religion als Zwangshandlung« erschien in der *Wiener Zeitschrift zur Geschichte der Neuzeit* (2006/1), eine Vorstudie zu »Keine Ringparabel« in *Context XXI* (2004/8, unter dem Titel »Vergeistigung und Regression«); der Beitrag »Psychoanalyse nach Auschwitz« entstand für die Konferenz von Café Critique zum 150. Geburtstag Sigmund Freuds: ›Why live, if you can be buried for ten Dollars?‹ Mit Freud. Gesellschaftskritik und Psychoanalyse, 13./14. 10. 2006 in Wien. Frühe Fassungen von »Hochzeit mit den Larven«, »Wahn der Gleichsetzung« und »Bejahen, was ohnehin ist« finden sich in *Literatur konkret* (25/2000; 27/2002) und *Die Wochenzeitung* (WoZ 2001/9); »Professoren-Intifada« wurde in etwas anderer Form unter dem Titel »Frieden mit Deutschland, Krieg mit Israel« in *Bahamas* (39/2002) abgedruckt. Ebenfalls unter anderen Titeln und in frühen Versionen sind die Texte »Realismus zum Tode« in dem Sammelband *Antisemitismus – Geschichte und Gegenwart* (hg. v. Samuel Salzborn, Gießen 2004) und »Untadelige Demokraten, ehrbare Antisemiten« als Dossier der *Jungle World* (2006/9) erschienen.

Literatur

Siglen

AGS: Theodor W. Adorno: Gesammelte Schriften. Hg. v. Rolf Tiedemann. 20 Bde. Frankfurt am Main 1970-1986

AW: Jean Améry: Werke. Hg. v. Irene Heidelberger-Leonard. 9 Bde. Stuttgart 2002ff.

BGS: Walter Benjamin: Gesammelte Schriften. Hg. v. Rolf Tiedemann u. Hermann Schweppenhäuser. 7 Bde. Frankfurt am Main 1972-1989

F: Die Fackel. Hg. v. Karl Kraus. Wien 1899-1936

FGW: Sigmund Freud: Gesammelte Werke. Chronologisch geordnet. Hg. v. Anna Freud u. a. 18 Bde. London – Frankfurt am Main 1952-1968

HGS: Max Horkheimer: Gesammelte Schriften, Hg. v. Alfred Schmidt u. Gunzelin Schmid Noerr. 19 Bde. Frankfurt am Main 1985-1996

HW: Georg Wilhelm Friedrich Hegel: Werke (Redaktion Eva Moldenhauer u. Karl Markus Michel). 20 Bde. Frankfurt am Main 1970

KS: Karl Kraus: Schriften. Hg. v. Christian Wagenknecht. 20 Bde. Frankfurt am Main 1987-1994

KW: Immanuel Kant: Werkausgabe. Hg. v. Wilhelm Weischedel. 12 Bde. Frankfurt am Main 1982

MEW: Marx-Engels-Werke. 43 Bde. Berlin/DDR 1956-1990

MK 1867: Karl Marx: Das Kapital. Erster Band. 1. Aufl 1867. Marx-Engels-Gesamtausgabe. MEGA^2 II. Abt. Bd. 5. Berlin 1983

MS: Herbert Marcuse: Schriften. 9 Bde. Frankfurt am Main 1978-1987

Sonstige Literatur

Adorno, Gretel / Benjamin, Walter: Briefwechsel 1930-1940. Hg. v. Christoph Gödde u. Henri Lonitz. Frankfurt am Main 2005

Adorno, Theodor W.: Kants »Kritik der reinen Vernunft« (Vorlesung 1959). Hg. v. Rolf Tiedemann. Nachgelassene Schriften Abteilung IV: Vorlesungen. Bd. 4. Frankfurt am Main 1995

Adorno, Theodor W. (1965): Metaphysik, Begriff und Probleme. In: Ders.: Nachgelassene Schriften. Abteilung IV: Vorlesungen. Bd. 14. Frankfurt/M. 1998

Adorno, Theodor W.: Graeculus (II). Notizen zu Philosophie und Gesellschaft 1943-1969. In: Frankfurter Adorno Blätter VIII. Hg. v. Rolf Tiedemann. München 2003

Adorno, Theodor W. / Horkheimer, Max: Briefwechsel 1927-1969. Bd. 1 1927-1937. Hg. v. Christoph Gödde u. Henri Lonitz. Frankfurt am Main 2003

Andreas-Salomé, Lou / Freud, Sigmund: Briefwechsel. Hg. v. E. Pfeiffer. Frankfurt am Main 1966

Arendt, Hannah: Elemente und Ursprünge totaler Herrschaft. München – Zürich 1986

Arendt, Hannah: Eichmann in Jerusalem. Ein Bericht von der Banalität des Bösen. Leipzig 1990

Arendt, Hannah: Über die Revolution. München – Zürich 1994

Arendt, Hannah: Macht und Gewalt. Mit einem Interview von Adelbert Reif. München – Zürich 2005

Arendt, Hannah: Über das Böse. Eine Vorlesung zu Fragen der Ethik. Hg. v. Jerome Kohn. München – Zürich 2005

Berman, Paul: Terrorismus und Liberalismus. Hamburg 2004

Bewegung in der Republik 1965 bis 1984. Eine Kursbuch-Chronik. Hg. v. Ingrid Karsunke u. Karl Markus Michel. Berlin 1985

Bösch, Robert: Über eine Theorie des Mangels. Zur Psychoanalyse von Jacques Lacan. In: Krisis 21-22/1998

Brainin, Elisabeth / Ligeti, Vera / Teicher, Samy: Vom Gedanken zur Tat. Zur Psychoanalyse des Antisemitismus. Frankfurt am Main 1993

Celan, Paul: »Mikrolithen sinds, Steinchen«. Die Prosa aus dem Nachlaß. Kritische Ausgabe. Hg. v. Barbara Wiedemann u. Bertrand Badiou. Frankfurt am Main 2005

Chasseguet-Smirgel, Janine (Hg.): Wege des Anti-Ödipus. Frankfurt am Main – Berlin – Wien 1978

Chasseguet-Smirgel, Janine: Zwei Bäume im Garten. Zur psychischen Bedeutung der Vater- und Mutterbilder. München – Wien 1988

Chomsky, Noam: The Attack. Hintergründe und Folgen. Hamburg – Wien 2002

Croitoru, Joseph: Der Märtyrer als Waffe. Die historischen Wurzeln des Selbstmordattentats. München – Wien 2003

Crüsemann, Frank: Theologie und Sozialgeschichte des alttestamentlichen Gesetzes. Gütersloh 2005

Csampai, Attila / Holland, Dietmar (Hg.): Alban Berg: Lulu. Texte, Materialien, Kommentare. Reinbek 1985

Diner, Dan: Versiegelte Zeit. Über den Stillstand in der islamischen Welt. Berlin 2005

Djassemy, Irina: Der »Productivgehalt kritischer Zerstörerarbeit«. Kulturkritik bei Karl Kraus und Theodor W. Adorno. Würzburg 2002

Ellis, Joseph J.: Sie schufen Amerika. Die Gründergeneration von John Adams bis George Washington. München 2002

Fackenheim, Emil L.: God's Presence in History: Jewish Affirmations and Philosophical Reflections. New York 1970

Fackenheim, Emil L.: Jewish Return into History. New York 1978

Fackenheim, Emil L.: What is Judaism? An interpretation for the present age. New York 1987

Fichte, Johann Gottlieb: Beitrag zur Berichtigung der Urteile des Publikums über die französische Revolution. Schriften zur Revolution. Hg. v. Bernard Willms. Frankfurt am Main – Berlin – Wien 1973

Fichte, Johann Gottlieb: Reden an die deutsche Nation. Fichtes sämmtliche Werke Bd. VII. Berlin 1845/46

Finkielkraut, Alain: Die vergebliche Erinnerung. Vom Verbrechen gegen die Menschheit. Berlin 1989

Finkielkraut, Alain: Im Namen des Anderen. Reflexionen über den kommenden Antisemitismus. In: Neuer Antisemitismus? Eine globale Debatte. Hg. v. Doron Rabinovici u. a. Frankfurt am Main 2004

Freud, Sigmund / Zweig, Arnold: Briefwechsel. Hg. v. Ernst L. Freud. Frankfurt am Main 1980

Frischberg, Manuel: Das Konzept ›Islamophobie‹ als Abwehr westlicher Zumutungen. Zur Genese eines Kampfbegriffs. In: Stephan Grigat (Hg.): Feindaufklärung und Reeducation. Kritische Theorie gegen Postnazismus und Islamismus. Freiburg 2006

Fromm, Erich: Anatomie der menschlichen Destruktivität. Gesamtausgabe. Hg. v. Rainer Funk. Bd. 7. München 1989

Das Fünfhundertjährige Reich. Emanzipation und lateinamerikanische Identität 1492-1992. Hg. v. Heinz Dieterich u. a. Bonn 1990

Goldhagen, Daniel Jonah: Die Globalisierung des Antisemitismus. In: Neuer Antisemitismus? Eine globale Debatte. Hg. v. Doron Rabinovici u. a. Frankfurt am Main 2004

Grubrich-Simitis, Ilse: Freuds Moses-Studie als Tagtraum. Ein biographischer Essay. Frankfurt am Main 1994

Grunberger, Béla / Dessuant, Pierre: Narzißmus, Christentum, Antisemitismus. Eine psychoanalytische Untersuchung. Stuttgart 2000

Hacks, Peter: Die Maßgaben der Kunst. Gesammelte Aufsätze. Düsseldorf 1977

Häusler, Josef (Hg.): Arnold Schönberg - Moses und Aron. Programmbuch (Salzburger Festspiele 1996) Salzburg – Zürich – New York 1996

Haffner, Sebastian: Geschichte eines Deutschen. Die Erinnerungen 1914-1933. München 2002

Heidegger, Martin: Sein und Zeit. 17. Aufl. Tübingen 1993

Heinsohn, Gunnar: Lexikon der Völkermorde. Reinbek 1998

Himmelfarb, Gertrud: Democratic Remedies for Democratic Disorders. In: The Public Interest, Spring 1998

Hitler, Adolf: Mein Kampf. 741. Aufl. München 1942

Hobbes, Thomas: Leviathan oder Stoff, Form und Gewalt eines bürgerlichen und kirchlichen Staates. Hg. v. Iring Fetscher. Frankfurt am Main – Berlin – Wien 1976

Hölderlin, Friedrich: Sämtliche Werke. Große Stuttgarter Ausgabe. Hg. v. Friedrich Beißner. Bd. 2. Stuttgart 1951

Jones, Ernest: Sigmund Freud – Leben und Werk. München 1984

Jung, C. G.: Psychologie und Religion. München 2001

ISF (Initiative Sozialistisches Forum): Das Ende des Sozialismus, die Zukunft der Revolution. Analysen und Polemiken. Freiburg 1990

ISF: Der Theoretiker ist der Wert. Freiburg 2000

Jankélévitch, Vladimir: Das Verzeihen. Essays zur Moral und Kulturphilosophie. Hg. v. Ralf Konersmann. Frankfurt am Main 2003

Kafka, John S. : »Unterbrechen« und Zerbrechen«. Die Gewalt der Nicht-Interpretation. In: Trauma der Psychoanalyse? Die Vertreibung der Psychoanalyse aus Wien 1938 und die Folgen. Wien 2005

Kagan, Robert: Macht und Ohnmacht. Amerika und Europa in der neuen Weltordnung. München 2004

Kirchheimer, Otto: Die Rechtsordnung des Nationalsozialismus. In: ders.: Funktionen des Staats und der Verfassung. 10 Analysen. Frankfurt am Main 1972

Kraushaar, Wolfgang: Frankfurter Schule und Studentenbewegung. Von der Flaschenpost zum Molotowcocktail 1946-1995. 3 Bde. Hamburg 1998

Kristol, Irving: Reflections of a Neoconservative. Looking back, looking ahead. New York 1983

Kristol, Irving: Passages and Epigrams. In: Christopher De Muth / William Kristol (Hg.): The Neoconservative Imagination. Essays in Honor of Irving Kristol. Washington D.C. 1995

Kristol, Irving: Neoconservatism. The Autobiography of an Idea. Chicago 1999

Krug, Uli: Antiimperialismus und Antiamerikanismus. Warum der Vietcong nichts für die deutsche Friedensbewegung kann. In: Bahamas 40/2002-03

Krug, Uli / Kunstreich, Tjark: Dekonstruktion heißt Domestizierung. In: Bahamas 26/1998

Lacan, Jacques: Funktion und Feld des Sprechens und der Sprache in der Psychoanalyse. In: Schriften. Hg. v. Norbert Haas u. Hans-Joachim Metzger. Bd. 1. Weinheim – Berlin 1996a

Lacan, Jacques: Die Ausrichtung der Kur und die Prinzipien ihrer Macht. In: Schriften Bd. 1. Weinheim – Berlin 1996b

Lacan, Jacques: Die Bedeutung des Phallus. In: Schriften Bd. 2. Weinheim – Berlin 1991

Leineweber, Bernd / Schneider, Christian / Stillke, Cordelia: Das Erbe der Napola. Versuch einer Generationengeschichte des Nationalsozialismus. Hamburg 1996

Lockot, Regine: Die Reinigung der Psychoanalyse. Die Deutsche Psychoanalytische Gesellschaft im Spiegel von Dokumenten und Zeitzeugen (1933-1951). Tübingen 1994

Löwenthal, Leo: Judaica, Vorträge, Briefe. Schriften 4. Frankfurt am Main 1990

Löwith, Karl: Heidegger – Denker in dürftiger Zeit. Zur Stellung der Philosophie im 20. Jahrhundert. Hg. v. Klaus Stichweh. Sämtliche Schriften Bd. 8. Stuttgart 1984

Lukács, Georg: Geschichte und Klassenbewußtsein. Studien über marxistische Dialektik. Darmstadt – Neuwied 1981

Maccoby, Hyam: Der heilige Henker. Die Menschenopfer und das Vermächtnis der Schuld. Stuttgart 1999

Marcuse, Herbert: Feindanalysen, Über die Deutschen. Hg. v. Peter-Erwin Jansen. Lüneburg 1998

Marcuse, Herbert: Die Studentenbewegung und ihre Folgen. Nachgelassene Schriften Bd. 4. Hg. v. Peter-Erwin Jansen. Lüneburg 2004

Moynihan, Daniel Patrick: Came the revolution. Argument in the Reagan Era. San Diego 1988

Montesquieu: Vom Geist der Gesetze. Hg. v. Kurt Weigand. Stuttgart 2003

Münz, Christoph: Der Welt ein Gedächtnis geben. Geschichtstheologisches Denken im Judentum nach Auschwitz. Gütersloh 1995

Neumann, Franz: Der Funktionswandel des Gesetzes im Recht der bürgerlichen Gesellschaft. In: Zeitschrift für Sozialforschung 6/1937

Neumann, Franz: Behemoth. Struktur und Praxis des Nationalsozialismus 1933-1944. Hg. v. Gert Schäfer. Frankfurt am Main 1998

Nietzsche, Friedrich: Ecce Homo. Werke. Bd. 2. Hg. v. Karl Schlechta. 6. Aufl. München 1969

Nono-Schoenberg, Nuria (Hg.): Arnold Schönberg 1874-1951. Lebensgeschichte in Begegnungen. Klagenfurt 1992

Opitz, Reinhard (Hg.): Europastrategien des deutschen Kapitals 1900-1945. 2. Aufl. Bonn 1994

Podhoretz, Norman: Breaking Ranks. New York 1979

Podhoretz, Norman: World War IV: How it started, what it means, and why we have to win. In: Commentary, September 2004

Posener, Alan: Franklin Delano Roosevelt. Reinbek 1999

Pytell, Timothy: Viktor Frankl – das Ende eines Mythos? Innsbruck – Wien 2005

Reich-Ranicki, Marcel: Mein Leben. Stuttgart 1999

Ruhs, August: Film und Freud. In: Freud und die Folgen. Wiener Zeitschrift zur Geschichte der Neuzeit. 6. Jg. 2006/1

Said, Edward W.: Zionismus und palästinensische Selbstbestimmung. Stuttgart 1981

Said, Edward W.: Die Welt, der Text und der Kritiker. Frankfurt am Main 1983

Said, Edward W.: Kultur und Imperialismus. Einbildungskraft und Politik im Zeitalter der Macht. Frankfurt am Main 1994

Said, Edward W.: Frieden in Nahost? Essays über Israel und Palästina. Heidelberg 1997

Said, Edward W.: Am falschen Ort. Autobiographie. Berlin 2000

Sartre, Jean-Paul: Das Sein und das Nichts. Reinbek 1994

Sartre, Jean-Paul: Was ist Literatur? Hamburg 1960

Schalz, Nicolas: »Ein Opfer der Masse«. Der Tanz um das Goldene Kalb aus Arnold Schönbergs Oper Moses und Aron. In: Künste im Exil. Hg. v. Claus-Dieter Krohn u. a. (Jahrbuch für Exilforschung Bd. 10) München 1992

Scheit, Gerhard: Verborgener Staat, lebendiges Geld. Zur Dramaturgie des Antisemitismus. 2. Aufl. Freiburg 2006

Scheit, Gerhard: Die Meister der Krise. Über den Zusammenhang von Vernichtung und Volkswohlstand. Freiburg 2001

Scheit, Gerhard: Suicide Attack. Zur Kritik der politischen Gewalt. Freiburg 2004

Schmitt, Carl: Der Begriff des Politischen. Text von 1932 mit einem Vorwort und drei Corollarien. 6. Aufl. Berlin 1963

Schmitt, Carl: Politische Theologie. 7. Aufl. Berlin 1996

Schoenberg, Arnold: Moses und Aron. Opera. (Partitur) Hg. v. Christian Martin Schmidt. London etc. 1984

Schur, Max: Sigmund Freud. Leben und Sterben. Frankfurt am Main 1982

Scholem, Gershom: Über einige Grundbegriffe des Judentums. Frankfurt am Main 1970

Scholem, Gershom: Einige Betrachtungen zur jüdischen Theologie in dieser Zeit. In: »Es gibt ein Geheimnis in der Welt«. Tradition und Säkularisation. Ein Vortrag und ein Gespräch. Hg. v. Itta Shedletzky. Frankfurt am Main 2002

Schorske, Carl E.: Begegnungen mit Herbert Marcuse. In: Keine Kritische Theorie ohne Amerika. Hannoversche Schriften 1. Hg. v. Detlev Claussen u. a. Frankfurt am Main 1999

Soboul, Albert: Die Große Französische Revolution. Hg. v. Joachim Heilmann u. Dietfried Krause-Vilmar. Frankfurt am Main 1988

Spengler, Oswald: Politische Schriften. München – Berlin 1934

Strauss, Leo: Philosophie und Gesetz – Frühe Schriften. Gesammelte Schriften Bd. 2. Hg. v. Heinrich Meier. Stuttgart – Weimar 1997

Der Babylonische Talmud. Nach der ersten zensurfreien Ausgabe unter Berücksichtigung der neueren Ausgaben und handschriftlichen Materials ins Deutsche übersetzt von Lazarus Goldschmidt. 12 Bde. Frankfurt am Main 1996

Volker, Bernd: Der amerikanische Neokonservatismus. Entstehung – Ideen – Intentionen. Berlin 2006

Walser, Martin: Wie und wovon handelt Literatur. Frankfurt am Main 1973

Walzer, Michael: Exodus und Revolution. Frankfurt am Main 1998

Weininger, Otto: Geschlecht und Charakter. 28. Aufl. Wien 1947

Wesel, Uwe: Fast alles, was Recht ist. Frankfurt am Main 2002

Weiss, Peter: Ästhetik des Widerstands. 3 Bde. Frankfurt am Main 1975-1981

Wiggershaus, Rolf: Die Frankfurter Schule. München 2001

Wisse, Ruth R.: On ignoring anti-Semitism. In: Commentary, October 2002

Wistrich, Robert: Der antisemitische Wahn. Von Hitler bis zum Heiligen Krieg gegen Israel. Ismaning bei München 1987

Yerushalmi, Yosef Hayim: Freuds Moses. Endliches und unendliches Judentum. Frankfurt am Main 1999

Young-Bruehl, Elisabeth: Hannah Arendt. Leben, Werk und Zeit. Frankfurt am Main 1991

Zimmerer, Jürgen: Krieg, KZ und Völkermord in Südwestafrika. Der erste deutsche Genozid. In: Zimmerer / Zeller (Hg.): Völkermord in Deutsch-Südwestafrika. Der Kolonialkrieg (1904-1908) in Namibia und seine Folgen. Berlin 2003

Zimmerer, Jürgen: Rassenkrieg und Völkermord. Der Kolonialkrieg in Deutsch-Südwestafrika und die Globalgeschichte des Genozids. In: Henning Melber (Hg.): Genozid und Gedenken. Namibisch-deutsche Geschichte und Gegenwart. Frankfurt am Main 2005

Žižek, Slavoj: Das fragile Absolute. Warum es sich lohnt, das christliche Erbe zu verteidigen. Berlin 2000